研究构建中国特色康养经济体系，创新体制机制制度政策，打造可复制可推广的康养服务模式，对实现中华民族伟大复兴中国梦具有重要理论意义和实践价值。

中国特色康养经济研究

梁云凤　胡一鸣

——著

A Study on the Health and Maintenance Economy with Chinese Characteristics

经济管理出版社
ECONOMY & MANAGEMENT PUBLISHING HOUSE

图书在版编目（CIP）数据

中国特色康养经济研究/梁云凤，胡一鸣著.—北京：经济管理出版社，2019.3
ISBN 978-7-5096-6406-3

Ⅰ.①中⋯　Ⅱ.①梁⋯②胡⋯　Ⅲ.①养老—服务业—产业发展—研究—中国　Ⅳ.①F726.99

中国版本图书馆CIP数据核字（2019）第031651号

组稿编辑：杨雅琳
责任编辑：杨雅琳
责任印制：黄章平
责任校对：赵天宇

出版发行：经济管理出版社
（北京市海淀区北蜂窝8号中雅大厦A座11层　100038）
网　　址：www.E-mp.com.cn
电　　话：（010）51915602
印　　刷：三河市延风印装有限公司
经　　销：新华书店
开　　本：720mm×1000mm/16
印　　张：12.75
字　　数：222千字
版　　次：2019年3月第1版　2019年3月第1次印刷
书　　号：ISBN 978-7-5096-6406-3
定　　价：58.00元

·版权所有　翻印必究·

凡购本社图书，如有印装错误，由本社读者服务部负责调换。
联系地址：北京阜外月坛北小街2号
电话：（010）68022974　　邮编：100836

序

深入学习贯彻党的十九大精神，以习近平新时代中国特色社会主义经济思想为指导，在养生需求常态化、养老需求刚性化、康养供给"短板"的背景下，为了满足人民日益增长的美好生活需要，为了实现健康中国战略目标，坚持新发展理念，推动中华优秀传统文化创造性转化、创新性发展；研究构建中国特色康养经济体系，创新体制机制制度政策，打造可复制、可推广的康养服务模式，对实现中华民族伟大复兴中国梦具有重要的理论意义和实践价值。

健康是人类永恒的主题。天地健康，人类幸福；环境健康，不会有天灾；社会健康，不会有人祸；世界健康，不会有战争；生命健康，不会有疾苦。人民健康是民族昌盛和国家富强的重要标志。健康，既是幸福的起点，也是成长的前提；既是立身之本，也是立国之基；既是全面建成小康社会的重要内涵，也是人类社会发展福祉的永续追求。

养生是实现健康的手段。养生思想在我国源远流长，《庄子·内篇》认为，养有六层含义，即滋养、培养、补养、保养、养育、修养；"生"，是人的生命、生机。养生，是对生命活力的滋补、培养，通过身心养护，使人的生理、心理、精神等各个方面协调起来，以获得更加旺盛的生命力。养老，是老年阶段的养生；养病，是病态时候的养生。

中国特色康养，中华民族得天独厚。中医药植根于中华文化的沃土，是中华优秀传统文化的典型代表，以其承载的民族传统和文化价值，蕴含着人类对生命和健康的认知理念。习近平主席说过："中医药学凝集着深邃的哲学智慧和中华民族几千年的健康养生理念及其实践经验，是中国古代科学的瑰宝，也是打开中华文明宝库的钥匙。"中医药的健康养生理念博大精深，整体观、系统观、全局观、综合观，天人相应、形神共养，辨证施治、药食同源的理念方法和实践经验是中国特色康养的核心和灵魂。

中国特色康养经济就是用中医药的哲学智慧、康养理念和实践经验,从精气神,从身心灵,从道、术、技、器不同层面,保持康养供需动态平衡,为人类健康服务。

适应新时代、新需求,康养经济与科技、农业、新型城镇化等融合创新,形成新产业、新业态、新模式。康养经济与互联网、大数据、人工智能等深度融合,培育新增长点,形成新动能,提供新供给,满足新需求。

目 录

第一章 战略价值及其重要意义 1

  一、背景分析 1

    （一）生态文明建设和中医文明复兴同步进行的要求 2

    （二）养老刚性化和养生常态化的两强需求 4

    （三）农业现代化和新型城镇化融合发展 7

    （四）大城市拥霾化和生态田园体验需求 10

    （五）健康中国战略和美丽中国战略并举 12

    （六）万物互联互通和跨界融合创新发展 15

  二、理论依据 18

    （一）中国传统文化中的理论依据 18

    （二）中国特色社会主义新时代的理论依据 21

第二章 康养的本质 25

  一、中西方对健康的认识 25

    （一）西方医学对健康认识的变化 25

    （二）中医学对健康的认识 29

    （三）对康养的启示 32

  二、中西方对养生的认识 33

    （一）中西方的养生思想 34

    （二）中西方的养生态度 36

    （三）中西方的养生理念 37

　　　　（四）中西方的养生内容 ·· 38
　　三、养生概念的扩展 ·· 39

第三章　中国特色康养 ··· 42
　　一、中医药发展历史回顾 ··· 42
　　二、中药领域发展 ·· 45
　　　　（一）中药领域产业链分析 ····································· 45
　　　　（二）中草药行业市场环境分析 ································ 45
　　　　（三）中药行业发展现状分析 ··································· 47
　　　　（四）中药行业市场结构分析 ··································· 52
　　　　（五）中药领域发展问题 ·· 55
　　　　（六）中草药领域发展策略 ····································· 60
　　三、中医领域发展 ·· 68
　　　　（一）中医产业市场环境分析 ··································· 68
　　　　（二）中医行业发展现况 ·· 72
　　　　（三）中医领域发展问题 ·· 78
　　　　（四）中医领域发展对策 ·· 81

第四章　中国特色康养经济 ·· 84
　　一、中国特色康养经济相关概念 ···································· 84
　　二、中国特色康养经济的发展 ······································· 88
　　　　（一）中医康养思想发展历史回顾 ····························· 88
　　　　（二）中医康养思想特点 ·· 90
　　三、中国特色康养传统在现代的应用 ······························ 93
　　　　（一）中医康养思想对当今的借鉴意义 ······················· 93
　　　　（二）中医康养传统方法应用现状 ····························· 94
　　　　（三）中医康养传统方法应用案例 ····························· 96

第五章　康养需求链 ··· 100
　　一、当前康养经济需求的特点 ····································· 101
　　　　（一）养老市场的需求特点分析 ······························ 102

（二）健康市场特点分析 ································· 105
　　（三）旅游市场需求特点分析 ······························ 106
二、康养经济需求分类 ······································· 108
　　（一）按外在标准对康养需求的分析 ························ 108
　　（二）按内在标准对康养需求的分类 ························ 113
三、未来康养经济需求侧的特点 ······························ 121

第六章　康养供给链 ······································ 124

一、基于康养点的分析 ······································ 125
　　（一）养老服务类 ····································· 126
　　（二）医疗卫生服务类 ································· 127
　　（三）中医药养生类 ··································· 129
　　（四）食品餐饮类 ····································· 131
　　（五）自然资源类 ····································· 132
　　（六）文化休闲类 ····································· 133
　　（七）体育健康类 ····································· 134
二、基于康养链的分析 ······································ 135
　　（一）康养链一：养老医疗—老年护理—老年娱乐 ············ 135
　　（二）康养链二：养生—旅游—文化娱乐 ··················· 138
三、基于康养面的分析 ······································ 141
四、基于康养体的分析 ······································ 143
　　（一）康养经济是第一产业、第二产业、第三产业的联合体 ····· 143
　　（二）康养经济是旅游、医疗、养老、健康、文化和
　　　　　体育等产业的结合体 ································ 143
五、康养经济供给侧的建议 ·································· 143

第七章　康养综合体 ······································ 145

一、康养特色小镇 ·· 145
二、康养特色小镇的特征 ···································· 146
　　（一）生态环境优美，资源特色鲜明 ······················· 146
　　（二）以健康产业为主 ·································· 146

（三）特色鲜明 …………………………………………………… 146
　　（四）多功能融合 ………………………………………………… 146
　　（五）形成相对独立的综合体 …………………………………… 147
　　（六）以人为本 …………………………………………………… 147
三、康养特色小镇的模式 …………………………………………… 147
　　（一）医疗康复型 ………………………………………………… 147
　　（二）养老小镇型 ………………………………………………… 148
　　（三）温泉养生型 ………………………………………………… 148
　　（四）长寿养生型 ………………………………………………… 149
　　（五）生态养生型 ………………………………………………… 149
　　（六）旅游度假型 ………………………………………………… 150
　　（七）中医药膳型 ………………………………………………… 150
　　（八）文化养生型 ………………………………………………… 151
　　（九）体育文化型 ………………………………………………… 151
四、康养特色小镇的开发思路 ……………………………………… 151
　　（一）发挥资源优势，打造特色康养 …………………………… 152
　　（二）功能明确 …………………………………………………… 152
　　（三）以特色康养为依托，以医养结合为突破口 ……………… 153
　　（四）强化健康主题，进行多元化开发 ………………………… 153
　　（五）多要素融合，优化项目软环境 …………………………… 155
　　（六）小镇整体的运营管理 ……………………………………… 156
　　（七）发展康养小镇需要关注几个问题 ………………………… 156
五、康养特色小镇的指标体系 ……………………………………… 157
六、康养特色小镇的建设标准 ……………………………………… 158
　　（一）资源与环境 ………………………………………………… 158
　　（二）产品和服务 ………………………………………………… 158
　　（三）服务质量 …………………………………………………… 159
　　（四）旅游接待设施与服务 ……………………………………… 159
　　（五）公共服务 …………………………………………………… 159

第八章　中国特色康养经济智慧发展 …………………………… 162

一、中国特色康养经济智慧化的相关概念及特点 ………………… 163

（一）康养经济智慧化相关概念 ……………………………… 163
  （二）康养经济智慧化新特点 ………………………………… 164
 二、中国特色康养经济智慧发展的机遇 ………………………… 165
  （一）政策大力支持 …………………………………………… 165
  （二）康养经济面临新的发展需求 …………………………… 166
 三、康养经济智慧化的应用 ……………………………………… 167
  （一）养老产业智慧化发展 …………………………………… 167
  （二）中医医院智慧发展 ……………………………………… 171

第九章 康养经济体制机制政策 ……………………………………… 176
 一、总体思路 ……………………………………………………… 176
  （一）发展目标 ………………………………………………… 176
  （二）基本原则 ………………………………………………… 177
 二、管理体制创新 ………………………………………………… 178
 三、产业支持体制创新 …………………………………………… 179
  （一）医养结合模式创新 ……………………………………… 180
  （二）森林康养模式创新 ……………………………………… 181
  （三）沿海康养完善思路 ……………………………………… 183
 四、财税体制创新 ………………………………………………… 184
 五、投融资机制创新 ……………………………………………… 185
  （一）大力推广政府与社会资本合作模式 …………………… 185
  （二）积极扩大政府购买服务范围 …………………………… 185
 六、人才培养机制 ………………………………………………… 186
 七、产业交叉、业态复合创新 …………………………………… 187
 八、构建康养产业可持续发展体制机制 ………………………… 191

参考文献 ……………………………………………………………… 192

第一章 战略价值及其重要意义

一、背景分析

健康既是人类生存和发展的必要前提，也代表着国家的富强和人民的幸福。没有全民健康，就没有全面小康。一方面，改革开放以来，我国社会经济发展迅速，城乡居民物质、精神生活水平不断得到改善，随之而来的是居民对提高生活质量的要求日益提升，健康随之成为一种普遍的追求。另一方面，随着经济社会的快速发展，我国的老龄化问题日趋凸显，养老问题也越来越受到重视。"身体健康、心情愉快，生有所养、老有所乐"成为当前乃至将来一段时期老年人群对幸福生活的基本诉求。习近平总书记在2016年的全国卫生与健康大会上强调，没有全民健康，就没有全面小康。要把人民健康放在优先发展的战略地位，以普及健康生活、优化健康服务、完善健康保障、建设健康环境、发展健康产业为重点，加快推进健康中国建设，努力全方位、全周期保障人民健康，为实现"两个一百年"奋斗目标、实现中华民族伟大复兴的中国梦打下坚实的健康基础。

党的十八大以来，以习近平同志为核心的党中央统揽全局、系统谋划，从党和国家事业全局出发，做出推进健康中国建设的重大决策部署，突出重点、立柱架梁，从民生关切着手，实施一系列利当前、惠长远的重大举措，推动医药卫生体制改革由易到难渐次突破，为人民群众的共同追求、为民族复兴的光荣梦想不断夯实健康之基。在2017年的中共十九大上，习近平总书记作了十九大报告，报告中提出实施健康中国战略。要完善国民健康政策，为人民群众提供全方位、全周期健康服务，坚持中西医并重，传承发展中医药事业。支持社会办医，发展健康产业。这体现了我们党对人民健康重要价值和作用的认识达到新高度。实施健康中国战略，增进人民健康福祉，事关人的全面发展、社会全面进步，事关"两个一百年"奋斗目标的实现。因此，在中国特色社会主义发展的新时代，发展康养产业具有深厚的时代背景和现实意义。

（一）生态文明建设和中医文明复兴同步进行的要求

习近平总书记在党的十九大报告中，首次将"树立和践行绿水青山就是金山银山的理念"写入了中国共产党的党代会报告，且在表述中与"坚持节约资源和保护环境的基本国策"一并成为新时代中国特色社会主义生态文明建设的思想和基本方略。我们要建设的现代化是人与自然和谐共生的现代化，既要创造更多物质财富和精神财富以满足人民日益增长的美好生活需要，也要提供更多优质生态产品以满足人民日益增长的优美生态环境需要。必须坚持节约优先、保护优先、自然恢复为主的方针，形成节约资源和保护环境的空间格局、产业结构、生产方式、生活方式，还自然以宁静、和谐、美丽。2017年中央一号文件《中共中央、国务院关于深入推进农业供给侧结构性改革加快培育农业农村发展新动能的若干意见》提出，"利用'旅游＋'、'生态＋'等模式，推进农业、林业与旅游、教育、文化、康养等产业深度融合"。首次将"旅游＋""生态＋"写入中央文件。将生态文明建设融入康养产业，将产生巨大的效益：一是生态效益。康养产业遵循可持续发展思想，是一种环境友好型的产业发展方式，可有效保护现有自然资源，对生态环境的正面效益十分明显。二是社会效益。发展康养产业，能有效地保健身心，提高人们的生活质量，同时能在不破坏自然资源的前提下获得可观的经济效益，有效解决林农业和林业职工民生问题。三是经济效益。发展康养产业是践行习近平总书记"绿水青山就是金山银山"理念和建设生态文明的最好实践。森林康养与众多相关产业联动发展，有利于助推进扶贫攻坚，帮助贫困百姓脱贫致富、带动区域经济持续发展。康养产业有着拉动经济发展的巨大潜力，而且覆盖面广，产业链长，带动力强，既是推动产业结构调整和供给侧结构性改革、实现经济转型的新兴的战略性支柱产业和突破口，也是实现经济可持续发展的现实选择。

中医药学是中华民族所特有的、以汉医药为主体，并包括中华各兄弟民族的传统医药学在内的集大成的一门科学。它是以中国哲学思想和方法为指导，既包括医学，又包括药学，还包括针灸、推拿等多种非药物方法的医药科学。中医药学是我国各族人民在几千年生产、生活实践和与疾病作斗争中，逐步形成并不断

第一章 战略价值及其重要意义

丰富发展的中华民族的优秀文化瑰宝，为中华民族繁衍昌盛做出了重要贡献，对世界文明进步产生并将继续产生积极影响。1953年，毛泽东同志曾说："中国对世界有三大贡献，第一是中医。"1954年，他还在一次重要批示中指出："中药应当很好地保护与发展。我国的中药有几千年历史，是祖国极宝贵的财产，如果任其衰落下去，将是我们的罪过。"在我国实行社会主义市场经济的今天，从当今我国中医药的现状及面临的问题看，积极推进中医药事业发展有着极为重要的战略意义。这不仅涉及保障广大百姓医疗健康的大事，也涉及我国经济产业创新的大事，涉及中华民族优秀文化传统继承和弘扬的大事，甚至是涉及能否对全世界有贡献、推动人类文明进步的大事。① 从人类发展进程来看，中医体现的理念也体现了人类的智慧。从哲学理念上说，中医是从整体出发到局部，进而有效地认识局部，通过调理整体来医治局部。西医往往是从局部出发而不问整体，通过医治局部来改善整体。因此，总的来说，中西医的理念各有各的优长。从整体上说，西医检测的定性和量化等比中医直观、先进。中医秉持"天地一体""天人合一""心物一源"的理念，从哲学理念上的返璞归真，在更高层次上从大自然中寻求人类健康与长寿之道之术，则有可能是整个人类文明与进步的前进方向。另外，中医药的理论基础是我国古代朴素的唯物主义和辩证法思想，十分宝贵，我们一定要充分继承。

进入21世纪以来，在党和政府方针政策指引下，经过业界的努力和各界的支持，中医药领域呈现出前所未有的良好局面。准确、充分认识中医药战略特性，有助于把握正确方向，增添克服艰难险阻的信心和勇气，全面、深入、持久地做好"扶持和促进中医药事业发展"的工作，使中医药对振兴民族、繁荣国家所具有的重要战略作用得以更好发挥。同时，在我国实行社会主义市场经济的今天，从当今我国中医药的现状及面临的问题看，积极推进中医药事业发展有着极为重要的战略意义。这不仅涉及保障广大百姓医疗健康的大事，也涉及我国经济产业创新和建设生态文明的大事，涉及中华民族优秀文化传统继承和弘扬的大事，甚至是涉及能否对全世界有所贡献、推动人类文明进步的大事。

2017年10月18日，习近平总书记在党的十九大报告中提出，坚持和平发展道路，推动构建人类命运共同体。这进一步要求我们，建设生态文明，复兴中医文明，继承发展造福全人类的瑰宝，贯彻落实科学发展观。推进生态文明建设，

---

① 李慎明. 振兴中医药：民族复兴的重要战略 [EB/OL]. 光明网, http://epaper.gmw.cn/gmrb/html/2013-01/21/nw.D/10000gmrb-20130121_1_13.htmj?div=-1.

建设美丽中国是我们党为全球生态安全做出的重大贡献。尊重自然规律的行事法则自古以来就渗透在中华民族的思维观念中。中国传统的生态文明观念既为中华民族生生不息、发展壮大提供了丰厚滋养,也为人类文明进步做出了独特贡献,是全世界共有的精神财富。我国当前处于全面建成小康社会、实现中华民族伟大复兴的关键时期,我们要建成的小康是全面的小康,是绿色的、文明繁荣的小康。建设生态文明,是关系人民福祉、关乎民族未来的长远大计。中医药学凝聚着深邃的哲学智慧和中华民族几千年的健康养生理念及其实践经验,既是中国古代科学的瑰宝,也是打开中华文明宝库的钥匙,更是中华文化伟大复兴的先行者。因此,生态文明建设和中医文明复兴同步进行的现实需要要求我们振兴中医药事业,继承中医文明,发展康养产业。国内外一些媒体上出现的恶意贬低甚至攻击中医药的言论,有迹象表明有着国际垄断资本的背景,值得我们高度警惕。必须加快和促进中医药科技的进步,推动中医药继承与创新,使之不断与时俱进,为其自身生存和发展不断注入新的活力。运用马克思主义哲学理念,来发掘、研究中医药理念,来拓展创新中医药事业,有可能是条捷径。①

(二)养老刚性化和养生常态化的两强需求

为应对严峻的人口老龄化形势,近年来我国不断提出新措施,从中央到地方积极应对人口老龄化趋势,寻求最佳解决方案。相关政策、法规如《国务院关于加快发展养老服务业的若干意见》(国发〔2013〕35号)、《国务院关于促进健康服务业发展的若干意见》(国发〔2013〕40号)、《全国医疗卫生服务体系规划纲要(2015~2020年)》、《关于推进医疗卫生与养老服务相结合的指导意见》(国办发〔2015〕84号)等。党的十九大报告要求发展健康产业,推动健康中国建设。健康产业是一个具有巨大市场潜力的新兴产业,同时具有"吸纳就业前景广阔、拉动消费需求大,促进公民健康长寿"的特点。为此,党的十九大报告高度重视发展健康产业。首先提出要"坚持中西医并重,传承发展中医药事业"。我国长期以来高度重视中医药事业的发展,党的十九大再次提出,并把它置放在"健康中国战略"的高度,也就再一次强调中医药事业的传承与发展,其实质就是要求我国中医药要"适应现代化的社会、对接产业化的需求、迎接国际化的挑战"。

---

① 李慎明. 振兴中医药:民族复兴的重要战略 [EB/OL]. 光明网, http://epaper.gmw.cn/gmrb/html/2013-01/21/nw.D/10000gmrb-20130121_1_13.htmj?div=-1.

其次提出"加快老龄事业和产业发展"。党的十九大报告高度重视养老问题,为了确保老年健康,提出了具体要求和应对措施,即"积极应对人口老龄化,构建养老、孝老、敬老政策体系和社会环境,推进医养结合,加快老龄事业和产业发展"。

2018年3月5日,十三届全国人大一次会议开幕,李克强总理做政府工作报告。报告提出:"发展壮大新动能,做大做强新兴产业集群,实施大数据发展行动,加强新一代人工智能研发应用,在医疗、养老、教育、文化、体育等多领域推进'互联网+'。""积极应对人口老龄化,发展居家、社区和互助式养老,推进医养结合,提高养老院服务质量。加强残疾人康复服务。""支持社会力量增加医疗、养老、教育、文化、体育等服务供给。"结合目前中国人口老龄化的进程,不难看出,健康养老产业已成为政府关注或者扶持的重点。当前,中国特色社会主义进入新时代,我国社会的主要矛盾变成了人民日益增长的美好生活需要和不平衡不充分的发展之间的矛盾,健康长寿、更加高质量的老年生活,无疑是人民群众当前极为迫切的美好生活需要之一。从现在到2020年,是全面建成小康社会的决胜期,而健康养老无疑是小康社会的重要标志。全国老龄办发布的数据显示,截至2017年底,我国60岁及以上老年人口有2.41亿人,占总人口的17.3%。据老龄办预计,到2050年前后,我国老年人口数将达到峰值4.87亿,占总人口的34.9%。此次政府工作报告中,养老被提及的次数比较多,这表明了政府的重视程度,养老和医疗一起被提及,表明发展健康养老是2018年的工作重点。国家卫计委副主任崔丽就表示,老龄化是不可避免的,而且会越来越多地影响家庭生活乃至社会生活的运行。在这种情况下,应积极应对人口老龄化,实现健康老龄化。中国现阶段的老龄化问题使社会未富先老,矛盾重重,因"老年病"造成的半失能老人的治疗和看护问题困扰着千家万户。现状却是医疗机构和养老机构互相独立、自成系统,养老院不方便就医,医院里又不能养老,老年人一旦患病就不得不经常往返家庭、医院和养老机构之间,既耽误治疗,也增加了家属负担。在这种情况下,"医养结合"成为发展康养产业的重要突破口。"医养结合"就是指医疗资源与养老资源相结合,实现社会资源利用的最大化。其中,"医"包括医疗康复保健服务,具体有医疗服务、健康咨询服务、健康检查服务、疾病诊治和护理服务、大病康复服务以及临终关怀服务等。"养"包括生活照护服务、精神心理服务、文化活动服务。"医养一体化"的发展模式,是集医疗、康复、养生、养老等为一体,将养老机构和医院的功能相结合,把生活照料和康复关怀融为一体的新型养老服务模式。

1978年，党的十一届三中全会做出了改革开放的伟大历史抉择，开启了我国经济社会发展的历史新时期。40年来，面对国内外环境的复杂变化和重大风险挑战，党中央、国务院团结带领全国各族人民，砥砺勇气，攻坚克难，锐意推进改革，坚持不懈开放，中国特色社会主义不断焕发蓬勃生机和活力，我国经济发展和各项社会事业取得举世瞩目的伟大成就。改革开放以来的40年，是我国国民经济蓬勃发展、经济总量连上新台阶的40年，是综合国力和国际竞争力由弱变强的40年，也是成功实现从低收入国家向上中等收入国家跨越的40年。党的十八大以来，面对世情国情深刻变化，在以习近平同志为核心的党中央坚强领导下，全国各族人民高举中国特色社会主义伟大旗帜，统筹推进"五位一体"总体布局和协调推进"四个全面"战略布局，牢固树立和贯彻落实新发展理念，适应把握引领经济发展新常态，坚持稳中求进工作总基调，按照党中央、国务院决策部署，同心戮力，迎难而上，开拓创新，砥砺前行，我国经济社会发展取得新的辉煌成就，决胜全面建成小康社会夺取新的重大胜利，中国特色社会主义伟大事业开创新的发展境界，为实现"两个一百年"奋斗目标和中华民族伟大复兴的中国梦打下了坚实基础。另外，根据相关统计的详细数据，2015年我国已实现国内生产总值689052.1亿元，相比1978年的3678.7亿元及2000年的100280.1亿元，仅从数量上看，分别增加了18630.86%及587.13%。由此可见，我国经济确已实现了惊人的增长；另外，人均生产总值也有较大的增长幅度：居民国内生产总值从1978年的385元增长到2000年的7942元，再到2015年的50251元。如图1-1所示。

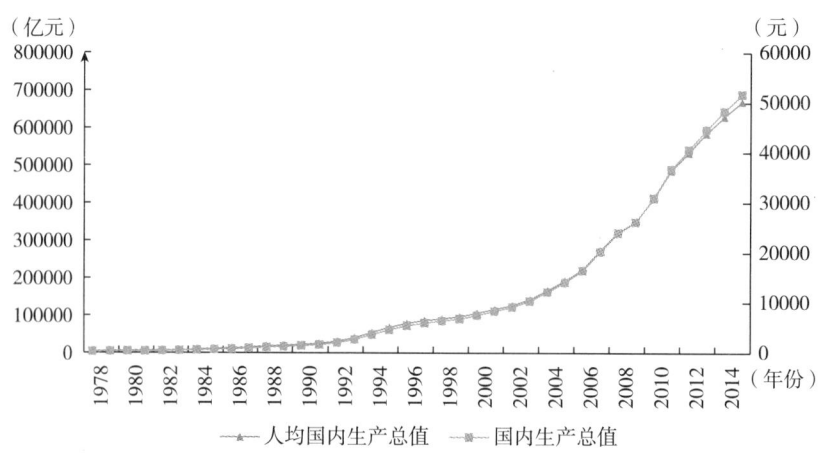

图1-1 1978~2015年国内生产总值及人均生产总值

资料来源：国家统计局，http://data.stats.gov.cn/。

在发展迅速的大背景下,我国居民闲暇时间不断增加,消费能力也日益增强。随着社会经济的快速发展,老百姓越来越讲究生活质量。收入水平的高低是养生消费的经济基础,它不仅决定着养生动机能否产生,同时还影响着养生者的消费水平、消费结构及养生消费方式。我国居民收入水平的持续增长必将促进其消费能力和购买能力的进一步提升,近年来在住房、汽车、家电等大宗商品消费需求旺盛的同时,对旅游、文化等精神层面的消费也越来越多。随着消费水平的提高,人们消费需求趋于高端化、时尚化、休闲化。虽然我国居民人均收入尚不及发达国家水平,但飞速的发展同样带来了我国居民实际可支配收入、消费水平及食品支出外的消费巨大改善。与此同时,居民对健康生活的要求不断提高,社会对健康的要求也随之提升。并且,据调查显示,我国大城市居民,尤其是"都市白领",超过半数都处于亚健康状态,而且人数呈现上升趋势。这就要求人们在物质生活已经提升到较高水平之后,必须更多地考虑生活的质量和身心的健康。在这种形势下,健康养生将成为热点和潮流,蕴含着广阔的市场空间。养生逐渐成为人民生活中的常态化需求。养生产业是近年来崛起的新兴产业,是目前世界上最具生命力的行业之一。美国《财富》杂志在对中国消费品市场调查后得出的结论是:中国健康产业在未来5年将扩大10倍,中国保健养生市场每年蕴含高达15000亿元的市场份额。

健康养老已经成为全民关注的重点课题,康养产业的发展壮大,是提升人民群众健康水平和生活幸福感的重要基础,更是实现中国梦的重要基础。发展康养产业正是顺应中国社会结构和居民需求新变化、人口老龄化、满足"健康老龄化"刚性需求和养生常态需求的长久之计。

(三) 农业现代化和新型城镇化融合发展

党的十九大报告首次提出了乡村振兴战略,要坚持农业农村优先发展,建立健全城乡融合发展体制机制和政策体系,加快推进农业农村现代化。国家型城镇化发展规划提出,要统筹城乡发展,将城镇化、信息化、工业化、农业现代化同步推进,形成以工促农、以城带乡、工农互惠、城乡一体的新型工农、城乡关系。过去5年,我国城镇化率年均提高1.2个百分点,8000多万农业转移人口成为城镇居民,"三农"成绩单举世瞩目。但随着经济社会的快速发展,广大农民对缩小城乡差距、让13亿人共享发展成果、全面建成小康社会的要求越来越迫切。因此,必须建立健全城乡融合发展体制机制和政策体系,让城乡居民共享经济社会发展成果。

城镇化与农业现代化协调发展是指在经济发展过程中，在保持城镇化和农业现代化内部协调基础上，使各自内部和彼此之间相互依存、相互适应、相互促进、共同发展的发展状态和发展过程。二者的协调发展，不仅是加速城镇化和农业现代化各自进程的一个重要手段，也是促进经济发展的良好路径。城镇化和农业现代化互相依赖，互为基础，相互促进。一方面城镇化是农业现代化的前提，农业现代化是城镇化的驱动力。只有科学推进城镇化、农业现代化，促进城镇化和农业现代化协同发展，才能为农村发展增强活力，改善农村生产和生活条件，并逐渐缩小城乡差距，促进城乡共同繁荣，更好地促进我国经济的持续健康发展。城镇化与农业现代化发展促进了农村剩余劳动力的转移，提升了农业生产效率，推动农业产业化水平的提升以及农业产业结构调整。城镇产业的发展以及城镇化集聚效应带来的公共服务和基础设施投资，产生了巨大的就业需求，为农村剩余劳动力的转移和就业创造了良好的条件，新型城镇化有利于促进城乡生产要素的合理分配和平等交换，改变生产要素单向流动的发展模式，促进乡镇中小企业的发展壮大，从而为农业现代化发展提供技术和资金支撑。剩余劳动力的转出提高了农村人均资源占有量，这都有利于农业规模化经营的发展和农业生产效率的提升，进而推动农业生产的规模化、专业化。伴随城镇化的发展，农民的素质也会逐步得到提升，高素质的劳动者将成为农业现代化的主角，这也客观地带动了农业现代化的发展。另外，大量人口进城增加了对优质农产品的需求，促进了农业产业结构的更新，从而有效带动农业现代化的发展。另一方面，农业现代化是新型城镇化的基础。实现农业现代化不仅是我国农业发展的目标，还是保证新型城镇化持续、健康发展的重要基础与途径。新型城镇化包括人的城镇化和土地的城镇化两个方面，这就客观地产生了对人力资源和土地等生产要素的需求，而农村剩余劳动力的转移扩大了城镇劳动力的来源，满足了城镇经济发展中对劳动力的需求。农业生产的现代化极大地提高了农业生产率，使农业用地更加集中，土地资源相对富裕，为城镇地域规模的不断扩大提供了便利。此外，农民收入的提高刺激了消费需求；同时，规模化农业的发展对农机、农药、化肥等产品的需求也大幅增加，这都为城镇相关产业的发展提供了良好的市场机会。

要实现新型城镇化和农业现代化的协调发展，必须按照规划先行的方针，在进行城镇化、工业化、信息化和农业现代化"四化"统筹规划时，优先统筹规划新型城镇化和农业现代化，并把农业现代化放在突出位置，使农业现代化的发展优先于城镇化、工业化和信息化，尽快补上农业发展的"短板"。要优先对以粮食生产为主要区域的农业主产区的新型城镇化和农业现代化进行战略规划，对农业主产区的城镇乡村布局、人口分布与转移、土地节约利用、农业特色及经营、农产品加工产业发展、基础设施建设与完善等进行科学规划，构建新型城镇化和农业现代化相互依托和有机结合的宏观架构。要通过财政转移支付、城镇化建设项目贷款优先等方式，制定合理的产业发展和财政金融政策，对新型城镇化和农业现代化的协调发展进行持续的倾斜，引导市场关注和支持农业主产区的城镇化及农业现代化的建设，引导大中城市带动农业主产区的中小城市。

大力发展健康养老、养生、康复、疗养和康乐等为主的康养产业，特别是健康养老、健康养生与康养旅游业、现代农业、现代生活性服务业融合发展，是适应我国新型城镇化、现代化发展需求的朝阳产业。康养产业的发展可带动林业发展，治理荒山荒坡造林，种树、种草、种花，绿化美化环境，可以优先安排贫困地区和边远山区农民搞林业建设；可带动现代农业产业发展，建设康养中心基地，就需要消费大量无公害农产品，如粮菜果、肉蛋奶、小杂粮、菌类、蜂产品等，还可以带动农副产品加工业，特别是边远山区、贫困山区多数都有无污染的无公害农产品，这恰恰是一个优势；可带动农村旅游业发展，充分利用现有的大景区、景点和农家乐，进行增建扩建，围绕康养产业发展，实现康养与旅游业融合发展，可以带动发展休闲、采摘、度假、娱乐和餐饮业，促进农村旅游业进一步发展；可以带动医疗卫生行业和社会保障，医养结合，康养保健相得益彰，康养产业必然需要有大量从事医疗、保健的人员，医养医药与保健行业可以大有作为；可带动服务业，安排大量人员就业，可以优先安排边远山区、比较贫困的地区的农民就业增收。大力发展康养产业，一头连接着产业经济，另一头连接着民生，经济效益可观，又具有良好的社会效益，产业发展前景很好。大力发展康养产业，不仅符合地方精准扶贫、精准脱贫和扶贫开发的实际，更符合边远山区和比较贫困的地区的实际，既有利于加快全面小康社会建设，也有利于促进地方产业转型、经济转型和经济社会发展。

从长远发展眼光和发展战略的高度看，符合各地因地制宜的战略抉择。大力发展康养产业大有可为，我们必须以前瞻性、战略性、全局性的眼光审视康养产业，抓住机遇，大力推进农业现代化与新型城镇化建设有机融合，加快地方精准扶贫、精准脱贫和扶贫开发步伐，决胜全面实现小康社会，为把我国建设成为富强、民主、文明、和谐、美丽的社会主义现代化强国而奋斗。

(四) 大城市拥霾化和生态田园体验需求

中国用几十年的时间走过了西方国家200余年的工业化道路，工业文明进展很快，社会物质财富总量与人均可支配收入大幅上升，但面临的环境污染、生态破坏、气候异常等一系列问题也相应增大。人们关注生命，重视健康，社会逐步跨入了休闲养生时代。所有这些因素，都在强力刺激康养产业的发展。

在经济发达的今天，生活在城市里的人们常受到噪声和各种有害气体的侵扰，导致空气的洁净度不断降低，到处呈现出灰蒙蒙的天空，雾霾严重地影响了我们的生活和身体健康。人口膨胀、城镇化建设加速、环境污染等长期困扰的问题越发严重，人们的身心健康也时刻受此影响，心理压力、生理压力在快节奏的生活工作中难以缓解，亚健康人群逐步增多。我国作为占世界总人口20%以上的发展中国家，随着工业和交通运输的兴起和迅速发展，能源不断被开采并被消费，在工业生产和生活中向大气中排放大量的烟尘和二氧化硫、氮氧化物等有害气体，这些有害气体都正在对大气造成严重的污染。2011年，世界卫生组织发布了《WHO全球1100城市空气质量报告》，根据此报告显示，被列入统计的31个中国省会城市、直辖市，空气质量排名最前的海口市仅为第814位，排名最后的第1058位则为兰州市。由此可见，我国城市空气质量非常令人担忧。近年来，城市大气环境污染问题产生了一系列不良影响，因大气污染每年超额死亡人数高达178000人。通过分析研究可见，城市大气污染的主要污染源为煤气燃烧污染、工业废气、工地扬尘、汽车尾气等，而汽车尾气排放污染最为突出。目前，我国城市具有较大污水排放量，长期以来对城市水体影响巨大。据相关数据显示，我国每年污水排放量在400亿吨以上，其中200亿吨左右为工业废水，其他主要为生活污水。由此可见，城市污水污染源主要包含两点，即工业废水、生活污水。水污染将对水体使用功能造成严重影响，甚至会诱发疾病，浪费水资源。根据监察部门发布的信息分析，每年我国水污染事故已超过1600起，群众上访次数在2000次以上。作为第三大环境危害，噪声污染治理在城市环境保护中极为关键。据相关数据分析，当前我国处于噪声污染的城市居民量达到40%左右，如噪声增加1分贝（dB），此地区高血压病发率将提升3%。当前我国绝大部分城市位于中等噪声污染状态，全国209个省控城市区域环境噪声平均等效声级为43.6~66.6dB，在各类环境污染危害中，噪声污染较为严重，且影响范围广。在城市发展过程中，垃圾处理是否得当极为重要。据专家统计分析，我国75%的城市都被垃圾环带包围。伴随国民经济的不断增长，城市居民生活水平越来越高，其生活习惯也从原有的节约型逐步转变为抛弃型，进而大大增加了垃圾产量。目前我国城市垃圾每年正以8%~10%的速度快速增长，且在世界平均增速以上。

随着社会生活节奏的加快，人们工作的强度越来越大，长期处于竞争激烈、超负荷运转的强压紧张状态下，加上环境污染加重，亚健康人群在不断增加。保护健康和优化生命、提高生活质量，成了人们的普遍追求。当前，我国慢性病和精神疾病患者数量庞大，据卫生部发布的数据显示，2012年中国确诊的慢性病患者已超过2.6亿人，其中，70%~85%慢性病发生在65岁以下人群。根据我国部分地区精神疾病流行病调查结果估算：我国15岁以上人口中，各类精神疾病患者人数超过1亿人，重性精神障碍患者多达1600万人，其余大多数是抑郁症、自闭症等精神障碍或心理行为障碍患者，其中，抑郁症患者估计达3000万人之多。消除亚健康状态、追求延年益寿成为人们注重养生的强大驱动力。同时，我国正逐步迈入老龄化社会，截至2015年末，中国60岁以上老年人已达2.2亿人，占总人口的16.1%。根据人力资源和社会保障部的通报，中国已经逐渐进入老龄化社会，预计到2020年60岁以上老年人口将达到2.54亿人；清华大学的研究报告指出，中国2020年将进入超级老龄社会，到2053年中国老年人口将达到4.87亿。为应对人口老龄化，康养产业成为政府支持和关注的重点。

社会需求是社会发展的重要动力，从某种意义上讲，人类的文明史就是一部人类需求史。人类在自身需求的内在驱动下不断创造、不断超越，推动社会文明不断发展。但是，玛雅文明的历史教训引发了我们对人类文明的深度思考。真正的文明应该是满足人类需求与尊重自然规律的辩证统一，实现二者统一的关键是在生态环境的承载力之内大力发展生产力。改革开放40年来，我国的经济建设取得了举世瞩目的成就，人民群众的物质需求得到了极大的满足，精神需求的满足也在日益实现。然而，由于我国过去的经济建设成果在很大程度上是建立在高耗能、高污染、粗放型的生产模式之上的，这就不可避免地造成了严重的环境问题和生态问题。这不仅成为制约我国经济持续发展的"瓶颈"，还成为人民群众获取幸福生活的健康隐患。分别以我国的城市居民和农村居民为调查对象的两份调查报告就足以说明当前我国居民对生态需求的迫切性和严峻性。2007年，中国生态文明建设促进会、北京大学生态文明研究中心对全国五个城市进行了城市居民生态需求调查。其结果显示：第一，城市居民对改善生态环境的需求和愿望非常迫切。关注生态环境建设的居民达到75%，有的城市甚至高达90%以上。第二，城市居民的生态需求呈多元化趋势。调查显示，城市居民理想的居住环境最主要的元素是清新的空气；其次是街道、小区绿意盎然的空间；最后是清洁充足的水源。城市居民最渴望亲近的自然资源是森林草地，而节假休闲最向往的场所是森林公园和野外农家田园。第三，城市居民对改善生态环境的措施和途径指向比较明确。在城市生态建设主体调查中，倾向于森林和树木为主体的城市居民占到42%，而在城市社区绿化方式的调查中，城市居民更倾向于植树。一片蓝天白云，一口清新空气，一处绿水青山，成为民众的迫切需求。在经历了喧闹的都市生活后，人们总希望找到一处宁静的地方，放松自己的心情，缓解自己的不适，人们常通过登山观景、林中逍遥、荫下散步和郊游野餐等一些广泛接触森林环境的活动，投入绿色森林的怀抱，尽情享受大自然的美丽馈赠，从而达到调节精神、解除疲劳、抗病强身的功效。

我国快速发展的经济社会不仅提高了人民群众的生活消费水平，刺激了人民群众对于健康养生的需求和生态田园的体验需求；还造成了大城市的拥挤化，大城市生态环境的恶化又进一步加剧了人民群众的生态需求。在此背景下，发展康养产业，对促进我国经济发展方式的转变，建设生态文明，改善人民群众生活环境，建设绿色化、清洁化城市，提高我国城市化水平，满足人民群众生态田园体验需求具有显著意义。

（五）健康中国战略和美丽中国战略并举

健康是促进人的全面发展的必然要求，是经济社会发展的基础条件，是民族昌盛和国家富强的重要标志，也是广大人民群众的共同追求。我们党从成立起就把保障人民健康同争取民族独立、人民解放的事业紧紧联系在一起。改革开放以来，我国卫生与健康事业加快发展，医疗卫生服务体系不断完善，基本公共卫生服务均等化水平稳步提高，公共卫生整体实力和疾病防控能力上了一个大台阶。经过长期努力，我们不仅显著提高了人民健康水平，而且开辟了一条符合我国国情的卫生与健康发展道路。2016年8月19日至20日，全国卫生与健康大会在北京举行。国务院总理李克强提出，要引导和支持健康产业加快发展，尤其要促进与养老、旅游、互联网、健身休闲、食品的五大融合，大力推进面向基层、偏远和欠发达地区的远程医疗服务体系建设，推动公共体育设施向社会开放。要加大对医疗健康前沿研究领域的支持，消除体制机制障碍，催生更多健康新产业、新业态、新模式。扩大健康领域对外开放。研究制定有利于健康产业发展的土地、税收优惠政策,中央和地方财政要健全稳定可持续的卫生与健康投入机制,引导金融机构加大信贷、债券等融资支持,努力把健康产业培育成为国民经济的重要支柱产业。

2017年中共十九大报告中提出实施健康中国战略。具体内容包括:要完善国民健康政策,为人民群众提供全方位全周期健康服务;深化医药卫生体制改革,全面建立中国特色基本医疗卫生制度、医疗保障制度和优质高效的医疗卫生服务体系,健全现代医院管理制度;加强基层医疗卫生服务体系和全科医生队伍建设;全面取消以药养医,健全药品供应保障制度;坚持预防为主,深入开展爱国卫生运动,倡导健康文明生活方式,预防控制重大疾病;实施食品安全战略,让人民吃得放心;坚持中西医并重,传承发展中医药事业;支持社会办医,发展健康产业;促进生育政策和相关经济社会政策配套衔接,加强人口发展战略研究;积极应对人口老龄化,构建养老、孝老、敬老政策体系和社会环境,推进医养结合,加快老龄事业和产业发展。① 党的十九大报告顺势而为、站高望远,果断而响亮地提出了"实施健康中国战略"号召。健康中国战略不仅立意高远、目标清晰,而且实施路线明确、政策措施科学有效。"实施健康中国战略"令每一个中华儿女为之振奋,更发人深思、催人奋进。具体来说,主要体现在以下几个方面:第一,党的十九大报告提出大健康观,勾勒健康中国蓝图,进一步提升了大健康观的地位与意义,即"人民健康是民族昌盛和国家富强的重要标志"。第二,党的十九大报告提出深化体制改革,确保健康中国发展。党的十八大以来,以习近平同志为核心的党中央始终把人民健康放在第一位,开启了医疗卫生体制的改革,提出了一系列具体改革建议,出台了许多行之有效的改革举措,取得了巨大而可喜的成就。第三,党的十九大报告要求发展健康产业,推动健康中国建设。健康产业是一个具有巨大市场潜力的新兴产业,同时具有"吸纳就业前景广阔、拉动消费需求大、促进公民健康长寿"的特点。为此,党的十九大报告高度重视发展健康产业。首先提出要"坚持中西医并重,传承发展中医药事业"。我国长期以来高度重视中医药事业的发展,党的十九大再次提出,并把它置放在"健康中国战略"的高度,也就再一次强调中医药事业的传承与发展,

---

① 决胜全面建成小康社会 夺取新时代中国特色社会主义伟大胜利——在中国共产党第十九次全国代表大会上的报告[EB/OL].人民网.http://www.people.com.cn/.

其实质就是要求我国中医药要"适应现代化的社会、对接产业化的需求、迎接国际化的挑战"。其次提出"加快老龄事业和产业发展"。党的十九大报告高度重视养老问题，为了确保老年健康，提出了具体要求和应对措施，即"积极应对人口老龄化，构建养老、孝老、敬老政策体系和社会环境，推进医养结合，加快老龄事业和产业发展"。第四，党的十九大报告强调完善健康政策，促进健康中国继续前行。健康政策是健康中国的指引，更关乎着健康中国前行的速度和进程。第五，党的十九大报告强调加大食品安全执法力度，为健康中国保健护航。"国以民为本，民以食为天，食以安为先，安以质为本，质以诚为根"。这足以说明食品安全关乎健康中国的发展。

同时，党的十九大报告还提出加快生态文明体制改革，建设美丽中国的明确要求。我们要建设的现代化是人与自然和谐共生的现代化，既要创造更多物质财富和精神财富以满足人民日益增长的美好生活需要，也要提供更多优质生态产品以满足人民日益增长的优美生态环境需要。必须坚持节约优先、保护优先、自然恢复为主的方针，形成节约资源和保护环境的空间格局、产业结构、生产方式、生活方式，还自然以宁静、和谐、美丽。生态文明建设在党的十九大报告中被放在很重要的位置上，其分量在今后的各历史时期会越来越重。报告指出，从现在到2020年，是全面建成小康社会决胜期。要统筹推进"五位一体"的总体布局，生态文明建设是其中的一个重要部分，并且污染防治攻坚战是这一时期的"三大战役"之一。此外，报告还将中国未来发展分为两个阶段：2020～2035年，在全面建成小康社会的基础上，再奋斗十五年，基本实现社会主义现代化。这一阶段要确保生态环境根本好转，美丽中国目标基本实现。从2035年到21世纪中叶，把我国建成富强、民主、文明、和谐、美丽的社会主义现代化强国，我国生态文明等五大文明将全面提升。在这里，党的十九大报告在1987年党的十三大报告和2007年党的十七大报告的基础上，丰富和发展了社会主义初级阶段基本路线的内涵，把"美丽"作为我们党在新时代的奋斗目标。可见，从现在到21世纪中叶，生态文明建设将始终是我国社会主义建设最重要的内容之一。康养生态系统与自然生态系统有许多的类似之处。所以，我们需要运用生态哲学的核心内容和研究方法去研究康养生态系统，这不但可以拓宽我们的研究视野，以更高的角度去看待康养生态系统，而且这种研究高度也可以为今后的如何康养提供参考，从而促进康养过程的生态化。把生态学中生态位的概念提升为生态哲学的理念，用这种生态哲学的理念去研究康养问题。"生态位"在生态学中是指一个种群在生态系统中,在时间、空间上所占据的位置及其与相关种群之间的功能关系与作用。对于人的"生态位"就是人类对生态学领域的"生态位"研究的一种拓展,当我们把生态位提升到社会层面,在对康养过程中康养主体与康养客体不同生态位的研究有助于我们对康养"生态位"的缺失进行反思,从而进行理性的思考,使康养过程中的康养主体与康养客体回归到康养生态系统中的"位",同时也为康养主体与康养客体的研究提供了更多生态学的研究方法。生态系统是有机与无机及环境的相互关联、相互作用的总和。在生态系统中,所有的物种都与周边的一系列事物相关联,这种关联性的紧密结合,使物种与物种、物种与周围环境相互协调,构成了生态系统的平衡。社会生态系统中内部的诸多元素同样相互制约,彼此互相关联,同时各自占据各自的生态位,从而使社会生态系统得以运行,人类社会生态系统的平衡性也保证了整个生态系统的平衡性。

健康中国战略和美丽中国战略,是实现中华民族伟大复兴的中国梦的重要内容与重要承载,中国梦包含着美丽中国和健康中国的向度,中国人追逐自己中国梦的过程也就是美丽中国和健康中国的建设过程;建设美丽的、健康的现代化强国,体现了新时代共产党人的更高追求,也为社会主义现代化强国的建设注入了新的活力,体现了以人民为中心的发展思想。

(六) 万物互联互通和跨界融合创新发展

党的十九大报告对我国经济的发展提出了新的要求和方向:要鼓励各行各业开展质量提升行动,不断增强经济的质量优势。加快发展先进制造业和现代服务业,培育若干世界级先进制造业集群,促进我国产业迈向全球价值链中高端,围绕中高端消费需求,在创新引领、绿色低碳、共享经济、现代供应链、人力资本服务等领域培育新增长点、形成新动能,推动互联网与实体经济的深度融合,更好发挥大数据、云计算、人工智能与实体经济的融合创新效应。

随着互联网和移动终端的快速普及、传感网的大范围渗透、海量数据的涌现、人工智能(AI)算法的优化成熟,人类发展正迎来人工智能引导的新一轮技术革命。生产力与生产效率大幅跃升,技术和新发明的全方位革新,生产、生活以及人与人之间的生产关系被大范围颠覆,广泛的资源重组与聚合,推动经济领域跨入"共享协同"和"零边际成本"社会。技术的进步会突破产业的边界,产业的发展又加速要素之间的融合。产业之间的关系已经不再是简单的投入—产出关系和上、中、下游关系,产业之间的边界越来越模糊。互联网技术对传统产业的全方位渗透将加快农业、工业与服务业的融合，并推动产业内部的结构分化和跨界重组，构成未来经济转型的重要驱动力。当前，消费需求已经从过去不同领域的横向拓展逐步演变成同一领域的功能纵向升级消费，产业间的跨界融合推动消费产品功能纵向升级进而拉动消费升级。我们要把握大势、抓住机遇，加快推动产业融合，大力发展跨界产业，努力赢得产业升级的先机和主动。产业跨界融合并不是简单地跨越两个完全不同的领域，而是由新需求驱动，以新科技和新平台为依托，将现有产业领域和要素资源，经过相互渗透、融合或裂变，整合利用到一起，实现产业价值链的延伸或突破。从全省实际看，智能、健康、环境在产业跨界融合上是最具优势、最有需求、最可能突破的三大领域，需要引起高度关注。

康养产业是21世纪的新兴产业，是现代服务业的重要组成部分，关系国民的生存质量，影响经济社会发展。康养产业涵盖诸多业态，关联城市建设、生态环境、民风民俗、科技信息、文化教育、社会安全等众多领域。当前康养产业的发展，以加速医疗与养老、养生、旅游的融合最为关键，实现异地养老、旅游与医疗、医保的联动最为迫切，同时需要通过养老服务标准化试点等方式，在市场准入、财税金融、土地利用、医养融合等方面加大改革和支持力度。例如，对于森林康养，森林康养是指以强身健体、恢复健康、延缓衰老为目的，依托森林景观、森林食品及森林生态文化等优质的森林资源，将现代医学和传统中医学有机结合，并配备相应的养生休闲、医疗及康体服务设施，在森林中所开展的一系列改善身心健康的活动总称。它是森林旅游的深化，是以保健、养生、养老等改善身心健康活动为主要目的的旅游，因此，森林康养除了要有优质的森林资源以外，还需要有现代医学和养生学的结合，并配备相应的设施。大力推进森林康养事业发展，既是林业创新发展的重要内容之一，也是实现林业转型发展的重要途径之一。发展森林康养是经济社会发展的客观要求，是林业转型发展的内在需要。林业与健康中国建设具有紧密联系，特别是森林旅游可以在促进全民健康中发挥巨大的、不可替代的作用。在大健康建设的历史背景下，森林康养具有十分广阔的发展前景。目前，森林康养已纳入新时期林业工作重要议事日程，通过引进国外先进理念和做法，加大解读普及力度，引导、支持社会力量积极参与，将森林康养纳入林业制度设计等举措，森林养生、康养理念快速传播，并在行业内外达成了广泛共识。在推动森林康养事业健康发展的过程中，坚持新的发展理念是其重要保障，要坚持创新、协调、绿色、开放、共享发展，通过必要的建设，把基础优势转化为产品优势、市场优势和经济优势,从而实现生态效益与社会效益、经济效益的有机统一。作为现代服务业的重要组成部分,涵盖健康、养老、养生、医疗、文化、体育、旅游等诸多业态的康养产业成为备受关注的新兴产业。作为具有典型的社会属性的复合产业,康养产业正借助互联网技术,注入产业发展创造力,延展产业链和价值链,提升产业附加值。

目前,人工智能已得到了长足的发展,产业基础基本成熟,在AI芯片和云计算等基础层面取得较大突破。未来人工智能产业的盈利点将向应用层面广泛延伸,其中,医疗健康和生态环保将有望成为与人工智能核心产业互通互融的重点发展领域。医疗健康产业与人工智能融合发展具有先天的内在需求和客观的发展基础。从需求层面看,医疗健康的需求来自人的天性和本能,具有刚性且不断升级的特质,消费时间跨度和额度总量大。随着经济社会发展水平的提高和居民财富积累的增加,身心健康、病有良医和老有善养的需求日益增长和迫切,亟待以人工智能为代表的新技术的支撑和突破。从供给层面看,一方面,由于医疗数字化与人工智能渗透融合的长期推动,医健行业已经迎来了数据量输出和数据量积累"爆发式"增长的拐点;另一方面,以智能医疗辅助穿戴设备、智能手术系统、智能诊疗、医学影像识别等为代表,人工智能已经在医疗健康领域取得了成功的应用。埃博拉病毒暴发后,硅谷公司Atomwise应用人工智能算法对分子结构数据库进行筛选,不到一天时间就成功寻找出能够控制埃博拉病毒的候选药品。健康产业与人工智能跨界融合,将为健康产业带来诊疗模式、管理方式、应用设备、药物及设备研发、健康管理等方面的巨大变化,极大地提升健康产业的生产质效。为使康养产业更好地实现跨界融合,首先,要实现优质资源优化整合。应按照市场化方式配置这些优质资源,整合康养产业链上下游资源,打造康养产业生态圈,共同配合壮大整个康养产业规模。其次,产业需要跨界融合发展。目前有多家背景不同的公司合作成立了医疗健康集团,计划开发多元化"旅游+健康"产品,打造"医疗+X"的新发展模式,推进精准医疗、康复体检、健康旅游等全方位发展。再次,各参与方要精诚合作。康养产业发展中的各个主体部门应通力合作,互惠互利。国家旅游局和中医药管理局做了一个很好的示范,通过合作已推出一批中医药健康旅游示范区、示范基地和示范项目,将对我国康养产业的发展起到示范和推动作用。最后,从业人才之间也需要跨界融合。美国佛罗里达州有大学的旅游学院与医学院合作密切,所有医学院学生在学习过程中,必须接受旅游学院的特定课程培训,甚至到酒店实习等。如此一来,这些医疗人员不光有技术，待人接物方面也非常规范。

康养产业是一种业态丰富、产业多元、互融共生的新型发展模式，是旅游、医疗、养老、教育、运动等深度融合的创新事业。在我国现阶段，康养产业虽蓬勃兴起、蒸蒸日上，但总体上还处在起步与探索阶段。可以说，跨界和融合是康养产业走向繁荣和兴盛的必由之路。

二、理论依据

健康是立身之本，是人民幸福的起点，也是成长的前提；健康是立国之基，是贯彻"以人为本"的可持续发展观的必由之路，是全面建成小康社会的重要内涵，是民族昌盛和国家富强的重要标志；健康是人类永恒的主题，是人类社会发展福祉的永续追求。党和国家领导人高度重视人民健康，将人民健康放在优先发展的战略地位。习近平总书记指出，"没有全民健康，就没有全面小康"。在中国特色社会主义发展的新时代，梳理发展康养产业的理论依据，有利于全党、全国统一认识，为大力发展康养产业提供动力。

（一）中国传统文化中的理论依据

中国古代对于健康长寿的认识和重视集中体现在中华传统文化的中医养生学上。中医养生学是生命科学与人文科学的成功交融。儒、道（包括道家、道教）、佛是中国传统文化中鼎足而立的三大思想体系，它们对中医养生学的深刻影响，远非其他文化思想所能比拟。

1. 道家：清静无为，顺乎自然

道教把《老子》哲学理论从整体宇宙观出发，然后将自然之道、治国之道、修身之道三者归纳为一个共同的自然规律中。在养生方面，道家养生思想不仅为道教所全盘继承，而且还成为道教养生学的生发之源。道家的学术思想的内容，也就是中国文化的原始宗教思想、哲学思想、科学思想与科学技术的总汇，笼络贯穿中国文化上下古今。

《老子·二十五章》云："人法地，地法天，天法道，道法自然"；《庄子·养生主》强调养生要"依乎天理"。道家认为，自然界有其自身客观规律与法则，不受人主观意志所改变，所谓"飘风不终期，骤雨不终日，孰为次者，天也"。老庄思想认为顺应自然是养生的关键。也就是说，要摒绝人的理性因素，以自然界的秩序变化为法。崇尚自然，顺乎自然的思想，在《内经》中赋予了医学的含义而得到深刻发挥。《素问》根据自然界阴阳消长的规律，提出了顺应四时寒温、日月盈亏、昼夜晨昏等变化进行养生。道家提倡"返璞归真"，在实践中，汲取了春秋以前民间流传的宣导养生术的精华，创立了一系列顺乎自然的导引行气养生法。道家倡导清静无为。这里的"无为"，其一个积极的含义是指不做违背自然规律的事，所以"无为而无不治"，要使行为不违背自然规律，就需要清净，让事物按自身轨迹去运作。老子说："致虚极，守静笃，万物并作，吾以观复，夫物芸芸，各归其根，归根曰静，静曰复命，复命曰常，知常曰明，不知常，妄作。"就是渗透了万物生、长、静、复的规律。这里"静"就是盛极而衰，衰极而复的中介，是复生的基础，是生命力最强的表现。唯其清净，才能保持冲和之气；唯其清净，自然界才呈现有序化；唯其清净，人体之经气才会正常运行。

2. 儒家：修身有为，养德养生

儒家学派一直是我国古代思想史上的中坚学派，西汉中期以后又处于统治地位长达2000年之久，对我国的政治文化都产生了莫大的影响，对于医学的影响是通过成长、生活在儒家文化背景下的众多"儒医"而得以体现的。其养生论述，多与其主张的修身、处世等伦理有关。儒家追求入世之"圣人境界"，它以肯定并面向现实世界，从而积极治理人生与控制社会的思想特征区别于其他各家。儒家的"修身"之道，诚为养生之术，其内容均见于孔子及其门人弟子的儒家著作中，诸如道德养生、心理养生、音乐养生、体育养生、饮食养生、起居劳逸养生、读书养生、旅游养生、阶段养生等，内容丰富多彩、论述精要、切合实用，业已形成了具有鲜明儒家特色的养生体系。儒家的中庸思想渗透于中医养生理论之中，对中医养生理论的形成和发展起到了潜移默化的作用。

儒家思想从现实主义的中心出发，其人生观是积极的。他们不以死后的彼岸为归宿，而以治理好人的现实生活为目标，正如孔子所说的："未知生，焉知死？"更为重要的是，他们重视现实的生命，并不是为了活命而生存，而是为了去实现他们所主张的人生价值与社会抱负。在他们看来，人的生命之所以值得重视，是因为它是实现理想的前提。孔子说："爱其死以有待也，养其身以有为也。"其备豫有如此者。养生以准备在现实社会中有所作为，这就是儒家养生思想的立足点与出发点。所谓"修身、齐家、治国、平天下"即是生命的价值体现与养生的必要所在。

儒家作为传统文化的主流，是以关于如何"做人"为核心内容的，故以修性为首要。"中和"一词首出《周札·春官宗伯第三·大司乐》，后经孔子注入中庸之道普遍和谐观的丰富内涵，而成为儒学的核心思想。"致中和"是儒家个人修身养性的核心，也是孔门传授后人的思想方法。子思作《中庸》，保留并记录了孔子的中庸思想。其中有云："喜怒哀乐之未发，谓之中；发而皆中节，谓之和。中也者，天下之大本也；和也者，天下之达道也。致中和，天地位焉，万物育焉。"就此而论，"致中和"就是说人的情志活动，喜怒哀乐之情应保持安和，情感的发泄要有节、有度，达到"中和"便是君子精神修养的最高境界，也能产生"天地位焉，万物育焉"的功效。这一"中和"思想对中医养生理论的影响极为深刻，后来成为指导后世重要养生原则之一。

与儒家养生的基本目的相一致，儒家思想中有关道德伦理的修养与精神情志的调养方面的内容颇多。正因如此，儒家在论及养生时，多取"修身"一词而少用"养生"的说法。作为儒家经典著作的《论语》中的养生基本思想与人们的道德实践、生活行为等紧紧相连。"志于道，据于德，依于仁"之道德养生，是儒家养生的一大特色。不仅提出"德者寿""仁者寿"，倡导温、良、谦、恭、让的处世态度，还要求人们对世间万物抱有乐观的态度，把乐作为养生的宗旨之一，始终保持宁静、愉悦的涵养德性，注重道德修养，认为道德修养是情绪正常、身心健康的基础和保证，把"忠怒"之道作为人们应终身奉行的宗旨，"己所不欲，勿施于人"，对财富要取之有道，"不义而富且贵，与我如浮云"。这些观点，也正是后世养生学中所讲的养心、养神的核心内容。儒家倡导"常养浩然之气"，提倡"入世""涉世""治世"，要自己主动进入家庭，进入社会，承担义务。"齐家治国"要"苦其心志，劳其筋骨"。这对于我们现代人来说，仍具有强烈的积极作用。

3. 佛家：超尘脱俗，修禅内练

佛教教义的中心问题是要摆脱现世生活的苦海，了断生死，并由此将精神的作用绝对化，从而重灵魂轻肉体。这样，现实生命对他们来说并不重要，甚至可以说是可有可无的东西。因此，从总体看，佛教自身并不明确提倡养生，更不崇尚长生不死。不过，佛教的教义与修行方法，从客观上看，具有不同程度的养生意义与价值，有的实际上与纯粹的养生方法别无二致。

佛教主张四大皆空，要求人们超尘脱俗，与世无争。追求解脱是佛教哲学的根本目的，佛教哲学理论并不是探索人生和宇宙的客观规律，而是为了指导佛教徒的宗教实践，这种实践就是所谓求得解脱的修持活动。这种修持活动是着眼于解决主客观的矛盾，大力提倡"明心见性，返本还源"，宣扬人人可以成佛。这客观上给人们带来了感情上的寄托和心灵上的慰藉。这在人际关系复杂、充满各种矛盾的社会生活中，使人能保持一种平稳宁静的心态，不以物喜，不以己悲，不为蝇头小利而斤斤计较，这对人们的心身健康是有益的。

念经坐禅，是佛教徒日常必修的功课，禅是梵文的音译，意为静虑，所谓禅定，就是依靠思想意志的高度集中，反观内心，消除杂念，以臻明镜般的宁静状态，并在心身上产生异乎常人的功能。修禅，就是澄心默静，通过调身、调息、调心，进行不断的修炼，使身、心、息调融，排除杂念，烦恼尽除，"若睡若觉，身心安乐……益其精气，令彼身觉身体轻便"（《中华大藏经·卷六》）。"意虑恬然凝静"（《六妙法门》）。佛家的修禅内练，对后世气功的发展影响极大，它通过意念主导下的姿势调节、呼吸锻炼、身心松弛等环节，使注意力及想象力高度集中，练功者进入入静状态，它有助于协调和恢复内脏的生理功能，从而治疗和预防心神疾病，延年益寿。

（二）中国特色社会主义新时代的理论依据

1. 科学发展观

科学发展观是我国经济社会发展的重要战略指导思想。它是在总结我国半个多世纪以来经济社会发展的实践经验基础上提出来的，是符合社会发展的客观规律的。"以人为本，全面、协调、可持续发展"的科学发展观，作为建设中国特色社会主义的指导思想，阐明了为谁发展和如何发展这两个关键问题。"以人为本"是发展的出发点和归结，阐明了发展的目标和动力。"全面、协调、可持续发展"则阐明了发展的必由之路。坚持以人为本，就是要以实现人的全面发展为目标，从人民群众的根本利益出发谋发展、促发展，不断满足人民群众日益增长的物质文化需要，切实保障人民群众的经济、政治和文化权益，让发展的成果惠及全体人民，增强人民群众的幸福感、获得感。

康养是实现基本人生目标的需要，是贯彻落实以人为本的科学发展观的实际要求。人们活在现实生活中，都渴望生活得健康、快乐、幸福，要实现这个目标，养生是其主要的途径。虽然通过医疗卫生、娱乐活动、运动健身等可以实现健康、幸福生活，但是相较于康养旅游而言，这些都是次要及补救性的方式，都可与养生联系起来实现幸福生活。人们在满足基本温饱后，会追求健康长寿，这是人的本能，只有健康快乐的生活，不受病痛悲伤的折磨，才能达到人生活幸福的目的。

2. 全面建成小康社会

从现在到 2020 年，是全面建成小康社会决胜期。党的十九大报告指出，要坚决打好防范化解重大风险、精准脱贫、污染防治的攻坚战，使全面建成小康社会得到人民认可、经得起历史检验。全面建成小康社会，实现第一个百年奋斗目标，是我们党向人民、向历史作出的庄严承诺。党的十八大以来，以习近平同志为核心的党中央着眼于进行伟大斗争、建设伟大工程、推进伟大事业、实现伟大梦想，把全面建成小康社会作为始终聚焦的战略目标，纳入"四个全面"战略布局。全面建成小康社会，在"四个全面"战略布局中居于引领地位。

康养作为经济社会发展的重要标志，在全面建成小康社会的关键时期，应该得到党和国家强有力的支持。没有全民健康，就没有全面小康。在社会发展低下、生活贫困时期，人们的生活能够保证基本的温饱就是最高的追求，那个阶段的养生是在平常的饮食、工作生活及日常休息中进行的，养生在这个阶段都是以解决温饱、不求最好而进行的，对食物、衣物、家居等方面没有过高的要求，以尽量不生病、不损害健康目标，如果生病，一般也是采取"小病靠扛、大病靠拖"，依靠自身机能来进行恢复健康。当从贫困生活进入小康生活后，吃饱穿暖已经不再是人们生活追求的目标，吃不饱、穿不暖、住不好的日子已经不再威胁到人们的生存，这时，人们开始追求健康快乐幸福的生活，开始重视一些能令身心健康的事物，养生逐渐成为人们生活中的重要方面。与此同时，与养生相关的内容包括专门的养生知识、专门的食物、设施及服务，与养生相关的产业及事业开始不断发展壮大，深深地影响着人们的生活。随着养生成为人们追求的一项重要内容后，国家、社会也会越来越重视养生产业和养生事业的发展。养老问题和养生问题大致一样。当人们还处在贫困阶段，基本生活还没有保障的情况下，老年人不得不进行劳动解决温饱问题，青壮年则比老年人更辛苦，没有休息时间，利用自身的劳动力换取自己所需的东西，在生病时，一般都会选择默默忍受，不到万不得已不会增加家庭的负担，老年人则因为不再给家庭创造利益等，在生病时会得不到更多的关爱和治疗。当今，仍有大量的农民依然如此，不到万不得已的情况下，不会休息，只有动不了了，才会选择在家休息养老。因此，只有脱离了贫困，养老才会被社会所重视，才会有专门的制度、专门服务来保障老年人养老问题的解决。

3. 人类命运共同体

当前，世界局势正面临大发展、大变革、大调整。新兴市场国家和发展中国家快速发展崛起，推动全球政治经济格局发生革命性变迁。世界多极化、经济全球化、社会信息化、文化多样化继续深入发展。与此同时，国际社会也面临和平赤字、发展赤字、全球治理赤字所带来的严峻挑战和艰巨任务。在此关键时刻，国际社会渴望倾听中国的声音，汲取中国的智慧，为"世界向何处去"寻找答案。习近平总书记在党的十九大报告中为全人类共同的美好未来指引了方向。他呼吁：各国人民同心协力，构建人类命运共同体。他具体提出，建设持久和平、普遍安全、共同繁荣、开放包容、清洁美丽的世界。

康养是人类文明进步的重要标志，发展康养产业是中国人民积极促进世界和平、经济发展和社会进步，推动人类命运共同体建设的必要举措。健康养生是人们工作生活中保障身心健康的出发点和目标，在日常生活中注重饮食的卫生健康，注重营养的平衡，在作息上注重劳逸结合，合理分配工作劳动的强度及时间；在社会交往中注意文明礼仪，更加重视与人为善，与己为善。国家、政府、单位、社会团体等，为了促进人民身心健康的发展，社会的和谐稳定发展，会从不同方面进行劳动生产组织管理，创造有利于人民健康生活的空间，科学合理地安排劳动强度、劳动时间，组织各种文娱活动及休闲活动陶冶人民群众的情操，丰富人民的精神生活，提升社会的文明程度。当一个国家的文明程度提升了，健康养老的问题就会逐渐凸显出来，我国早在几千年前就有所体现。在尧舜禹时代，虽然是处于贫困落后时代，物资匮乏，但是在统治者的领导下，孝敬老人一直是传统文化的重要方面，"百善孝为先""老吾老，以及人之老"等信条，更是体现了我国的传统美德。在物资富裕的今天，人民的物质生活得到了大力提高，为孝敬老人提供了坚实的物质基础，这也为我国健康养老事业及相关产业的发展提供了推动力。目前，我国的康养行业的发展前景是非常广阔的。从权威的相关研究可以预测，康养事业的市场需求主体与人口数量是保持一致的，80亿的全球人口和14亿中国人都会面对养生和养老的问题，从有效需求方面看，康养的消费者是必须有支付能力的人，无支付能力的人难以实现康养。据有关数据显示，我国养老人口总数在2010年就已经达到1亿，预计在2025年达到3亿，2050年将达4亿人口，这时每3个人中就会有1个老年人。随着人口老龄化的发展趋势,老年人口的消费规模也在不断发展扩大,我国老龄办曾预测,老年人消费每10年会翻一番,2040年老年人消费将会达到17.5万亿元。

当前,党和国家在领导人民群众实现中华民族伟大复兴的中国梦的道路上,人民对美好生活的追求及期待是党和政府的奋斗目标,也是推动我国大力发展康养产业的推动力。

第二章 康养的本质

一、中西方对健康的认识

健康长寿一直是人类美好的愿望，追求健康是人类的永恒话题之一。康养就是以养生为手段，实现维护人类健康的最终目的。但中西方对健康的认识不尽一致，导致康养中的行为准则和价值取向有所不同。如西方主流认识信奉战胜（克服）自然极限与超越生理能力，故形成了大量极限性质的超强运动项目。中医锻炼则恪守顺应，柔中带刚，如太极拳。这些都源于对健康的认识和理解的差异。

（一）西方医学对健康认识的变化

罗伊·波特教授的《剑桥医学史》对古希腊医学有如下简单描述："它是一种整体医学，强调心与身、人体与自然的相互联系；它非常重视保持健康，认为健康主要取决于生活方式、心理和情绪状态、环境、饮食、锻炼、心态平和以及意志力等因素的影响。"古希腊时期，注重观察的医贤们比较强调身心整体的重要性。希波克拉底认为，通过保持土、火、风、水四元素的平衡即可保持健康，并认为机体还需与外界保持协调和适应。

14～15世纪，发生了欧洲思想发展史上的文艺复兴运动，新兴资产阶级主张以人为本，形成了人文主义思潮。由此，改变了由盖伦所宣扬的希波克拉底的四体液学说长期支配医学界的局面。并且随着细胞的发现，解剖学的兴起，西方医学走上了一条不断探索人体各部分的形态和结构的道路，开始重视躯体结构、生理功能的健康。

随着现代科学技术的发展,逐渐打破了18世纪以来机械唯物主义对人体观、疾病观的影响,认识到人是一个整体,并把人作为一个与自然环境和社会环境密切相互作用的整体来研究。同时,哲学家和医学家们对健康范畴锲而不舍地研究,不断深化对健康范畴的认识。

伴随社会的发展,医学模式的改变,医学界开始了对健康定义的大讨论。不同背景和文化的人可能对健康持不同的观点。1946年,世界卫生组织(WHO)在其宪章(该宪章于1948年生效)中把健康定义为:"健康不仅为疾病或羸弱之消除,而是躯体、精神与社会和谐融合的完美状态。"有学者认为,这个定义相对来说比较全面、明确,得到较多人的认同,但以这个定义作为医学的目的是不恰当的,主要表现在三个方面:第一,提出了高于实际的要求。人的一生不可能没有病或病痛,特别在人的后半生绝大多数或多或少与疾病或病痛相伴随,这是人类几千年医学实践所证明的客观事实。如果要求医学和社会付出大量人、财、物去改变这一客观事实,只能造成医疗卫生资源的浪费。第二,忽视了健康的群体指标。WHO健康定义是从个体出发,用来衡量个体健康的理想化标准,在实际中没有应用价值。衡量一个人健康与否,不仅要看个体状况,更要看所处群体的平均健康水平,由于"没有病或病痛,身体、心理和社会的完好状态"是一个很高的标准,很少有人能达到,所以衡量健康就只能取一个相对标准,在身体、心理和社会的状态比多数人更好一些,就应是健康的。第三,把医学排斥在人类健康的心理和社会联系之外。WHO的健康定义把人的健康放到心理和社会的框架中加以考虑,无疑是先进的,但是把促成健康作为首要目的的医学排斥在心理和社会联系之外,没有考虑医学在促成健康过程中,同样与心理和社会因素密切相关,并产生相互作用。

1978年世界卫生组织在《阿拉木图宣言》中提出:"健康是基本人权,达到尽可能的健康是全世界一项重要的社会性指标。"可见,健康是人的发展的基本目标。1986年,由首届国际健康促进大会制定《渥太华宪章》,对健康的定义做了更为明确的解释,认为健康是每天生活的资源,并非生活的目标。健康是一种积极的概念,强调社会和个人的资源以及个人躯体的能力。良好的健康是社会、经济和个人发展的主要资源,是生活质量的一个重要方面。至此,人类对健康的认识已经走出了纯理论性的、缺乏可操作性的讨论,而是把健康视为一种资源,更加强调了健康的实用价值和意义。

1989年WHO提出了健康的新概念，即除了身体健康、心理健康和社会适应良好外，还应加上道德健康，只有同时具备这四个方面的健康才算是完全健康。健康不仅涉及人的体能方面也涉及人的精神方面。将道德修养作为精神健康的内涵，其内容包括：健康者不以损害他人的利益来满足自己的需要，具有辨别真与伪、善与恶、美与丑、荣与辱等是非观念，能按社会行为的规范准则来约束自己及支配自己的思想行为。把道德健康纳入健康的范畴，是有其道理及科学根据的。巴西医学家马丁斯经过10年的研究发现，屡犯贪污受贿罪行的人，易患癌症、脑出血、心脏病、神经过敏等症而折寿。善良的品格、淡泊的心境是健康的保证，与人相处善良正直、心地坦荡，遇事出于公正，凡事为别人着想，这样便无烦恼，使心理保持平衡，有利于健康。由此表明，人类对自身健康和疾病的认识又深入了一步，即由单纯的生理、心理角度研究健康问题上升到了从社会学角度来探讨健康的定义，健康概念开始由生物健康的领域扩展到社会健康的领域。这一健康新概念强调遵守社会公共道德，维护人类共同健康，要求生活在社会中的每一个人不仅要为自己的健康承担责任，而且也要为群体健康承担社会责任。1999年WHO又专门提出了"道德健康观"。因此，最新的健康观念由"三维健康"变成"四维健康"，即生理健康、心理健康、道德健康以及社会健康。随着社会的发展，健康概念又一次被赋予了新的含义，人们越来越重视心理健康、道德健康。认为科学的健康观念包括身体健康、心理健康、道德健康、社会适应性良好。

其实，社会适应性归根结底取决于身体和心理的素质状况，而道德健康则取决于自身教育和社会风气的影响等。因此，健康新概念的核心是由消极被动地治疗疾病变为积极主动地掌握健康，由治身病发展到注重治心病、治社会病、治道德缺损病。现代社会由于竞争激烈，工作繁重、风险多、压力大，人们烦恼丛生，旧烦恼刚刚消除，新烦恼又产生，无论高官还是平民，无论富者还是贫者，无论在岗还是下岗，差不多都有大大小小的烦恼，许多疾病包括身病心病、社会病、道德病，大多由烦恼伴随而生。社会发展了，科学进步了，生活条件改善了，为什么烦恼反而越来越多？这就告诉我们，人的贪欲并不因为物质文明的进步而减少，精神滑坡导致道德缺损是现代病的重要根源。因此，预防疾病单单注意衣食住行和加强个人卫生、体育锻炼是远远不够的，在现在看来，首先要从完善道德做起，治愈道德缺损病是健康之本。一个道德完善的人，他必然是心理健康者，心理健康心地善良、心态安定就能与社会和谐，家庭和睦，就能适应社会的变化，又不会随波逐流。道德完善、社会安定、心理健康必然净化自然环境，促进生理健康，达到"仁者寿"的目的。

进入21世纪，随着全球化进程的加速，各国经济得到了快速发展，生活水平迅速提高，人们对健康提出了更高的要求。同时，全球化也带来了一系列严峻的挑战，如人口剧增、环境污染、气候变暖、生态破坏、能源耗竭等，人和环境的矛盾空前剧烈。由此，健康的内涵进一步扩大，人们纷纷提出了生态健康。生态健康指人与环境关系的健康，是社会、经济、自然复合生态系统尺度上的一个功能概念，它从人与其赖以生存的生态系统之间相互影响的角度来定义健康，认为完整的健康不仅包括个体的生理和健康心理健康，还包括人居住的物理环境、生物环境和代谢环境的健康，以及产业、城市和区域生态系统的健康。生态健康的观念充分体现了人与环境的和谐统一关系，在注重人对环境的影响以及环境对人类健康影响的同时，注重人与环境之间的相互作用。在此基础上建立健康、和谐的人与自然的关系，促进人类发展的可持续性。因此，要想保持健康，首先要致力于改善人类的生存环境。环境在提供人类赖以生存的水、大气、土壤和食物等物质条件的同时，也存在大量危害健康的因素。生活饮用水、居住环境、饮食、生产环境以及社会环境等都和健康密不可分。随着科技水平的发展，各类环境污染充斥着现代人的生活，这其中不仅包括化学、噪声等方面的污染还包括电波、微波、辐射方面的污染。如"手机综合征"，手机对人们的生理、心理、社会、环境各个方面都有影响，它正潜移默化地改变着人们的生活。手机在人生理和环境方面的影响主要是其产生的电子雾对人身体的影响。主要表现在长时间地使用手机或接触手机会有恶心、头痛、疲劳无力等症状。因此，要保护环境，减少自然污染和人为污染的发生。

随着大数据等现代科技的进步，学界出现了"大健康"的概念。大健康是在时代发展的大背景下，在健康及相关产业发展到新阶段的基础上，以社会需求为基础提出的一种具有全局性的健康概念。伴随人口老龄化、慢性病的监控需求增加、亚健康状态的占比增高、人民对健康质量的认知提高等，传统的医疗健康业已经无法满足人们对于健康服务的需求。各种产业形态迅速聚集，围绕个体或群体的生理、心理、环境、社会等各方面的健康需要，形成由各方利益相关者组成的经济联合体，即大健康产业形态。首先，大健康是一种产业概念。大健康产业是以健康行业为主导的产业融合，众多的产业形态聚集而凝聚为一个庞大的产业集群。其次，大健康是一种数据化的健康管理模式。社会的发展伴随着科技的进步,而科技的进步又将大大改变医疗和健康服务的形态。大健康产业不仅适量地堆积,也势必将吸收互联网、大数据、移动互联等现代信息管理技术并快速发展为全新科技化服务的产业形态。最后,大健康是健康理念的深化和泛化。21世纪,人们对于健康理念和健康需求在广度和深度两个维度上拓展,大健康理念将渗透到生活的全方位和全周期,最终将以人的生活质量、身心自由和主观体验的提升作为健康服务的方向和标准。健康的概念从客观化向主观化转变。大健康提倡无病无弱、身心健全、社会适应与环境和谐的多维健康状态。它不仅关注身体可观指标的健康,更关注精神、心理、社会等方面的全面健康。大健康作为一种理念,注重提升人们的心灵自由、幸福指数、社会能力、环境友好等主观的健康指标,提倡合理正确的健康观念,科学健康的生活方式,身心愉悦的生存状态。并且,大健康概念是以人为中心,这就要求健康评判、健康服务、健康观念都要体现个性化,即人们在享受健康服务和评估健康水平时体现这种差异性和主观性。

（二）中医学对健康的认识

中国古代有不少关于"健康""生命"的认识。在生命起源方面,《庄子·达生》载有:"天地者,万物之父母也。合则成体,散则成始。"万物都是由天地所派生的,当然也包括人在内。所以庄子指出,生命源于自然的大道。生缘于自然的恩赐,死亦会因于自然不期而至。自然的冷峻法则主宰着一切的生丧、得失,人力难以违拗。"知其不可奈何而安之若命"（《庄子·人世间》）,我们于凡尘俗世,必须遵循自然之道,不为喜怒、哀乐之情所摆布,顺应自然,生命的存在就会自然得到保全,而享尽天年。守道、顺应便是庄子眼中的健康观。

同一时期,杨朱的理论学说有着很大的影响力,在战国百家争鸣中独树一帜,他对生命价值的认识极其深刻,可以说达到了前所未有的制高点。他从重视个人生命的角度出发,形成了"贵己""为我""全生"的独特生命观点,也据此提出了维护健康的观点:"全性保真,不以物累形。"《淮南子·泛论训》曰:"全性保真,不以物累形,杨子之所立也。"所谓全性,就是要顺应自然之性,不要贪得无厌,更不要为外物所伤生。所谓保真,就是保持自然赋予人身的真性,保持和顺应自然之性,自己主宰自己的命运。人要想维护好自己的生命,实现"全性保真",就必须要抛却私心杂念,但完全抛却外物的欲望并不现实,因此要"贵己""重生""适欲从性"。"适欲从性"的原则是杨朱"全性保真,不以物累形"的真谛所在。

儒家礼学的生命精神在于尊重生命和顺应天命。《尚书·泰誓上》中道："惟天地万物父母，惟人万物之灵。"《尚书·大禹谟》中云："与其杀不辜，宁失不经，好生之德，洽于民心。"《礼记·礼运》有"人者，天地之心"，《荀子·王制》曰："人有气、有生、有知亦且有义，故最为天下贵也"。这些都强调了对于生命要懂得尊重与敬畏。《尚书·洪范》中有"五福"的记载，何谓"五福"？《洪范》曰："五福：一曰寿，二曰富，三曰康宁，四曰攸好德，五曰考终命。""康宁"中的"康"指身体健康，偏于生理层次；"宁"指心神安宁，偏于心理层次。故"康宁"者，身心健全之意，此意最耐人寻味。这可以说是古代最早的健康观，也可以说是首次从心身角度来认识健康。

在对于生命健康的认识过程中，中医学汲取了诸子百家的精华。中医对于健康的认识，早在《黄帝内经》中已有较为完善的记载。中医学中有许多有关健康的观点，如"天人合一"的健康观、"形神合一"的健康观、"阴平阳秘"的健康观、"和"的健康观等。中医理论的主要内容，从藏象、经络到病因、病机，到诊法、辨证，再到养生防治等，几乎都是围绕着中医学对健康观念的认识而展开的。

1. "天人合一"的健康观

中国文化重视人与自然的对立统一，既把人看作最为天下贵者，更主张人与自然的和谐统一；既具有主观能动性，认识自然、改造自然，更主张人不能违背自然规律过度妄为，应该天人协调、天人相应，寻求与自然的和谐。

"天人合一"是就人与自然的关系而言的。中医学认为，人有自身的生命活动规律，与自然具有相通相应的关系。如《灵枢·岁露》中有"人与天地相参也，与日月相应也"①。人昼夜的阴阳变化与自然是相应的，《素问·金匮真言论》所云："平旦至日中，天之阳，阳中之阳也；日中至黄昏，天之阳，阳中之阴也；合夜至鸡鸣，天之阴，阴中之阴也；鸡鸣至平旦，天之阴，阴中之阳也。故人亦应之。"② 人生理的变化与四季变化也相对应，正所谓"春生、夏长、秋收、冬藏"。其四季之气的过胜亦能影响人体，即《素问·金匮真言论》所论述的"东风生于春，病在肝……南风生于夏，病在心……西风生于秋，病在肺……

---

① 以下所引《灵枢》原文皆出自人民卫生出版社1956年版《灵枢经》。
② 以下所引《素问》原文皆出自人民卫生出版社1963年版《黄帝内经素问》。

北风生于冬,病在肾……中央为土,病在脾"。

可见,无论是日月运行,地理环境还是四时气候、昼夜晨昏,各种变化都会对人的生理、病理产生影响。在这种思想指导下,中医学认为人类必须掌握和了解四时气候变化规律和不同自然环境的特点,顺应自然。正如《素问·四气调神大论》中提出的春夏秋冬的养生原则:"夫四时阴阳者,万物之根本也,所以圣人春夏养阳,秋冬养阴,以从其根,故与万物沉浮于生长之门。"如此,通过保持人与自然环境的协调统一,方能维护健康。

2. "形神合一"的健康观

形与神是标志人的形体与精神之间相互关系的一对范畴。其中,形是指躯体、身体;神是指精神、意识、思维。从生命起源来看,是形具而神生,即先有生命、形体,然后才有心理活动的产生。中医学提出的"形神合一"正是强调形与神的密切联系。形是神的物质基础,神是形的机能和作用。形与神始终相互依存、相互为用。正如张景岳在注解《素问·八正神明论》中所言:"形者神之质,神者形之用,无形则神无以生,无神则形无以活。"只有当人的身体与精神紧密地结合在一起,即形与神俱、形神合一,达到形神共建的状态,才能更好地维持和促进健康。

3. "和"的健康观

"和"是中国传统文化中颇具特征性的哲学思想,属于儒家思想的重要范畴,是儒家的世界观和方法论。

《内经》关于"和"的健康观可解读为"气血和""志意和""寒温和"等方面。诚如《灵枢·本藏》所说:"是故血和则经脉流行,营复阴阳,筋骨劲强,关节清利矣;卫气和则分肉解利,皮肤调柔,腠理致密矣;志意和则精神专直,魂魄不散,悔怒不起,五脏不受邪矣;寒温和则六腑化谷,风痹不作,经脉通利,肢节得安矣,此人之常平也。"这里的一个"和"字描述了人体各个方面的和谐状态。其中,"血和""卫气和",可概括为气血运行和畅;"志意和",可理解为精神情志活动的正常;"寒温和",指机体能更好地适应外界环境。这些描述概括了和谐是健康的本质,健康就是维护人与自然、心与身、气与血的和谐。"和"的健康观与WHO提出的健康概念不谋而合,即在躯体、精神心理和社会适应性等方面的协调、适应。

4. "阴平阳秘"的健康观

中医学认为"阴平阳秘"就是健康。如《素问·生气通天论》曰:"阴平阳秘，精神乃治；阴阳离决，精气乃绝。"这是中医学用阴阳学说对人生理状态的概括。"阴平阳秘"为阴气平和，阳气固密，是人健康态的表征，反映着阴与阳的相互关系，是阴阳关系的最佳状态。阴阳之间既各自处于正常状态，也具有相互协调、配合关系。如此，则身体健康，精神愉快。"阴平阳秘"反映了人的有序稳态，是人的生命活动中物质、能量、信息流变的平衡与非平衡的全部复杂情况的体现。如阴阳之间的关系遭到了破坏，就会导致"孤阴不生，独阳不长"，甚至"阴阳离决，精气乃绝"。

有研究认为，"阴平阳秘"作为人的健康态，体现在生命活动的不同方面和不同层次，如酸碱平衡、血糖平衡、代谢平衡等。此外，"阴平阳秘"还体现在人体活动的一种有序稳态上，这类似于现代科学所指的"内稳态"。"内稳态"是指人体在生理上保持平衡状态的倾向，如人体的体温、血压、血液内的酸碱度、血糖浓度等均为"内稳态"所调控，如果我们的身体达到这种稳态，那就是健康的状态。

（三）对康养的启示

通过以上追溯西方健康概念演变史发现：近年来，尽管随着医学模式的转变及东西方交流的与日俱增，体现着中西方智慧对健康新的认识，有着越来越明显的趋同之势。然而，由于东西方文化、地域的差异，在历史上形成了对健康不同的认识，也导致了健康维护领域的行为准则和价值取向的差异。中医学的健康观一直以来都有其丰富的内容，体现了中医对健康深刻的认识和理解。中医形成多维—立体的健康理论框架，认为健康判定必须兼顾道德情志和行为模式两方面。"身强曰健，心怡曰康。"中医学认为：健康就是适应自然、内外平和，故将健康者称为"平人"。人一生中，健康过程呈抛物线规律，伴随年龄增长其本身不断下行，故强调守住健康；守住健康应遵循相应行为准则和价值取向——首先要恪守自然秩序与规律，这可概括为"守道"。"守道"强调"和谐"，遵循规律，包括与自然、与社会、与他人以及自我心身、内外都要和谐、协调。其次，要约束和控制自我行为，讲究万事有度和有节，以适应自然。也就是人类所作所为要有所克制，这可概括为"节搏"。中医学的"平人"维护系统中，在维护健康方面涉及的中医养生理论、知识及方法、技巧等都体现了"节搏守道"这个原则。中医健康理论体系指出，维护健康也必须兼顾养德、养神、养心、养气、养形。历代医家强调动静结合、内外兼修等，并提出许多具体方法，如属于情趣爱好的书画、音乐等，和属于行为模式的饮食、导引等，如明代陈益祥所论："流水之声可以养耳，青禾绿草可以养目，观书绎理可以养心，弹琴学字可以养脑，逍遥杖履可以养足，静坐调息可以养骸。"举例来看，如中医的饮食健康分为茹淡派和食补派，前者的代表人物有孙思邈和朱丹溪，他们强调清淡餐饮、节制摄食，后者的代表人物有陈直、忽思慧等，他们认为必须注重饮食品谱、强调饮食营养。在医药健康方面，又有理脾、补肾、养阴、壮阳等派。

总的来说，中医学是一门关注人体健康的学科，在中国传统文化的影响下，形成了独特的健康观和疾病观。系统整理中医健康理论，明确其内涵，分析其理法，有利于继承和发扬中医文化，丰富和完善中医学术，既有历史意义，也有现实意义；既有政治、经济价值，也有文化、科学价值。对健康的解析，不仅有助于国民在健康领域选择合理的行为准则和价值取向，进而可发挥在保健养生防病中的指导作用，而且有助于现代对医学目的、医学模式、医学体系等问题的思考与研究。

二、中西方对养生的认识

在欧美国家，"养生"（Wellness）这一新生词汇产生于1961年，由美国医师 Halbert Dunn 提出，将 Wellbeing（幸福）和 Fit-ness（健康）结合而成。Halbert Dunn 医生认为，自我丰盈的满足状况为较高的养生境界。这一理念由 Ardel、Travis 等作家在有关健康的出版物中采用，Travis 强调养生的动态性，认为养生是一种状态、过程与态度，而不是静止不变的。对于养生概念的剖析，国外学者尚无定论。Adams（2003）提出了养生的四个基本点：养生是多维度、多空间的；养生研究应以保养、保健而非疾病病理为导向；养生是平衡；养生是相对的、主观的、感知的。Puczko 和 Bachvarov 提出养生的七维空间，包括社会、身体、感情、智力、环境、精神和职业。部分学者认为，精神性是养生的核心，是介乎本我与社会自我之外的超常存在，是人与宇宙奥秘的关系。

我国对于养生的内涵探究要早得多，养生思想在我国源远流长。养生，古称摄生、道生、保生，其中"生"意为生命、生生不息之意，养生即通过各种手段调摄保养自身生命，使生命生生不息。一般来说，其意义在于通过各种调摄保养，增强自身体质，提高正气，从而增强对外界环境的适应能力和抗病能力，减少或避免疾病的发生；或通过调摄保养，使自身体内阴阳平衡，身心处于一个最佳状态，从而延缓衰老的过程。"养生"一词最早由我国道家学派代表人物庄子提出，他强调人类要主动按照自然的规律去调理心身、养护生命。

对比中外关于养生内涵的界定，从时间序列分析，西方学者对养生理念的关注起步较晚，中国在明清时期就发展了相对完善的养生理论，虽然对养生的外延认识与发展方向存在分歧，但本质都归于人体的物质形体与精神、自然的整合统一。究其原因，可追溯到中西医的自然观基础的差异。以运动性、整体性与直觉性为特点的气论构成了中医的哲学基础，决定了中医学重视天人合一的系统整体；西医学以原子论的局部分析思维为指导，忽视完整机体的复杂反应及神经内分泌系统作用，形而上学将疾病仅仅看成生物学的改变，忽视疾病与精神、心理、社会、环境的密切关系。由此，现代西医学由传统的生物医学模式向生物—心理—社会医学模式转变，造成养生理念中西方时间序列差的根本原因在于中西迥异的自然观和思维方式。

（一）中西方的养生思想

"养生"一词最早出现在战国时代庄子所言，《庄子·养生主》中言："吾闻庖丁之言，得养生焉。"中国养生术语极为丰富，中国古代典籍中出现的有道生、保生、寿世、摄生等。如老子在《道德经》中有关于"善摄生者"的论述："盖闻善摄生者，路行不遇兕虎，入军不被甲兵；兕无所投其角，虎无所措其爪，兵无所容其刃。夫何故？以其无死地。"（《道德经》第五十章）这里的摄生亦即善于保护生命的人，摄生也是指养生的意思。

"养生"一词在英文里没有与之相对应的词语，一般用保健类词语来代替，如 Keeping in Goodhealth 或 Preserve One's Health 等。根据养生者的情况及养生的目的，养生可分为广义和狭义两种。狭义的养生，指未病、已病或病后的养生。广义的养生，指日常生活中的养生。我们这里探讨的养生主要是广义的养生。从养生术语的多寡上我们也约略可推知中西方在养生思想上存在较大差异。

中西方养生思想差异表现在深邃与浅表上。深邃与浅表指的是中国养生思想形成多个完整体系而西方没有形成养生思想体系。中国养生思想体系受先秦时期的学术流派多、杂的影响，无论是儒家、道家、佛家，还是医家各家，都已自成养生文化体系。但各个学术流派的养生思想侧重点不同：儒家更崇尚心性修养，道家养生就重在"性命双修";法家注重的是说理图新;墨家主张兼爱,将儒家倡导的对亲人的爱无限扩大,扩展到对众人的完全的博爱;阴阳家重在阐述医理和阴阳学说等。儒家学说的经典著作四书就包含极为丰富的修身养性、调养性情的养生思想,儒家代表人物孔子就是一位践行养生思想的大家。养生贵在养心,明心学大师王阳明在《传习录》中提出心外无物,致良知的理念又是对四书中的养生思想的传承发展。道家的养生思想理论在春秋战国时期已较成熟,从老子到庄子及后来历代的道家弟子都有诸多关于养生的典籍论著,从最早论述心理卫生及精神养生的《管子·内业》到东晋初期著名的医药学家和炼丹术家葛洪所著《抱朴子》等。老子提出"致虚极、守静笃"(《道德经》第十六章)、"见素抱朴,少私寡欲"(《老子·十九章》)等顺应自然、虚静少欲的养生思想。老子认为,人就应该与自然规律相适应,内心空明宁静,不被私欲迷惑才能健康长寿。庄子则以水做比喻,明确提出寓动于静、心无杂念、恬淡无为的养生思想。医家养生理论以《黄帝内经》等为代表,《黄帝内经》是我国现存医书中最早的典籍之一,汇集了战国以前诸多医学著作的总结,书中系统地阐述了中医的养生说,提出了四时养生、情志养生、运动养生思想,记载了人们可以通过散步、导引、按跷、吐纳、冥想等运动方法,达到养生防病的目的。到了东汉,著名医学家张仲景所著《伤寒杂病论》也讲述了许多关于养生的要领,尤其注重驱寒养生。

西方爱琴海文明的古希腊时代(公元前800年至公元前146年)虽与我国春秋战国时期(公元前770年至公元前221年)的华夏文明与所处的时代相当,但西方养生思想没能形成一个完整的体系。当时我国儒家、佛家、道家、医各家的养生思想已相当成熟和丰富。西方最早记载有关养生的文化内容的是古希腊神话,古希腊神话中的太阳神阿波罗和塞萨利公主科洛尼斯的女儿阿克索是健康女神,她在希腊宗教中主司卫生安全、医药治疗,很受人们的尊崇。她曾经杀死了一条出现在她手杖上的毒蛇,之后又出现一条毒蛇,口衔药草,使头一条死蛇得以复活,因这情景使她顿悟成了健康女神。古希腊神话中还讲到,埃及艳后克里奥佩德拉特别注重养生,不仅有专业的营养师照顾她的饮食起居,还命人为她从天然植物中提取精油用于护肤、饮用。除此之外,西方有关养生方面的记载就只能从古希腊的《希波克拉底文集》及后来的基督教《圣经》中看到一些西方人保养身体的方法和他们对待生命的观点。

中西方养生思想出现深邃与浅表的差异,主要是由于中西方养生思想形成的哲学基础不同。西方哲学具有重逻辑分析,以精确性见长的特点,比较单一,走的是纯哲学的道路,使西方养生文化也具有重理性和精确性的特点。中国有几千年的历史,哲学思想丰富多彩,中国的哲学流派历来就不单一,各时代的主导思潮如先秦有诸子百家的学术思想、两汉研究儒家经典学说、魏晋出现崇尚老庄的思潮、隋唐佛学的大发展以及宋明的道学,都代表了各个时代的哲学特色。中国的哲学具有重总体把握、重系统、具有模糊性特点。丰富深邃的哲学思想对中国古代养生学思想产生极大影响,影响大的有元气论、阴阳学说、五行学说,拿《黄帝内经》来说,它提出的顺应自然、平衡阴阳、形神并养等重要的养生原则与思想是受《周易》这部思想深刻、体系完整的哲学论著的影响。中西方在不同的历史文化背景下,形成的不同哲学理念与思维模式,直接导致了西方走上健身而东方走上养生的不同路径。

(二)中西方的养生态度

中西方的养生态度差异可以用两个词来概括,即积极探索与消极接受,主要体现在对养生方法的探索上。

中国古代人们对养生方法的探索,态度更为积极。中国古代神话中讲燧人氏发明了钻木取火,认识到火可用来烧熟食物,既能缩短人体对食物的消化过程,又可防止一些肠道疾病的发生,但人们还不太会保存火和利用火。到了黄帝时候就有个名字叫作黎的青年,他不断摸索又发现了石头取火的方法,这就更便捷了。后来,人们继续探索,又发现了"灸、熨"等防病治病的方法。

西方神话中也有关于火的发明和使用的记载,但西方神话中对火的作用的认识与中国神话截然不同,古希腊神话中有一个潘多拉魔盒的故事,讲的是天神普罗米修斯从天上盗火种送给人类,使人类学会了使用火,吃上了烧烤煮熟的食物,结果惹怒了主神宙斯,宙斯决定要让灾难降临人间。就让他的儿子火神赫淮斯托斯用泥土制作一个集一切优点于一身的美丽女子潘多拉。宙斯给潘多拉一个密封的盒子,里面装满了虫害、灾难和瘟疫,让她送给娶她的男人。在潘多拉打开盒子以前,人类没有任何灾祸,生活宁静。潘多拉在好奇心促使下打开了盒子,于是灾难与瘟疫逃出来,从那时起,灾难处处伴随人类,使人类受苦。这个故事蕴含了较深的寓意,古代西方有智慧的人已经知道吃不熟的食物会带来疾病的痛苦,才用这神话来警示大家。

以上可以看出中西方对待养生态度的不同:一个是积极探索,另一个则是消极告诫。自古以来，中国人就积极探索各类养生方法，如饮食养生中的饥饿疗法。古代中国人发现小病不吃药是治病良方，中国古典文学名著《红楼梦》中从主子到丫鬟，只要是伤风感冒，大夫不开药方，而是让人先"清清静静的饿两顿"。此外，还有梳头养生，药物养生，药膳养生，经络养生中的按摩、推拿、针灸，运动养生中的健身气功等。西方人把生命放在第一位，不敢轻易地损毁生命，因为他们认为生命是上帝赋予的，任何人都没有剥夺自己和他人生命的权利，《哈姆雷特》中有一句脍炙人口、精妙绝伦的独白：生存还是毁灭，这是一个值得考虑的问题。是默然忍受着苟且偷"生"呢，或是"挺身反抗"而壮烈地"死"？对生与死的选择是这般的困难和犹豫。西方人对保养生命的态度也不像中国人那么的认真、投入。中国古代希望通过服食丹药而长生不老的人特别多，西方人对通过自身的努力来延长寿命的欲望不那么的迫切，主要是由于西方人信仰上帝，认为人的寿命长短也由上帝主宰。西方人认为人有原罪，只有信仰耶稣基督，肯为耶稣牺牲生命的人，才能得到永生。可见，中西方人的养生态度差异根本原因在于中国人认为人的命运由自我掌控，而西方人认为他们生命应由上帝掌控。

（三）中西方的养生理念

中西方在养生理念上的差异体现在好静与好动的不同上。

中国养生理念是推崇"静"养。以聚集能量为其养生基础。《黄帝内经》中说："静益寿，躁损寿。"中国自古就有"千年王八万年龟"的说法，因其不爱运动但却长寿。老子认为"致虚极，守静笃"中的"虚"和"静"就是道的状态，老子又说"万物芸芸，各归其根。归根曰静，静曰复命"，万物只有回归根才是静，静才能回归生命，想要身心健康就要讲究静养。《庄子》中有着中国最早的养生理论，包括心斋、坐忘、守一等概念，实质上就是要忘掉自己身体的存在，达到"无己"的静的状态。中国佛教中的打坐、参禅、吐纳、静坐等修心养生的锻炼方法也是静态的。中国一些养生手段都是以静为主基调，即便是动也是以舒缓运动为主，如八段锦、五禽戏、太极拳等。即便是动，心却要求是静的，《太极拳解》曰："身虽动，心贵静，气须敛，神宜舒。"体现中国的养生理念上是爱惜精力，重视能量的储蓄。

西方人特别注重运动养生，古希腊苏格拉底认为，人的一切活动都离不开强健的身体和精神，只有强健的身体和精神才能完成他们所需要做的事情。他还强调运动能提高人体的免疫力，能增强食欲，改善睡眠，是良好的养生之道。西方人信奉18世纪著名思想家伏尔泰提出"生命在于运动"的主张。以消耗能量后能量的恢复为其养生基础。西方人喜欢通过体育活动的形式，来展示、挑战和超越自我。西方养生思想更注重个体生命对生命极限的挑战，如野外求生、斗牛、拳击、健身锻炼等。

（四）中西方的养生内容

中西方养生在内容上也具有差异，中国人养生内容丰富且重形神并养，西方人只重形养，养生内容较单一。

中国人认为，养生就是要保持身体和心理的最佳状态，讲养生不仅是指要活得长久，而且要活得有质量，活得快乐和幸福。因而，中国人把养身和养心相结合，在追求身体健康的同时还要愉悦身心、享受生活。中国人不仅把生命的健康当作目标，而且把提升生命的境界当作目标，强调身心合一的境界。所以，中国人养生偏爱形神并养。中国的养生内容极为丰富，有神养、形养、术养、药养、食养、气养等，具体体现在注重调控个人行为如饮食、起居、睡眠、性生活、环境居室卫生以及良好的生活习惯等，例如，孔夫子提出"十不食"；《黄帝内经》提出要"顺四时、适寒暑"；孙思邈提出的"先饥而食、先渴而饮"等。中国人喜欢进食各种具有补养脏腑、气血的药物与食物，以强身健体，这叫药养。中国人还欢喜功法锻炼，通过各种健身气功锻炼形神、强身健体，这叫气养。利用按摩、推拿、针灸、沐浴、熨烫、磁吸、器物刺激等疗法进行养生，这种中医养生疗法是中国独有的，叫术养。中国人重视神养，包括精神心理调养、道德品质调养等方面，尤其注重道德养生。如《大学》为我们树立了一个做人的目标，即要成为圣人——道德上的巨人、完人。要想达到这种境界，就要人人能正心、诚意，要知止，止在至善上面。正心就是要除去各种不安的情绪，使自己的内心纯正，内心纯正的人，身心都能拥有一种舒适与快乐。《论语》中提倡仁德、孝德、礼德等内容都是对人的道德品质进行调养。中国人受中国儒家、佛家、道家文化的长期影响，大多数人认为，健康与良好的心态相关，心理精神因素甚至是健康、养生的第一因素。道德品质调养好了，人的心态、心理、精神都会好。《道德经》中"上善若水。水善利万物而不争，居众人之所恶，故几于道。夫唯不争，故无尤"，就是告知人们要随时随地拥有善良、宽容的心态。在这种心态下人体的血液流量和神经细胞的兴奋度才是最适宜身体健康的状态，身体的自我保护机制才会调整到最佳状态，自身具有的抗病能力才能有效发挥，减少疾病发生。中国有句俗话——"善有善报，恶有恶报，不是不报，时候未到"，原因就在于善、恶对人体机能的影响总会在人身上有所体现，只是时间问题。所以，以《黄帝内经》为代表的医家明确提出要精神调摄养生。

西方人讲养生最根本的目的是身体强健，所以，西方人养生偏爱形养。西方养生内容相对单一，主要是形体锻炼及健身活动等。中国人崇尚快乐养生、道德养生，西方人却认为保持健康最重要的不是心理精神，而是体育运动和形体锻炼。甚至有的学者还认为快乐的心态有害于健康，如英国心理学家查德·本托尔说："不断有证据显示，快乐的人总是高估了自己对周围事物的作用，他们不切实际地吹嘘自己的成绩，总认为自己比别人好。"他认为，快乐的人往往对人或事物有发生偏见的倾向。其他研究者也证实，人越快乐，对人和事物的主观判断越偏执。

三、养生概念的扩展

养生，就是对生命的养护，对人们物质和精神的身心养护。换句话说，养生就是对健康状态的调节、管理和维护。养生应明确地包含两个方面的内容：①提高人们的生命质量；②延长生命之长度。而且，这两个方面是量与质的辩证统一，互相依存、彼此促进的。因此，养生首先是各个年龄阶段的人群如何提高生命质量，然后在此基础上才能够延长寿命。养生是贯穿于人生命全过程的各个阶段的。许多科学家一致认为，"活得好，比活得久更重要，科学研究也应该把焦点放在健康寿命上，而不要紧盯着平均寿命不放"。今天科学家面临的首要任务，不是设法达到"长生不老"或"超长寿命"，而是确保生活的质量和早期预防人体"侵蚀性"衰老。具体地讲，养生就是通过人的主观努力来掌握一定方法并养成良好的生活方式，从而提高生命质量和延长生存寿命。随着我国经济社会的发展和进步，养生逐渐得到人们更多的重视，追求健康长寿的养生活动成为越来越多人的生活中的日常行为。

养老是退休后老年人颐养天年至告别人生的过程，也就是老年人通过主动的科学理论指导下的身心养护活动，追求健康的心灵和体魄，以达到延年益寿的目的。因此，养老就是老年阶段的养生。养生的目的之一就是延缓衰老、延年益寿。人体是由细胞组成的，科学对于细胞衰老已有相当认识，相信会更正确地了解它们变化的原因。细胞的遗传基因DNA的结构，可以受到环境的影响。只要深知DNA的结构，便可改变一个细胞由幼年到成熟以至于衰老的过程，进而可控制衰老。有些科学家专心研究环境对于DNA的影响，以及探索这种影响对于衰老的关系。卡福教授指出，人们到了老年以后，DNA往往发生突变。如果能够了解这种"突变"则可以控制衰老。美国康奈尔大学的麦克博士对老鼠及其他动物做过无数次实验，他把饲鼠食料减少一半，可把幼年期延缓，饲料恢复正常，老鼠由成熟而趋于衰老。玻璃莫大学的教授巴罗思采取海上的微小动物加以实验。发现它们的衰老过程，除所吃的物料之外，受温度的影响很大。把水的温度降低，对动物的老年阶段有重大的影响。科学家因此相信，如果人们深知食物和温度对人的衰老过程发生何种影响后，则身体的变化可以控制或延缓。社会环境对于衰老有重要影响。丹麦女王的御用医师——研究衰老问题专家索巴尔教授认为，我们没有出世以前已受到环境影响。母亲的营养、服食药物以及她的情绪对于胎儿均有影响。癌症可以减少人们的寿命数年或数十年之久，其产生当然与环境的因素有关系。美国朱思丹博士研究认为，化学品如食物、烟草、污染及其他原料进入体内之后，可以加快衰老。总之，科学家们预料人类的生命总有一天可以控制，使幼年期延长以后，其成熟期与健康期可以有 60~70 年之久；认为我们在日常生活中，可以靠自己的努力来控制衰老的过程，主要是精神支配，合理营养及适宜运动，而适宜的运动尤其可以培养精神，增强心力，延长寿命。所谓"流水不腐，户枢不蠹"，正是此理。

养病是指慢性病或急性病恢复期人群的康复过程，也就是人们在病态时采取具有主观能动性的行为追求健康的过程。因此，养病是病态时候的养生。中医养生学是在中医理论的指导下，在继承传统中医养生理论、经验与方法的基础上，吸取现代科学手段与方法，通过对生命过程及其规律的研究，探求提高生存质量、延长生存时间的理论，原则和方法的一门学科。中医养生学的产生和存在，不仅在于研究健康人在疾病形成前的养生，更主要的在于对疾病形成中以及形成后的养生问题的研究。也就是说，中医养生学服务对象既可以是健康者，也可以是疾病者，还包括亚健康人群。在疾病发生后，同样可以依据中医养生学的原则，运用中医养生术，协同治疗控制病情。程汉桥等探讨了中医养生理论在消渴病防治中的应用，指出运用中医养生理论，对于指导患者饮食起居、四时情志等调摄，以协调其阴阳、保精、裕气、养神，从而达到协同治疗、病情得到较好控制的目的。中医养生学的基本思想是强身防病，强调正气作用，防微杜渐治未病；把握生命和健康的整体观念及辩证思想；重视心理因素贯穿始终；把人类、社会和环境联系起来，去理解和对待人体的健康和疾病。当代医学模式已由生物医学模式演变为"生物—心理—社会医学模式"，主要任务是控制和降低慢性病的发病率，其特征是从治疗扩大到预防，从生理扩大到心理，从个体扩大到群体，从医院扩大到社会。由于养生旨在维护健康和促进健康，并且为人民大众所喜闻乐见，易于接受和实施，因此在"治未病"的实践中具有最基础、最广泛的作用，养生是中医"治未病"的基础工作和根本出发点。

因此，养老是老年阶段的养生，养病是病态时候的养生。养生是在人的生命的整个过程中保养生命，以延长生命长度提高生命质量即通过各种手段和方法达到维护身体健康和延长寿命的行为过程。

第三章 中国特色康养

中国特色康养，中华民族得天独厚。中医药植根于中华文化的沃土，是中华优秀传统文化的典型代表，以其承载的民族传统和文化价值，蕴含着人类对生命和健康的认识理念。

毛泽东主席曾言："中国对世界是有大贡献的，中医是一项。"习近平总书记也谈及："中医药学凝集着深邃的哲学智慧和中华民族几千年的健康养生理念及其实践经验，是中国古代科学的瑰宝，也是打开中华文明宝库的钥匙。"两位国家主席对中国特色康养中医药学的高度认可，使其在当代重新焕发的光彩更为瞩目。

中医药的健康养生理念博大精深，整体观、系统观、全局观、综合观，天人相应、形神共养，辨证施治、药食同源的理念方法和实践经验是中国特色康养的核心和灵魂。穿越千年的时光洪流而来的中医药学在当代的传承与发展中成为中国特色康养的重要议题。

一、中医药发展历史回顾

中医学由《黄帝内经》确立了理论体系，后历经春秋战国时期的《难经》，到东汉末年太守张仲景的《伤寒杂病论》，确定了辨证论治及理、法、方、药的理论体系，药物及方剂的认识也有新的积累和发展，出现了《神农本草经》、唐代药王孙思邈的《备急千金要方》《千金翼方》，明代医学家李时珍的《本草纲目》等典籍，其间经历几千年，每一部著作都是广大劳动人民在生产和劳动中总结的经验,凝聚着劳动人民同病魔作斗争的心血和智慧,成为中华传统文化和自然科学的丰富宝藏,也是后世传承民族中医学重要的历史文献和参考典籍。直到清末鸦片战争,帝国列强的侵略,西医才正式传入中国。

1840年鸦片战争后,刚创建不久的西医药(西医药迄今仅有200余年历史)由传教士带到中国。此后,西医逐渐取代中医,在整个医疗事业中占据了主导乃至统治性的地位。新中国成立初期,中国政府有关部门有文件规定,中医不许进医院,中医必须学习西医,要用西医的学术改造中医,使中医药面临灭绝的边缘。后来这种政策得到了一定程度的纠正,并组织了西学中培训班,培养了一批中医药领域的专家,并于20世纪80年代初将发展中医药列入了中国宪法。但是,由于种种原因,中医药发展远远不如西医快。实际上,新中国成立以来,中医药始终处于从属地位,不乏有人打着弘扬中医药的旗号去发展西医药。这是中医药界的悲哀,更是中国卫生事业的悲哀。下面一组数字说明了这一点：1949年,全国有中医人员27.6万人,1972年下降至不足21万人,1999年为33.7万人。50年间仅增加6.1万人,即增长了22.1%。按万人中医人员数看,比50年代初期下降了一半还多。1949年,全国西医人员仅8.7万人,以后逐年增加,1999年达169.6万人,50年间增长了18倍。1999年全国有综合医院10793家,而中医院仅2449家(其中不包括医学院校附属的综合医院和中医院数),二者相差悬殊。

新中国成立初年,党和国家领导人对中医学的重视,在1950年召开第一届全国卫生会议时提出"团结中西医"和"西医学习中医"的号召,培养了大批的中西医结合的中医骨干队伍,并在全国建立大量的诊所,逐步地发展到中医院；1956年开始在北京、上海、南京、广州先后成立中医学院,从此,中国开始正式在全国推行中医高等教育的政策。1980年,卫生部召开"全国中西医工作会议"明确了"继承、发掘、整理、提高"等方针。1988年5月,国务院决定成立国家中医学管理局,有力地推动了中医事业的发展,成为我国中医药发展的一个转折点。为中医药走向世界,造福全人类创造了更优异的条件。

1993年,全国中医医院达到2457所,中西医结合医院39所,民族医院129所。全国75%的县都建立了中医院,使农村中医医疗的覆盖大大提高。

几十年来,全国高等中医院校已近30所,建立了专科、本科、硕士、博士等多层次的、完整的教育体制,培养更多层次的中医专业人才。此外,鼓励各种电大、夜大、函大自考生、继续再教育以及各类留学生。有资料显示,1998年全国高等中医院校在校生中，大专生、本科生共43万，研究生为2802人（博士生604人，硕士生2198人），继续再教育23855人。全国中等中医学校共51所，在校生29000人。

党的十一届三中全会以来，全国成立独立研究院（所）77所，专业技术人员1000多人。在学科发展方面，已经由传统的13个学科发展到近30个学科。在科学研究方面，基础理论研究和应用研究都进入新领驭。在中医科研方面积极采用中西医结合的现代科学治疗方法，在心脑血管病、肿瘤、宫外孕、白内障等内外科方面都取得较大成就，如"中医经络实质研究""中医现代化关键""舌诊""脉诊"等研究，被列为国家"973"计划和国家自然科学基金、卫生部科研基金、国家中医学管理局科研项目。运用中医药的理论，明显提高了对休克、急性DIC[①]、急性心肌梗死、急性肾衰等病危重症的疗效；选用非抗菌复方治疗细菌感染；非直接抑制癌细胞的扶正固本复方治疗某些癌症，达到癌块缩小的效果；同时临床研究推广针灸、推拿和按摩等互相结合的中医传统理论研究。尤其针灸及针刺麻醉、针刺镇痛作用机理的研究效果，推动世界针灸医学的发展。自1987年世界针联成立，我国已经3次当选世界针联主席国，为传播和发展针灸学做出了突出的贡献。

我国在天然药物、传统药物研究方面于20世纪80年代取得了显著的成绩。从中药青蒿中提取青蒿素是抗疟药物的重大突破。青蒿素的研究和中药治疗泌尿结石的研究获得了阿尔伯特·爱因斯坦世界科学奖。中草药的栽培、引种、加工、炮制、剂型改革，及中药复方和药理的研究随着"人类回归大自然"思潮的影响、医学模式的转变，将为人类寻求新的药物开拓新的途径。中医医史文献的研究、民间传统疗法单方、验方的整理，为继承和发展中医药做了大量的基础性工作，丰富了中医药学的内容。中医药科技成果硕果累累，改革开放以来，共获得国家和部（局）级科技成果奖600多项，有30项是近五年获得的。近20年来，中医药科学研究获得了各种奖励，在国家自然科学奖中，中医药研究占医药卫生领域获奖项目43%；国家发明奖中，中医药研究占医药卫生领域获奖项目的17.6%；国家科技进步奖中，中医药研究占医药卫生领域获奖项目的11.5%。

---

① 弥散性血管内凝血（Dissominated Intrarascular Coagulation，DIC）。

二、中药领域发展

(一) 中药领域产业链分析

中药产业的上游是药材的种植,药材可以分为大宗药材和名贵药材。中药产业不同于其他行业,药材的质量和等级直接关系产品的疗效和价值。中药轻加工、重药材,产品的价值依赖于优质药材,特别是名贵药材的可获得性。药材资源是中药企业的重要竞争领域,能将产业链延伸至上游、掌握名贵药材等优质药材资源的企业将成为未来的领军企业。中药的中游主要为中药饮片厂和中成药厂,其中,中药饮片的新型药物——中药配方颗粒近年来异军突起,发展迅猛。中药主要销往医院、药店和商超。

中药产业包括中草药材、中药饮片和中成药三大支柱产业。中草药材指在中医指导下应用的原生药材,部分药材具有"药食同源"的特点,可直接用于食品和保健品;中草药材经过按中医药理论、中药炮制方法加工炮制后制成中药饮片,其中,中药饮片颗粒是将中药材进一步提取和浓缩而成的单位颗粒,具有不需煎煮、卫生方便等优点;单味或多味的中药饮片精制后即为中成药,包括用中药传统制作方法制成的丸、散、膏、丹等剂型和用现代药物制剂技术制作的中药片剂、针剂、胶囊、口服液等专科用药。在三种加工药品中,中药配方颗粒毛利最高,达到70%左右,其次为中成药,为50%,传统饮片的毛利最低,约为30%;中成药在中药产业的份额最大,其次是中药材和中药配方颗粒。

(二) 中草药行业市场环境分析

1. 政治环境

党和政府历来高度重视中医药事业发展。毛泽东主席在会见苏共代表米高扬时曾表示,"我相信,一个中药,一个中国菜,这将是中国对世界的两大贡献",后续又对中医药事业做出重要指示:"中药应当很好地保护与发展,我国中药有几千年的历史,是祖国极宝贵的财产。"习近平总书记也曾指出:"中医药学凝聚着深邃的哲学智慧和中华民族几千年的健康养生理念及其实践经验,是中国古代科学的瑰宝,也是打开中华文明宝库的钥匙。深入研究和科学总结中医药学对丰富世界医学事业、推进生命科学研究具有积极意义。"自2015年以来,国家相继出台了诸多政策、法规以规范和促进中医药产业健康发展,中医药产业将迎来新的发展机遇,具体政策文件如表3-1所示。

表3-1 2015年以来颁布的部分重要政策文件汇总

序号	颁布时间	颁布部门及文号	文件名称
1	2015年4月	国务院—国办发〔2015〕32号	《中医药健康服务发展规划(2015~2020年)》
2	2015年4月	国务院—国办发〔2015〕27号	《中药材保护和发展规划(2015~2020年)》
3	2016年2月	国务院—国发〔2016〕15号	《中医药发展战略规划纲要(2016~2030年)》
4	2016年3月	国务院—国办发〔2016〕11号	《关于促进医药产业健康发展的指导意见》
5	2016年12月	全国人大常委会	《中华人民共和国中医药法》

预计到2020年,中医药产业将成为国民经济重要支柱之一,中药工业产值占医药工业总产值的30%以上,到2030年实现中医药服务领域全覆盖,中医药健康服务能力显著增强。

2. 经济环境

现阶段,全球经济复苏态势持续分化,内生增长动力不足,经济增长存在明显的国别差异。我国经济发展喜忧参半,一方面,外部需求疲软、人口红利减少、落后产能过剩等多重问题交织;另一方面,民生持续改善,收入就业指标表现较好,价格水平总体平稳,第三产业和城镇化改革还有较大发展空间。

面对错综复杂的困难局面,党中央、国务院适时提出供给侧改革、"一带一路"等稳中求进的发展战略,依托高铁、互联网等载体,加快国内结构调整,以计算机通信、新能源、新材料、医药制造等产业为代表的高新技术产业呈现快速发展态势。中医药产业具有需求刚性化、发展弱周期性等特点,受国内经济波动影响较小。因此,在国家经济结构转型升级的大背景下,中医药产业将作为国家"一带一路"倡议的重要输出载体,发展成为国家新的经济增长极。

3. 社会环境

改革开放至今,我国人口素质明显提高,人口增长速度趋缓,人口结构向老龄化倾斜。截至2014年末,我国60周岁及以上人口为21242万,占总人口的15.5%,65周岁及以上人口为13755万,占总人口的10.1%。

在粗放型增长方式占主导地位和政绩考核唯 GDP 为重的体制下，地方政府的急功近利性和企业的逐利本性，使我国生态环境污染严重、历史欠账多，环境治理难度高、环境保护压力大，居民对生活的健康标准要求越来越高，养生保健需求呈多样化、个性化及快速增长态势。由于中医药在国内具有良好的产业发展基础，在社会人口老龄化、健康需求快速增长等因素的影响下，中医药市场的消费能力和消费潜力必然获得较大提升，中医药产业也将成为国民经济发展的重要支柱产业之一。

4. 技术环境

根据世界科技发展的趋势和我国社会经济发展的需要，我国将"引进、消化、吸收、再创新"作为增强国家技术发展的路径之一。改革开放 40 年来，我国通过直接引进国外先进技术，增加了技术积累，填补了技术空白，为增强自主创新能力奠定了基础，不少领域的技术现已跻身世界领先水平。

依托现有的中药应用基础，我国在中药开发、中药材种植等领域取得了诸多技术成果，形成了完善的中医药知识体系，积蓄了丰富的中医药技术资源。2015 年 10 月，屠呦呦荣获诺贝尔奖，是对我国中医药技术发展水平的充分肯定，使中医药成为全国上下关注的对象，成为全球的聚焦点，彰显了中医药的魅力。

近年来，发达国家不断加大中医药研究力度，数百家企业、研究团队均致力于天然药物的研究和开发，严重削弱了我国中医药产业的市场竞争优势；同时跨国公司研发机构不断趋于本土化，在一定程度上削弱了我国中医药技术创新的竞争力。随着国家对中医药产业重视程度的加深，中医药技术发展和技术创新迎来了新的发展机遇期，由中医临床诊疗技术、养生保健技术、康复技术等构成的中医治未病技术体系也将在互联网、可穿戴设备等新技术的推动下实现跨越式发展。

(三) 中药行业发展现状分析

我国早在唐代就开始了中药材的栽培种植实践，清代开始大规模种植中药材，但多品种大量种植始于 20 世纪 50 年代。从药学家试种、商业性栽培、分散个体种植，到规模化、集约化、产业化栽培基地生产，中药材种植经历了萌芽期、发展期、成长期和兴盛期。目前种植品种达 200 多种，其中六七十种已形成较大规模生产能力；三七、人参、地黄、白术、川芎、红花等大宗品种已不再使用野生药材。

从 20 世纪 80 年代开始，我国中药材种植开始向基地培育模式发展。"九五"期间，国家科技部曾设立专项基金支持中药材种植基地的建设，自 1999 年我国提出中药材 GAP 概念、2003 年开始实施认证以来，中药材规范化生产逐渐为社会各界所认同。中药材种植的规范化及 GAP 基地建设，将进一步推动中药材品质和供应的稳定性，降低行业经营风险。

中国中药材大部分属于植物类产品，其本质上属于农产品，受自然及市场价格波动等因素影响较大。我国中药材种植主要分布在湖南、贵州、甘肃、陕西、辽宁、广东等几个省市。2015 年我国中药材种植面积约 5045.5 万亩，近几年我国中药材种植面积情况如图 3 - 1 所示。

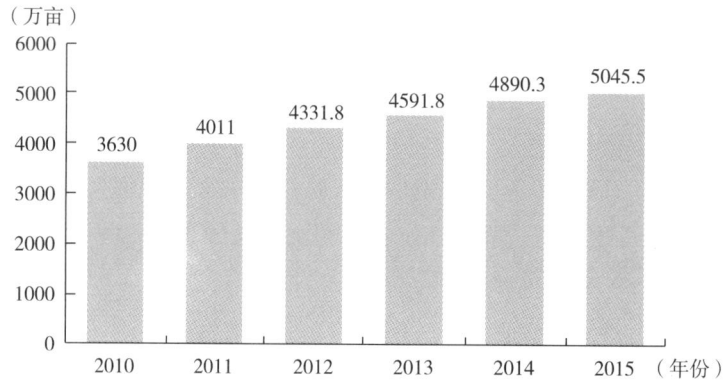

图 3 - 1 2010~2015 年我国中药材种植及基地面积情况

据统计，2014 年我国中药材产量达到 352 万吨，产量较 2013 年同期增长 6.0%；消费量为 349.7 万吨，消费规模同比增长 8.7%。2015 年我国中药材产量约为 363.8 万吨，产量较 2014 年同期增长 3.35%；消费量为 353.1 万吨，消费规模同比增长 3.03%（见图 3 - 2）。

从供给来看，由于国家产业政策的支持及市场需求的拉动，我国中药饮片行业发展迅速，市场供给较为充分。但是，部分野生药材尚未实现规模化种植、繁育，且中药材的产量和品质易受产区自然灾害、气候条件等因素影响，这将直接影响中药饮片的市场供给。从需求来看，我国人口总数继续增长，老龄化进程加快，人们健康意识不断提高，居民消费能力稳步增强，我国中药饮片市场需求呈现快速增长态势。此外，中药饮片供求还受到重大突发性公共安全事件，甚至是市场炒作等因素的影响。

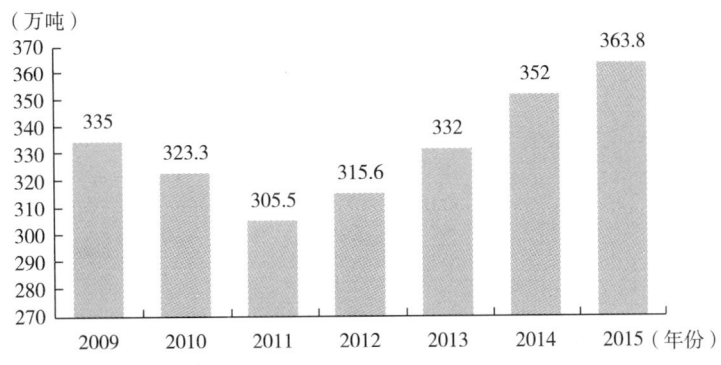

图3-2 2009~2015年我国中药材产量情况

中药饮片是中国中药产业的三大支柱之一，是中医临床辨证施治必需的传统武器，也是中成药的重要原料，其独特的炮制理论和方法，无不体现着古老中医的精深智慧。随着其炮制理论的不断完善和成熟，目前，中药饮片已成为中医临床防病、治病的重要手段。①悠久的中医药文化基础。中药饮片作为我国传统中药产业的重要组成部分，历经数千年的发展，形成了悠久的中医药传统文化，在我国广大群众中拥有着极其深厚的文化基础。中药饮片作为我国国粹，无不体现着古老中医的精髓，是中医药传统文化的智慧结晶和载体，悠久的中医药理论与文化优势，既为我国中药产业的发展奠定了良好的基础，也为中药走向世界提供了坚实的保障。②国家产业政策大力支持。从2003年出台的《关于加强中药饮片包装监督管理的通知》开始，国家出台了一系列以《关于在深化医药卫生体制改革工作中进一步发挥中医药作用的意见》为代表的产业政策，提出了中西医并重的方针，使此前一直受到挤压的中医药行业发展速度呈加快趋势。③健康意识的提升加大了对中药产品的需求。医疗保健作为人类一种基本需求，具有一定的刚性特征，医疗保健支出往往随着收入的增长较先得到满足。随着收入的增加，人民生活水平相应提高，会直接引致居民保健意识提升，医疗保健需求上升，从而拉动药品支出。

按照加工方法和最终形态的不同，可以将中药饮片分为传统中药饮片和新型中药饮片两类，根据两大类的不同特性又可进行细分类。具体分类如表3-2所示。

新型中药饮片包括中药颗粒饮片、粉末型饮片等，其特点与分类如表3-3所示。

表3-2 传统中药饮片特点与分类

共同点	分类	举例
中药材经传统加工方法（如洗净、切制、炮制等）生成，基本保持原始外观性状	洗净后直接入药的原型材料	槐花、蒲黄、白芥子等
—	植物药或动物药经软化切制后形成的片	槟榔片、麻黄段、黄柏丝、何首乌等
—	炮制而成的碎块、颗粒、粉末等	枯矾、煅赭石、水飞朱砂等

表3-3 新型中药饮片特点与分类

共同点	分类	特点
传统中药饮片经现代技术（如粉碎、提取等）加工处理后形成的颗粒或粉末。失去中药材的原始性状，外观上无法辨认是与传统中药饮片的主要区别	中药颗粒饮片	单味中药饮片不经提取制成的颗粒
—	粉末型饮片	单味中药饮片经粉碎制成的粉末

截至2015年10月，我国中药饮片加工行业规模以上企业数量达到1006家，其中71家企业出现亏损，亏损企业平均亏损金额为276.58万元（见图3-3）。

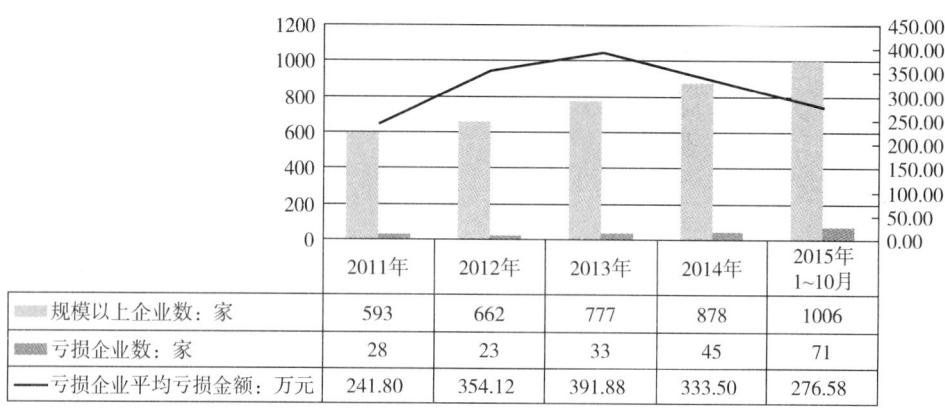

	2011年	2012年	2013年	2014年	2015年1~10月
规模以上企业数：家	593	662	777	878	1006
亏损企业数：家	28	23	33	45	71
亏损企业平均亏损金额：万元	241.80	354.12	391.88	333.50	276.58

图3-3 2011~2015年10月我国中药饮片加工行业企业亏损情况

2015年10月我国中药饮片加工行业规模总资产达到1129.53亿元，较2014年同期增长21.96%。2015年1～10月中药饮片加工行业销售收入为1342.89亿元，2015年1～10月行业利润总额为95.01亿元，较2014年同期增长21%（见图3-4）。

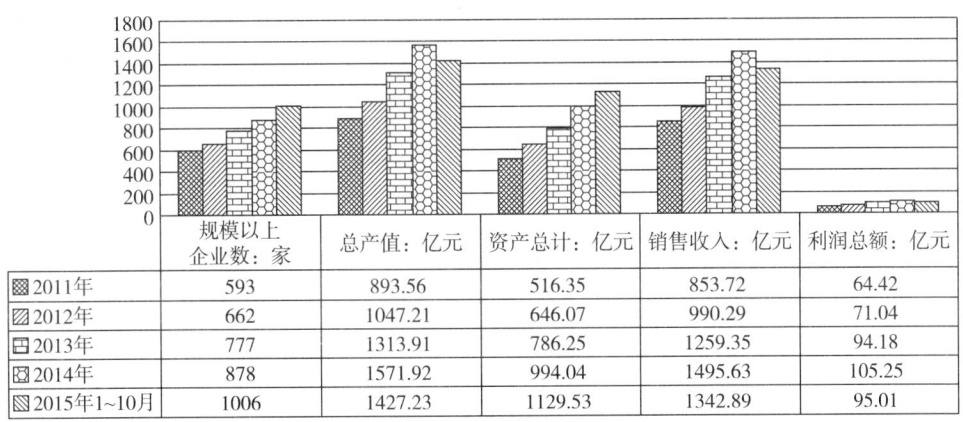

图3-4　2011～2015年10月我国中药饮片加工行业经营数据分析

截至2015年10月，我国中成药生产行业规模以上企业数量达到1599家，其中220家企业出现亏损，亏损企业平均亏损金额为548.91万元（见图3-5）。

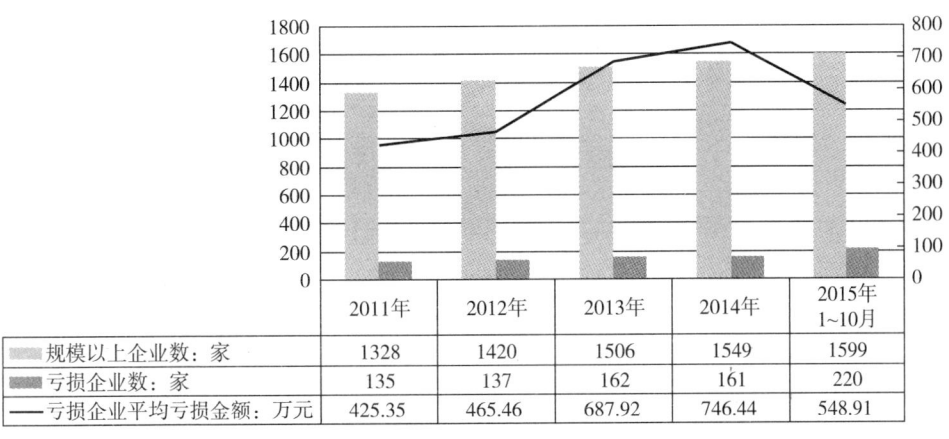

图3-5　2011～2015年10月我国中成药生产行业企业亏损情况

2015年10月我国中成药生产行业规模总资产达到5816.18亿元，较2014年同期增长10.03%。2015年1~10月中成药生产行业销售收入为4866.96亿元，较2014年同期增长6.07%。2015年1~10月行业利润总额为506.01亿元，较2014年同期增长12.3%（见图3-6）。

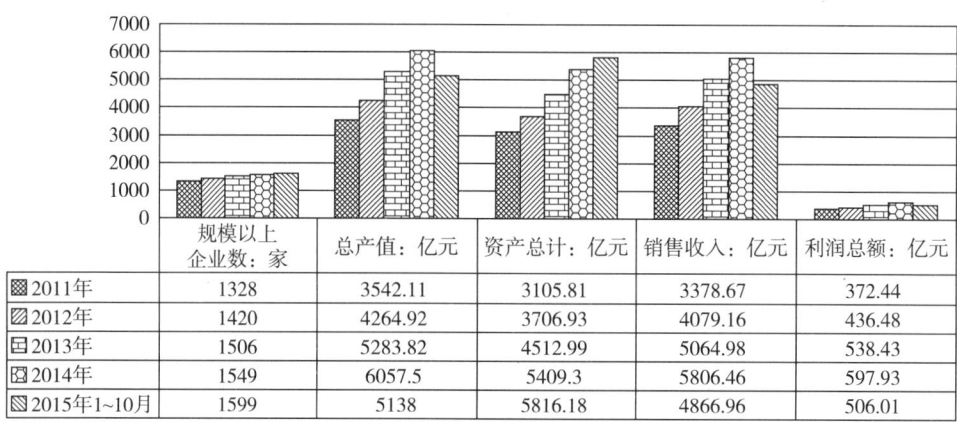

图3-6 2011~2015年10月我国中成药生产行业经营数据分析

（四）中药行业市场结构分析

2015年1~10月中成药行业区域发展概况如表3-4所示。

表3-4 2015年1~10月中成药行业区域发展概况

地区	企业单位数（个）	资产合计（千元）	负债合计（千元）	主营业务收入（千元）	利润总额（千元）
全国	1599	581618057	237208925	486696184	50600905
北京	29	14999209	3733899	7762830	1300706
天津	19	26262185	11734313	15498996	1837888
河北	50	22520438	7251710	14358382	1626141
山西	28	6566000	4229766	2378857	8994
内蒙古	18	4013067	1800891	2764022	220038
辽宁	42	6144202	2869113	5792242	298211
吉林	155	85914939	28489195	97404876	9528942

续表

地区	企业单位数（个）	资产合计（千元）	负债合计（千元）	主营业务收入（千元）	利润总额（千元）
黑龙江	48	14957736	4666417	7301713	1453318
上海	18	10698997	4512208	6842528	724220
江苏	37	18040016	8049470	21819783	1858730
浙江	40	19703675	7043171	9594855	1534417
安徽	93	11571100	5200262	12863896	801824
福建	32	7445704	1976694	5057673	922378
江西	89	19018008	8353197	32249167	2402346
山东	105	37852554	13937266	36458777	5696192
河南	81	30582286	13663929	29082330	2700839
湖北	88	22181745	10675524	24996274	1462470
湖南	64	15642234	5026384	13661766	1153395
广东	91	41904194	16668779	23678961	2705891
广西	87	18882582	8637958	15413157	1860632
海南	4	766870	365646	455017	61513
重庆	21	16952429	10404640	13386781	712106
四川	89	27581152	14749536	30225254	2958525
贵州	82	32650721	12358953	21530681	2211547
云南	60	29331099	15494662	12206223	1547957
西藏	7	2788591	820317	660246	277741
陕西	61	17236702	7471296	18340812	2109371
甘肃	23	10316388	3507428	2183052	255820
青海	24	6246593	1830076	1935445	327818
宁夏	4	915258	488604	134540	841
新疆	10	1931383	1197621	657048	40094

2015年1~10月中药饮片行业区域发展概况如表3-5所示。

表3-5 2015年1~10月中药饮片行业区域发展概况

地区	企业单位数（个）	资产合计（千元）	负债合计（千元）	主营业务收入（千元）	利润总额（千元）
全国	1006	112953338	48399756	134289486	9501384
北京	35	9101620	4545838	5067054	678962

续表

地区	企业单位数（个）	资产合计（千元）	负债合计（千元）	主营业务收入（千元）	利润总额（千元）
天津	5	1497398	1095279	549474	25645
河北	35	2234582	850299	3248364	159111
山西	3	156607	133892	203543	1496
内蒙古	10	498904	133864	795171	45447
辽宁	56	6979686	1359494	10155967	554010
吉林	70	8515187	4825396	13247482	454189
黑龙江	5	572586	223150	464480	24800
上海	16	1859829	1095193	1974406	130216
江苏	32	7866967	2969814	9672685	1122103
浙江	39	3599893	1873731	2241022	217702
安徽	113	9461752	4616690	12523345	774375
福建	14	1853618	972130	2096696	202338
江西	26	5091037	1769922	5817411	427697
山东	50	5367805	1580140	10260311	815133
河南	48	5297388	1118213	9424825	745630
湖北	56	4236120	2006919	4219463	263163
湖南	57	2656064	786868	7119470	311003
广东	68	10496707	4848699	9045542	560024
广西	22	1062327	514887	3071734	181777
重庆	18	1881399	873646	2272601	142011
四川	97	11694297	5042798	12751413	880791
贵州	16	626759	279190	730003	42175
云南	28	3571102	1948705	2151332	256214
西藏	2	291200	-50189	76087	1914
陕西	25	1259927	572835	1999275	207447
甘肃	53	4573652	1945938	2533494	238263
宁夏	2	196300	124332	130285	10778
新疆	5	452625	342083	446551	26970

(五) 中药领域发展问题

中药材资源是中医药产业的根基，是我国的重要战略资源。统计表明，60%的新药直接或间接来自植物资源，在一定程度上，控制了资源就意味着控制了新药、控制了市场。长期以来，我国中药材行业处于"重索取、轻保护""野生资源过度开发、人工种植无序发展"的过程中，使野生中药资源加速枯竭、生态环境恶化，给自然环境和资源造成巨大压力，药材道地性大打折扣，不仅阻碍了中药材行业自身的壮大，而且严重制约了中医的发展。南京中医药大学周仲瑛教授曾断言："中医将亡于药！"

1. 中药材质量参差不齐

影响中药材质量的原因诸多，经市场调查发现以下为关键因素：

（1）中药材来源不规范。传统药材多为野生，受到外界环境如温度、湿度、降水量等的影响因素很大，药材的地域性明显，故有"道地药材"之说。但随着经济发展和社会的进步，人们对于中药材的需求量在增加，天然野生的中药材已经供不应求。现在市场中很多中药材都是药农人工种植的。有些药农为了追求利润，随便选择种植品种，忽略了《中国药典》对中药材来源的要求，造成中药材的来源不规范，严重影响了药材的质量。

（2）部分中药饮片质量达不到标准。①中药饮片缺乏质量检测标准以2010年版的中国药典为例，收载的饮片中大部分制定了饮片质量标准或质控项目，部分品种无质量标准或质控项目。有质量标准的饮片在执行过程中，发现仍然暴露出很多不容忽视的问题，如饮片缺乏有害物质限量指标、饮片质控抽象化和缺乏严格的质量控制和检测指标等，以上所提到的这些问题都应该引起足够的重视，抓紧时间进行药典标准修订。②中药炮制不足。首先，中药的炮制没严格按照炮制方法进行，如加工前没净洗，如细辛中夹杂泥沙等。其次，切片前浸泡不分档，甚至连同包装一起浸泡。此外，加工前没有去掉非要用部位等。再次，炮制方法不规范，中药炮制方法需要制定统一的操作规程。国务院虽然制定了相关的条例，但是仍然没有正式的执行标准。导致中药炮制程度、质量标准不统一。最后，没有完善的中药储存办法和条件，以致药物保管不当，过期不能用。③动物类等中药质控缺项。由于动物类中药饮片流通市场混乱，缺少科学统一质量标准，鉴别难度较大，致使一些不法商贩为追求更高的经济效益，掺杂使假，混入泥沙、血液内脏等杂质，造成动物类中药成为市场中杂质较多的中药品种。

(3) 品种混用和人为造假。首先，某些有着亲缘关系的同科属中药材，性状和药用部位非常相似，非专业人员难以准确分辨。例如，用菝葜属多种植物菝葜、鞘柄菝葜的根茎伪充土茯苓；用鸢尾、蝴蝶花的根茎冒充射干；用丝石竹的根部假冒银柴胡；用锦鸡儿的根伪充黄芪；用水半夏伪充半夏等。其次，人为造假在贵重药材和饮片中较多，例如，在海马中填充贝壳粉；在冰片中掺入白矾碎块；在海金沙中掺和黄土；藏红花用纸屑充伪；冬虫夏草用淀粉模制等。无疑影响了药材质量。贵重中药材价格的涨幅巨大，导致不法商家制假从中牟利，为追求经济利益钻空子谋取高价。

2. 管理模式存在漏洞、法规还不完善

目前，我国正在拟定《市场法》《公开交易法》，因而本行业（中药流通领域）相应的必备法规、条例等也难以制定。《药品专营条例》还在征求各方面的意见，目前中药材市场处于无法可依的状况，影响了正常的市场秩序的建立。

(1) 药材种植组织管理松散，规范化水平有待提高。现有中药材种植基地多为当地弃耕的贫瘠山坡耕地、退耕还林地和荒漠沙土地，基地分散、位置偏远、规模小，且以千家万户分散种植、生产、交易为主，组织形式单一，管理松散，农场式、合作社等中药农业组织模式尚处于起步和探索阶段。严格按GAP标准实施的规范化基地不到栽培药材生产面积的10%，农药化肥超标现象时常发生，产出药材的质量严重堪忧。

(2) 中药饮片质量监管不到位。中药材长期以来以农副产品管理为主，不规范的生产管理、市场管理和用药管理习惯是造成中药饮片质量监管措施不完善的主要原因，不难发现，很多经营单位在购入药品时并没有准确的记录，更不用说发票。更为荒唐的是，漏药问题经常出现，这必然会对用药安全造成很大的影响。造成以上现象的很大一部分原因就是生产者、使用者和管理者的药品观念不到位，一些工作时间非常久的老中医们，用他们已有的老观念认为，即便是中药已经被蛀了，也不会影响药物的药性，至于药物名称与药典不符合就根本不是什么问题。这些大错特错的观念使中药饮片在使用的过程中给患者带来危害。更有少数经营单位不懂法律，对基本的药品管理法没有概念，漠视法律，如此诸多原因，造成中药饮片质量监管不到位。

(3) 药商存在违规经营现象。一部分无良药商为了经济利益，违规违法经营。一方面，这说明了执法力度缺乏，国家要加大执法和惩处违法的力度，对于不按照法律法规进行操作的企业，取消其经营权，保证中药材市场的规范。国家食品药品监督管理局提出"中药质量要从源头抓起",其中,源头指的就是中药材的种植,提高中药材种植的规范性是必须要做好的,只有好的药材才能生产出好的饮片和成药,这是一个硬道理。随着野生中药材资源逐渐减少,这就要求全国广大药农按照GAP的要求对野生药用植物进行人工抚育,如人参、五味子等;对人工种植的植物药材和驯养的动物药材进行规范化生产,如当归、黄连、茯苓、梅花鹿、乌骨鸡等。必须要一丝不苟地按照GAP生产中药材,这样才能够保证生产药材的安全、效果好、稳定性高,同时能够加速实现现代化中药。目前,全国中药材的种植水平仍偏低,种类不清,规范性不好,不够科学,化肥、农药污染非常严重,中药材的整体品质令人担忧。

3. 对中药材的认识不到位

(1) 中药材的定义认识不足。中药按传统分为中药材、中药饮片、中成药三大类,按照商品来分类,中药材属于农副类产品,虽然划分到农副类产品,但是中药材又具有药品的特性,这就使人们产生了一个模糊的误区,即什么情况下是药品、什么时候又能成为农副产品的一部分,已有的规定也不能够对这一状况进行统一的区分,这是中药材专业市场管理的难题。

(2) 中药材市场人员素质差。药材经营单位的从业人员专业水平较低,经中药专业培训毕业从事药材工作的人较少,获得高级职称的人数更少,由于理论和实践技能的匮乏,并不能正确理解各项规定,进而不能正确解决工作中存在的技术问题,因此无法真正把好药材市场质量关。

4. 部分中药材供求矛盾突出,资源紧缺状况日益加剧

近些年来,随着经济的迅速发展,全国甚至全世界中药材需求量大大增加,部分中药企业为了谋求更大的经济利益,对野生资源过度开采,高价抢购也加速了不少野生中药材资源的严重破坏。另外,工业和生活现代化也使生态环境遭到了严重的破坏,这些因素都使部分野生中药材资源濒临灭绝。尤其是一些珍贵稀有的药材,如动物类中药材犀角、羚羊角等野生资源几近枯竭,甚至达到濒临灭绝的惨景。根据相关资料显示,以甘草、野生山参等为代表的野生中药材资源急剧减少,想在药材市场买到这些药材十分困难。因此,对于即将灭绝的野生药材资源我们应当不遗余力地加以保护。

(1) 人口众多对中药材需求也在增加。在产生药材资源匮乏的诸多原因中,最主要是人为因素的影响,人口的快速增长加大了对中药材的需求量,然而野生药材的资源储量在地球上是有限的,过度地开采只能加速药材资源的减少,甚至

使药材濒危灭绝。

（2）中药资源的无序开发。有的中药材企业在中药资源开发的过程中，在利润的刺激下，没有处理好开发和合理保护药材的关系，致使中药资源无序开发，使越来越多的药材濒临灭绝。另外，随着国际市场对名贵中药材需求量的加大，无疑也使野生中药材资源遭到了更大的破坏。

5. 中草药领域技术水平较为落后，创新能力有待提高

（1）种植技术落后，机械化程度相对较低。中药材良种繁育还处于我国农业20世纪50~60年代的水平，栽培药材良种推广率不足10%，基本以"自繁自育自用"为主。施肥打药、灌溉排水、收获时期等田间操作尚处在传统经验阶段。机械化程度相对较低，播种、除草、采收、初加工等环节主要依赖人工完成。

（2）中药科研投入不足，技术创新能力有待提高。从美国的制药科研数据上可以看出，美国在21世纪初期研发出一个新兴药品需要8.02亿美元，在药品的投入上占整个医药体系的15%以上。相比之下，我国目前医药资金投入不足5%，相差甚远。此外，在美国进行药品研发的周期上，往往一个新型药品的研发时间为10多年，而我国国内的医药科研组织或机构研究的新型药品往往5~6年就可以问世。单纯从风险方面来看，美国在筛选化合物时往往是要筛选1万个以上，成功率只有万分之二，这说明1万个化合物中只有1~2个可以被美国的食品和药品监督局批准为药物。

（3）缺乏产权保护意识。目前，我国很多中药企业，对于医药用品都缺乏足够的品牌意识。甚至竟出现了这样的现象：很多的科技工作者或医药科研人员在医药新品发明问世后，并没有在我国注册专利，反而让很多外国医药商人抢先注册了国际专利。如青蒿素、六神丸、牛黄救心丸等，使"洋中药"等大肆入侵，这种品牌入侵，给我国的医药产业发展带来了巨大的经济损失，也给我国医药市场带来巨大的冲击。

6. 商业模式滞后，中医药产业发展受阻

现代商业模式发展滞后，中药材产业链缺乏有机的信息连接，供需信息沟通不畅，产销信息缺失与失真并存，囤积居奇、恶意炒作现象时有发生；市场信息扭曲，部分药材价格剧烈波动，中药材种植无序化，缺乏道地、有机、健康的中药材，影响了中医药产业的健康稳定发展，使中医药陷入信用危机。

（1）种植环节。由于部分道地中药材多处于生态自然环境保护好、经济发

展落后的边远山区,产量少、运输困难,而该品种的市场需求量大、价格高,供需矛盾突出。一方面,制药企业发现商机的存在,大力推广激素药品的使用范围、使用量;部分药农为了增加产量、提高收入,不规范使用促生增产的激素药品。如麦冬使用壮根灵后,单产可以从 300 公斤增加到 1000 多公斤;党参使用激素农药后,单产量也可增加 1 倍,产品的药效不言而喻。另一方面,为解决道地药材供需问题,全国上下采取了中药材异地种植、规模化发展的方式。与以往异地种植所持有的三代论证、严谨分析不同的是,现阶段异地种植随意性强、品质差异大,特别是受经济利益驱使,中药材市场价格波动对药农品种选择、无序异地种植起到了推波助澜的作用,使异地种植中药材品种与原产地药材品种在性状、疗效、有效成分含量等方面差距甚大。如防风,河北家种防风和内蒙古海拉尔野生防风在颜色和毛刷长度上存在极大差异;以地黄为例,河南武陟产的和浙江某地产的经过检验,梓醇含量相差 810 倍。

（2）加工环节。在中药材原产地加工方面,药材采收后,需要对其进行清洗、除杂、干燥,以去除泥沙和混杂物。为了提高劳动产出效率、降本增效,药材产地加工工艺粗劣,出现丹皮不刮皮抽心、苍术不去皮、白芍不去老根、板蓝根不去根头部等现象,部分药农根据当地的加工习惯和市场需求,形成了独有的产地加工方法,使中药材产地加工"一药多法",中药材质量参差不齐、药效不一。如天麻原产地加工,湖北采用白矾水煮透心后干燥,四川通江县用烘干法,吉林则将天麻与小米共煮透心后干燥。

在中药炮制方面,炮制方法多种多样,主要有蒸、煮、炒、焙、炮、煅、浸、飞等;有的饮片切法不同,药效也不同,如板蓝根薄片的浸出物还原糖含量明显高于斜片、厚片。目前,饮片企业为节省成本大多采用收购小作坊加工的饮片再包装出售,使饮片企业的规模化、标准化优势难以显现;有的饮片在加工过程,为了提高产量、提高效率或药工怕切到手等原因,随意把药片的薄片改厚片、厚片改块状,片薄如蝉翼的天麻已在市场上难觅踪影;另外,现今炮制加工重心从克服毒副反应、保证安全有效向"打磺"面子工程倾斜,即为了饮片色泽好看,延长保质期,又能让霉变药材焕然一新,过度使用硫磺熏蒸,导致药材残留二氧化硫等有毒有害物质,给食用者健康带来潜在危害。如党参和菊花等药材,为了色泽好看及易于保存,大量使用硫磺熏制。

（3）流通环节。在中药材流通过程中,各环节的经营从业者在经济利益的驱使下,掺杂使假严重,"药渣"冒充正品、等级以次充好、有效成分"被萃取"成为行业流行的做法,如人参、西洋参、党参等中药材出现"被萃取"现象,中药材产品本身不是假药,但药检时的有效成分很少甚至为零,毫无药用价值;有的不良商贩为了赚取更多利润,在中药材中掺入重金属增重,如冬虫夏草使用铅粉等,消费者长期食用很容易引起铅中毒。

(六) 中草药领域发展策略

中药材产业的健康发展关乎人民健康、社会福祉,有利于我国经济结构调整和转型发展,社会、生态效益潜力巨大。对于中药材产业未来发展,可以从以下措施着手找寻解决中药材产业发展问题的方法与突破点。

1. 建设"行政服务"和"技术服务"体系

(1) 行政服务体系。政策方面,从2009年的《国务院关于扶持和促进中医药事业发展的若干意见》,到2013年《关于进一步加强中药材管理的通知》,再到2015年的《中药材保护和发展规划(2015~2020年)》和《中医药健康服务发展规划(2015~2020年)》等相继出台;资金投入方面,"十一五"期间,我国对中药材产业的资金扶持规模为2500万元,"十二五"期间规划将加大约1亿元,"十二五"的资金扶持规模达1.35亿元,2013年这一数字增加到5亿元。可见国家对全面发展中医药事业、构建中国特色健康服务体系的重视和决心。

在良好的政策环境下,地方政府应加强统一领导,积极组织协调,落实各环节管理责任;积极培育中药材种植企业、中药材专业合作社、种植大户等各类市场主体,在人才引进、资金筹集和科研等方面出台和落实优惠政策;支持中药材行业协会、产业发展基金等组织发展,发挥行业自律、行业监管作用;加强对中药材的日常管理,严格监督检查,严惩违法犯罪行为。根据本地区和中药材产业的发展规律,合理制订产业发展规划,因地制宜,适时、适度发展。

(2) 技术服务体系。加强对中药材相关科研方向的投入与管理,积极引进中药研究的领域科学家、品种科学家及专业岗位科学家,加强基层中药领域技术人才的培养,形成覆盖全国、比较系统、结构合理、由不同层次构成的中药产业科研创新体系,完善科研创新体系。建设中药种子种苗繁育示范基地和中药种质资源库,保障优良中药材种质资源的供给与贮存;开展道地药材认证与标准指导,保证道地药材的质量和特色;在此基础上,建立中药资源动态监测信息和技术服务体系,形成稳定的科研组织架构和共建共享的合作与成果分享机制,加强科研成果向中药材生产一线的转化应用,充实技术服务体系内容。在全国现有的中药材市场网络的基础上,加强国家中药材信息网站和电子商务平台建设;扩建中药材边贸市场,完善国家现有药材市场,建立中药材仓储及物流平台,形成全国中药材现代仓储配送网络。注重中医药产品品牌及产权的保护意识,国家应当增加对高级中医药专备人才的培养,积极关注国内外医药行业的动态,建设中医药产权专门机构,提高我国中药知识产权保护能力,不断引进国际上先进的生产、加工、采集、质控、检测技术,为中药产业的发展提供良好的质量和技术储备,借鉴邻近及发达国家的管理经验,提高中药产业及相关领域的竞争力。

2. 实现中药材产业的规范化、规模化、产业化

(1) 生产管理规范化。中药材生产规范化是中药产业现代化发展的基础和关键,中药材的质量已经成为制约中药走向世界的一大"瓶颈",其根本原因就是不规范的生产管理,药材质量的提高必须实现药材生产管理规范化。

1) 药材种植规范化。目前,为加强完善中药材及中成药标准的实施,国家相继开展了符合中药特点的质量标准体系,其内容贯穿药品生产、加工、销售等全过程。面对药材种植存在的环境污染、农药超标等诸多问题,应积极开展无公害种植技术,采用低毒、易降解的化学农药及生物农药进行病虫害的防治措施,并建立无公害保护体系。中药材的种植是一个农业过程。中药材生产质量管理规范(Good Agricultural Practice, GAP)基地的建设应充分考虑药材生产所处的水分、光照、温度、土壤、植被群落等各个会影响药材生长发育的条件;实施过程中,从种子的选择、种苗的培育,到具体的栽培、灌溉技术,都应采用中药材GAP的规范管理,并且结合中药材自身的生长规律,在栽培过程中,尽量控制农药、化肥等的施用,按照SOP(Standard Operation Procedure)标准操作规程进行,保证中药材质量的稳定性、均一性。同时,任何具体方法的使用都离不开其自身理论体系的指导,这样的规律在中药材GAP推行中同样存在。中医药强调"辨证",即具体情况具体分析,对基地和药材双方的性质都要进行详审,如此才能发挥最大效果;如若不然,千篇一律机械地采用某个基地的种植指标,生搬硬套,必不能达到理想的种植效果。

2) 炮制加工规范化。中药的炮制加工,是中医在长期临床中的用药总结。炮制工艺的规范、统一的市场标准,是影响中药饮片质量的根本原因,也直接影响临床疗效的发挥。因此,采取科学的方法,依照传统的炮制理论、依法炮制,严格控制饮片质量显得尤为重要。中药饮片的炮制加工非常重要,它能够使药性更有效地发挥,是一种很好的手段,还可以极大地减少药材自身的毒性和有害于

人体的副作用。但目前我国中药饮片的炮制加工没有统一的国家标准，并且相同中药有着多种炮制方法，出现地方性炮制差异。首先，应该严格遵守国家颁布的《中药饮片炮制规范》对中药材炮制加工的规定，做到认真研究、比较、优化、筛选并结合实践，运用合理的炮制方法。建立中药饮片炮制的记录，对所加工的中药材，按照品种、日期、辅料名等，参照标准的中药饮片加工炮制操作技术流程，对炮制后药品的数量、缩减、操作者等逐一登记，并将验收质量达标的药材入库。其次，中药的炮制加工既要保持原有的传统性，还要不断提高炮制加工技术，改善工艺，采用新技术、新手段（用时间、温度和指纹图谱等来控制中药饮片的质量）、新设备适应时代发展的要求。最后，国家要加大对中药炮制规范研究经费的投入，重视中药炮制队伍的教学和科研，加强炮制人员的学习与交流。

3）储存包装规范化。中药材的存储容易受存储环境的影响，尤其是小包装的饮片，因为规格、体积方面的因素对存储环境的要求更高。所以，我们要及时地养护和检查中药饮片。此外，中药饮片的存储容器，一般要求装缸，忌使用纸箱、麻袋等容器。中药饮片的保管应更加规范，例如，要根据药材的不同品种、性能特点等采取相应的措施，保持药库处于通风的环境，更要使药库处于干燥的环境中，对于存放过程中出现的变质等情况，及时清理并做好相应的记录。中药饮片的生产加工环节也很重要，必须引起相关人员的充分重视，严格按照规章制度，该有的一定要有，比如包装上必须要有品名、产地等，坚决抵制和打压那些不符合规定的行为，保证中药饮片的安全性，使人民能更加放心地用药。

4）经营管理规范化。如今，各种违规经营中药材的现象依然存在。对于中药材市场经营中的各种违法行为和违法、违规人员，处罚的力度还有待于进一步加强。中药材市场上禁止出售的中药材饮片、禁止销售的毒剧药材（雄黄、巴豆等）及保护品种（猴骨、豹骨、穿山甲等）屡禁不止。这也需要有关监管部门加大执法力度，进一步做好对中药材市场的经营管理行为，促进中药材市场的良性循环发展。

首先，制定、颁布药材法规，加强法制建设。国家立法机关必须采取有效措施，根据实际情况，最大限度地完善药品法律法规，使中药饮片的标准更加规范、更加统一。对不按照要求的生产企业不纵容，要采取措施，该曝光的曝光，该走法律途径的走法律途径，同时要对药品的法律法规搞好宣传工作，可以利用报纸和媒介，使广大群众能够鉴别出劣质药品、假冒伪劣药品。药材市场是药品流通的主要途径，在药材市场上不合规范的行为更是不能姑息，如果出现个别中药企业有违法行为必须严惩，起到杀一儆百的作用。采取多种措施、多个渠道就是为了使中药饮片的各个环节不出差错，保证质量，有助于广大群众用药安全。

其次，严格市场准入制度。执业药师是中药材在流通环节的重要纽带，其必须具备许多条件才能够胜任，既要有一定的专业、学历要求，又要求丰富的药材营销经验，并且能够熟练掌握《中药生产质量管理规范》，精通《中华人民共和国药品管理法》等相关法律和法规，具有良好的信誉，同时有专门机构颁发的专业证书等，按照要求，药材营销店面必须有专业的执业药师人员，才能够保证药店的安全性和规范性。销售人员佩戴统一胸牌，使用符合规范要求的包装；建立完备的购销记录。

最后，加大国家监管力度。首先要宣传国家对中药材管理的规定，笔者认为，中药企业的管理经营者对中药饮片的管理思想观念过于老套，我们必须要加强法律意识，加大宣传力度，建立科学的管理理念，追求质量为首位的宗旨，尽最大的努力去确保人民用药的安全性。各级药监管理部门应对相关企业严格管理，突击检查，给检查合格的企业核发证照，对不具备条件的单位不发相关证照，坚决抵制并依法关闭不符合相关规定的药品集贸市场。药品监督管理部门要及时采取措施针对中药材市场的不合规范的行为进行约束和治理，可以采取飞行检查或抽查的方式，同时对中药饮片抽样检查，充分利用媒体途径把检查情况和处理的情况反馈给广大群众，使广大群众知情。对违法违纪行为应及时从严处理，对严重违法行为或造成严重事故的案件应从快从重处理，以达到教育、警示作用。

（2）种植规模化。目前，我国中药材种植主要是以农户为单位进行的，中药材种植户负责中药材种植的全过程，其个体分散，种植模式粗放，造成我国中药材质量整体较差、生产规模小、产业集中度低，导致市场控制力差，易造成无序竞争，致使行业信誉度下降，种植户的经济利益得不到保障。规模化种植能够将土地集中起来，合理利用，实现统筹管理。集约化的种植环境更适宜机械大规模使用，有利于工作效率的大幅提升；同时，能够更快应对市场行情的变化，为当地增加就业机会。实施中药材的区域布局和规模化种植，对于中药材的长远发展而言，要做到合理布局，做大做强区域生产。以市场需求为导向，科学规划，合理发展生产，加强中药材发展的领导和管理机制，制定相关保护和扶持政策，促进中药材市场的发展。

（3）经营产业化。农民缺乏对信息的实时掌控，难免导致中药材生产的盲目性。进行中药材产业化经营，能够将千万农户联合起来，共同应对千变万化的市场动态，共同承担风险，共同分享利益，保障农民的利益，保持中药材生产的均衡发展。此外，分散的个体化生产使中药生产的产地不固定，也就没有明晰的进货、销售渠道，中药材质量难以保证。建立生产基地，能够追踪中药材从土地到市场的流转信息，稳定产销关系，更能够切实提高种植户的收入水平。由此，我们能够建立起稳定的产销构架，以市场为导向，以效益为中心，以科技进步为主要推动力，依靠龙头企业带动，实行区域化布局、专业化生产、一体化经营、企业化管理，积极为社会服务，形成"产加销"一条龙的经营方式和产业组织形式。

3. 着重"药材、饮片、药品、保健品"的综合开发

（1）药材。药材是中药材产业产品的源头，其质量是产业链产品质量优劣的基础，是产业发展、获益的基石，只有做到源头控制、全程把关，才能实现下游产品的高水准生产，以更优质的产品促进健康服务业的发展。

我国中药材种植历史悠久，药用植物资源丰富，欲实现中药材资源的永续利用，须以保护、保存为先，避免宝贵资源的流失，在此基础上来扩大数量、提高质量。药材本身的种植、栽培、采收多属于中药农业的范畴，由此，药材开发的重点可集中于品种选育、规范生产方面，即繁育出性状优良的品种，在整个种植环节依规范进行，最大限度地保证土地收获药材的优良品质。

因为药材资源缩减得相当严重，所以国家用法律来保护中药材资源，将保护中药材资源纳入国家长期的发展规划，开发和保护必须两手都要抓，两手都要硬，开发绝不能过度，保护必须要及时，这样才不会使中药材资源枯竭，同时也能够保持中药材市场的供求能够平衡稳定。坚持两不误，既不耽误中草药资源的开发利用，也不耽误对濒临枯竭药材资源的保护，着手建立有效的预警系统和国家中药材储备。对中药材市场需求量大，但相对资源稀少的品种进行检测，主要检测药材资源开发破坏及保护区，药材资源的生长、保护情况等。

简言之，即保护现有中药材资源，加快优良中药材品种繁育，推进中药材GAP基地种植。

（2）饮片。中药饮片是中药材按中医药理论、中药炮制方法加工炮制后的，可直接用于中医临床的中药。我国现代中医临床用药最主要的形式即饮片，其质量好坏直接关系到中医药临床治疗效果，做好中药饮片加工工艺继承、创新工作尤为重要。在获得优质药材的基础上，饮片炮制为关键一环。在继承前人精湛工

艺的同时，要严格控制细节，不丢、不减；同时，应当与时俱进，利用现代化的分析方法、药效学研究方法及临床医学验证方法，获得准确、可靠的检测数据，最终确定最佳的中药饮片加工、使用标准，保证中药饮片的疗效和易用性，提高中药材的利用率。中药饮片行业内企业的规模不断壮大，2005年，行业内企业的平均收入只有3600万元左右，到了2012年，行业内企业的平均收入已经达到了1.5亿元。尤其是在2011年经过中药材价格大幅调整后，一些中小型的企业逐渐被淘汰，企业平均规模不断上升，规模化的企业收入不断增加，市场份额不断上升，行业集中度进一步提高。

（3）药品。利用中成药治疗疾病在我国具有几千年的临床实践经验，是中医学治疗疾病的经典体现，根据国家统计局发布的数据，2013年我国中成药产量达310多万吨，市场规模较大。目前，中成药行业仍存在诸多问题，如创新能力差、规模小、国际品牌匮乏、市场体系开发不足等。药材、饮片的质量决定药品的质量，加强中成药的开发，应立足于药材种植栽培、饮片炮制加工。在此基础上，重视生产投料质量均一性的控制，改进生产设备，生产过程严格把关。此外，应注重中成药的"二次开发"，增强药品的创新能力，提升市场竞争力：①放眼全局，整合科技资源，建立"产、学、研"联盟。②明确老产品的比较优势，改进老产品的制备工艺、剂型，提高药品的有效性、安全性和卫生经济性。③适时开展有效性与安全性的个体化研究，着力于药味配伍和中成药组合机制的深入研究。④国内中成药企业要严格要求自身，与国际标准接轨，积极参与国际竞争，打造国际品牌。

（4）保健品。中医药的特征与未来医学防重于治、更加关注养生保健的发展方向高度契合，因此，中药保健品、保健食品及具有保健作用的药品，在健康服务业具有广阔的发展前景。传统的"食药同源"等养生理论源远流长，是我国发展中药保健产业得天独厚的优势。通过国家食品药品监督管理总局年度批准的保健食品初次申请数量、种类可知，近些年我国获批保健食品中中药保健食品一直保持一半左右（46%~53%），有学者通过对以上数据的分析，结合对中药保健品消费意向进行问卷调查分析，以及对一些中药生产企业保健中药产品年产值增长率进行调研后，认为基于中草药原料生产的保健食品将成为保健行业中极具活力的产业领域。在我国保健品市场上，闭门造车和仿制抄袭现象严重。有些企业事先不做产品开发应用研究，看到别人成功就进行模仿，结果导致当前我国保健品的严重同质化。目前，我国市场上仅"免疫调节功能"这一项产品就达

1000多个,占全部保健品的1/4以上。在中药保健品开发过程中,如何将现代科学和传统的养生理论有机结合起来,积极挖掘新资源、新工艺,开发出具有高科技含量、拥有自主知识产权的产品,是中药保健品的发展之路。大多数中药保健品的功能都是依据中药几千年来的经验积累和中医典籍来确定的,总体科研水平依然很薄弱。因此,必须加强对中药原料的基础科学研究,以现代科学技术结合传统的中药理论来研发、生产中药保健品。保健品在生产过程中应时刻秉承对消费者负责的原则,严格遵守《保健食品管理办法》,保证中药保健品的质量。此外,在产品的销售过程中,须杜绝虚假宣传,选择恰当的销售渠道,适度进行产品宣传,以此增加产品的知名度,提高企业、经销商的收益。

4. 加强对中药材相关知识的学习

(1) 向人民大众传播中药材文化。中医药是中国传统文化的重要组成部分,但是在群众中的宣传不够及时、到位,这就导致了不少的青少年对中医药的认识和了解不够、不熟悉,中医药事业就难以稳定持续的发展,我们应该加强青少年对中医药知识的普及教育,给他们灌输中医药知识理论,在普及文化知识的过程中,现代科学技术和媒体都发挥着不可替代的作用,我们要充分利用好资源,如广播、电视就是很好的载体,可以在医院开展中医药知识的宣传,还可以大量发行中医科普的书籍,通过传统媒体如报纸等拓展中医药宣传面,网络媒体也应该加以利用,让更多的普通群众能够了解中医药方面的知识,能够意识到中医药对我国和世界的重要性。

(2) 提高中药材市场从业人员素质。提高中药材市场从业人员的素质首先要让具有专业知识的在校学生毕业以后直接到中药材市场工作,对表现突出的学生给予优厚的待遇,更要利用好中药材专业市场的独特优势,如中药货源、传统文化,设立专业的培训机构,使从业人员有便利的条件来完善自己,努力提高自身的专业能力和水平,按照相关规定实行上岗考核制度。如今我国中药材炮制、鉴定等方面人才严重短缺,培养中药材鉴定的人才就尤其重要,因为中药材鉴定方面的人才直接关系着中药材的质量。不仅要在中医药院校培养人才,更应该重视在实践中培养人才,因此,应依托专业的科技部门,如大专院校、科研单位,在实践中培养人才。通过现代化科学技术,对中药材的药理、作用机理进一步研究和阐明,加大对医药行业专门人才的培养,为我国中药产业的快速发展提供良好的基础和科技支撑。对中药产业和企业产品质量严格把关,选择国际化药品质量标准作为指标,提高医药行业在国际中的认可度。加大对古方、验方的研究,将现代科学技术和传统相结合,加速新药特效药的研发,在传承基础上创新,为中药产业的健康快速发展提供良好的物质基础。

5. 创新商业模式,优化中草药市场环境

(1) 吸引社会资本,扶持产业发展。中药材行业涉及育种、种植、加工、经营等环节,特别是种植环节具有典型的农业特性,产品生产周期长、资金投入多,受自然环境影响较大,风险不可控因素多。建议政企合作,采用产业发展基金、股权投资的模式,吸引社会资本对中药材全产业链进行整合,走规模化、集群化发展道路,解决"重工业、轻农业;重下游、轻上游"的产业发展难题;同时借助农业保险,降低中药材产业风险,实现多方参与、共同发展的局面,加快对接联合,促进中药工农业共同发展。中药材种植业建设是中药农业范畴。农业是基础,是中药工业产业健康发展的重要保证。工业在依靠农业的同时,能带动农业发展;农业在保证工业的同时,又能促进工业的发展;二者是相辅相成的。所以,中药农业和中药工业应建立起合作共赢、强强联合的对接机制,以品种作桥梁,以利益作为纽带,保证农业为工业种,工业依靠农业产,进而达到合作发展,携手共赢。

(2) 创新商业模式,避免恶性竞争。结合中药材行业环境和商业发展模式,建议中药材企业进行优劣势分析,在中药材产业链中找准能够发挥企业优势、适合自身业务发展的细分市场,实现精准定位;与日本的津村、钟纺、大衫、帝国,韩国的东亚制药、京纺集团热岩公司等企业进行对标,创新商业发展模式,精耕细作,开展差异化经营,以"中药材产品为经营载体,增值服务为经营保障",塑造企业品牌,减少同质化经营现象,规避价格战等恶性竞争。

(3) 培育企业集团,发挥带动作用。现阶段,中药材行业缺少龙头企业的引领,缺乏行业标准制定者,未形成规模化发展,急需航母型的企业集团对产业内的小、散、乱企业进行一次系统性的整合,以改变中药材行业布局分散、行业乱象丛生的现状。根据中药材行业内现有企业情况,建议由政府主导,选择几家大型企业集团作为并购重组的主导者,扶持和培育数家规模大、品种全、产品地道的中药材企业集团,打造集种植、加工、销售、标准制定、研发等于一体的全产业链体系,充分发挥企业规模效应、产业协同效应和集聚效应。

中药材产业的健康发展需要生产、科研、管理、市场等多方面单位与人员的共同努力与协作,是一项需要长期坚持的工作。如今,中医药产业是公认的"朝阳产业",中药材产业已成为振兴我国医药产业发展的关键。目前,中药材产业呈现出良好的发展态势,在中药材种植养殖、产地初加工和专业市场建设等方面已经取得了一定成果;同时,一系列与中药材发展相关政策文件的发布有利于中药材管理的不断加强,为中药材产业的健康发展提供了良好的政策环境。中药材质量控制是中药材产业发展的重要环节,要着力解决好目前产业发展中存在的管理、科研、市场等方面的问题,以行政服务和技术服务体系建设为抓手,力求生产管理规范化、种植规模化,实现经营产业化,以药材、饮片、药品、保健品的综合开发为落脚点,构建全方位的科研创新体系,实施多元化发展战略。由此,可进一步参与到大健康全产业链中,满足民众日益增长的健康需求,提升中医药健康服务国际影响力。

三、中医领域发展

(一)中医产业市场环境分析

中医药文化是中华文化的瑰宝,也是中国文化输出的重要方面。中医医院是弘扬中医药特色文化的重要阵地,是我国卫生保健体系的重要组成部分,在保障人民群众健康水平中发挥着重要作用。中医药的特色在解决欠发达地区乃至整个中国的医疗保健问题具有明显的比较优势。但从整体看,当前中医医院在规模、速度、服务量等方面与西医医院相比都处于劣势,部分中医医院尤其是基层中医医院甚至生存都出现困难。如何使中医医院保持和弘扬中医药特色并获得竞争优势,已经成为卫生管理者必须面对的课题。

中医医院所处的宏观环境是影响中医医院中医药特色战略实施的客观因素,对医院战略选择具有重要影响。

1. 政治和法律环境

2012年6月5日,《中医药事业发展"十二五"规划》正式印发,对2015年中医药医疗资源和服务等方面提出了具体的目标,如"力争100%的地市建有地市级中医医院,70%的县中医医院达到二级甲等中医医院水平,95%以上的社区卫生服务中心和90%乡镇卫生院设立中医科、中药房","中医医院总诊疗人次争取超过5.5亿人次"。规划指出,到2015年,我国中医药工业总产值将达到

5590亿元，预期年均增长率为12%。这些具体目标将推动各级政府扩大中医药的服务渠道，为中药产业发展提供基础支持。2012年5月末，商务部首次发布中药材重点品种流通分析报告，初步建立中药材重点品种流通分析体系，从侧面证实了中药材流通市场的发展势头迅猛。

尽管中医药行业收入仅约占我国医药行业总收入的30%，但在西医的强势地位下，中医药仍保持着旺盛的生命力，发展势头力超西医。华泰联合证券提供的研究数据显示，近年来中医行业主营业务收入复合增长率为24%，超过行业均值23.52%；中医院就诊患者增速保持在9%~10%的水平，高于综合医院；中医院病床使用率也从2005年65%快速上升至2009年的81.58%，虽然低于综合类三级医院的病床使用率，但增速明显。具体到中药的生产和销售上，2011年全国中药饮片（对中药材进行特殊加工炮制后的制成品）产业营业收入达853.72亿元，与2006年相比复合增长率达到35%以上；中成药实现产量242.6万吨，相比于2003年复合增长率达到18.78%。与西医体系不同，传统中医的诊断成本较低、诊疗的个性化较强，而中医药产业化的主要"瓶颈"集中在对传统中医体系的突破上。

2013年10月国务院发布实施《国务院关于促进健康服务业发展的若干意见》（国发〔2013〕40号）提出了"全面发展中医药医疗保健服务"的重点任务。随后由国家中医药管理局、国家卫生计生委、商务部负责制定了《中医药健康服务发展规划（2015~2020年）》，确定2020年发展目标为基本建立中医药健康服务体系，中医药健康服务加快发展。此外，国家深化城市公立医院综合改革。在2014年将试点城市扩大到34个，2015年增加到100个，计划2017年所有地级以上城市都将全面推开公立医院改革。

国家卫生计生委、国家中医药管理局于2015年11月对外发布《关于推进社会办医发展中医药服务的通知》，明确了要鼓励社会力量优先举办妇科、儿科、骨伤、肛肠等非营利性中医专科医院，发展中医特色的康复医院、护理院，支持提供中医特色的老年病等服务。另外，"十三五"规划更是重磅亮出建立健全覆盖城乡居民的基本医疗卫生制度，打造健康中国。这些相关政策都将有效地推动中医医院的规范、创新、健康发展，有利于中医医院行业的发展。

在这样良好的政策背景之下，中医行业的政治和法律环境方面也存在一些不利因素，主要表现为以下几方面：

（1）管理体制缺失。虽然国家有相对独立的中医药管理机构，但是省级中医管理体制不健全,尤其是地级市及以下基层中医药专门管理机构缺失,形成中医药管理"高位截瘫"的局面。即使设置机构的,也存在在人、财、物方面自决权小的问题,严重制约中医药事业的发展,使中医医院缺少了上层建筑的支持,丧失了部分政治优势。

(2)政策保障不力。尽管各级政府都出台了一系列有利于中医事业发展的倾斜政策,但是由于缺乏具有自决权的管理机构,地方中医药在发展中难以获得配套的、可操作性的、有力度的具体规定,各项保障措施落实不力,中医医院的中医特色日渐衰退,典型地表现为价格机制不完善、政府投入受限、中医药监督执法不力。

(3)价格管理不当。首先,按照我国医院的定价管理政策,医院按照成本定价。但中医药是一种经验医学,经验是一种特殊成本,在当前成本核算方式中难以将老中医的多年临床经验和中医药技术的传授成本加入其中,致使中医药许多服务项目存在价低、亏本现象。其次,在价格管理上,我国医院广泛使用药品加成政策,药价越高加成获得的绝对收益越高。虽然2009年医改将推行取消药品加成的政策,但是具体实施中还存在很多问题,这可能会延缓甚至阻碍政策效果的体现,因此医改政策落实后这还是不是影响因素有待商榷。在医院财政补助制度改革背景下,医院为通过加成获取收入,很容易选择为患者提供高价医药产品。如前所述,中医药普遍存在价低现象,所以医院自然选择西医药了。

(4)医院管理不当。卫生改革之后,尤其是市场化取向时期,为了图生存、求发展,中医医院被动片面追求经济效益。医生收入主要取决于服务量和为医院获得盈利额。医生服务费用偏低,自身劳务价值和高风险性无法体现,医生更乐于利用医疗服务的垄断特性和信息不对称性,开出高额药品和检查,而这些是中医药的"廉"的特点所不具备的。长期由市场经济模式主导医疗行为,在以药养医、以检查养医的背景下,医疗机构设置的医疗服务项目与医师的临床诊疗行为均存在明显的趋利性。中医治疗较西医治疗相对廉价,导致临床医生诊治方式和用药习惯发生改变,医疗机构及科室设置倾向西医化。

(5)专利保护政策不足。中医作为一种传统知识,具有其自身的特殊性。我国现行的专利制度对中医领域实施的专利保护,虽然有一定的效果,但也存在不少的问题,主要表现为专利保护范围小、要求高、申请中的公开制度不适应中医药的特点。这样的专利制度难以保护具有中医药特色但是不符合西方标准的诊治方式如拔罐,致使相关科研、服务人员创新收益得不到保障、动力降低。

2. 经济环境因素

（1）市场经济的影响。保持中医药特色优势需要医疗市场强有力的支撑，一旦失去了市场，就会威胁中医药的生存。由于诸多政策、历史以及自身技术原因，在诊治疾病中具有重要特色的中医药，没有完全将特色转化为优势，甚至开始由于丧失优势而逐步淡出市场。

（2）农村集体经济解体。广大农村原本是中医药的重要市场，但是随着农村经济体制改革，集体经济纷纷解体，乡村两级基层卫生组织失去了集体经济的依托。原有村级医疗卫生服务供给体系的解体，村级医疗服务资源的供给大幅度下降，中医药服务范围严重萎缩，特色优势得不到应有的体现。

（3）中医药价格偏低。由于上述政策等原因，中医药服务价格偏低，无法体现产品真正价值，最终致使从业人员增长速度放缓甚至出现减少，市场份额降低，特色服务难以展现优势。

3. 社会、文化环境因素

（1）传统文化因素。我国传统文化中存在尊经崇古的思想，在崇古文化观念的背景下，中医把经典当作永恒不变的真理，不敢有所怀疑，束缚了中医学术的发展，影响了对中医特色优势的准确把握。民族虚无主义和现代实用主义思想的存在，使人们过于批判传统文化，从理论到实践全盘否定中医，把中医现代化变成了简单模仿西医，丧失了自身特点和优势。

（2）观念因素的影响。在广东、香港、台湾等地区中医发展迅猛，与当地人对中医的接受程度相对较高有一定关系。在实践中，对于中医存在盲目的接受与对于西医存在盲目拒绝的趋势。要么是盲目认为中医具有绝对优势，迷信中医，甚至认为它是全能的；要么是封闭自己，对西方医学充满了戒备和挑剔，拒绝循证医学、基因组学、分子生物学、生物信息学、数学、化学、计算机科学以及正在兴起的复杂性科学等研究方法和手段。这些都破坏了中医药的市场维持程度，最终影响到中医药特色保持的经济基础。

中医领域自身观念也存在问题。许多人存在依赖思想，整天只想获得政策支持，而不是充分发掘中医药特色和优势，提高中医药自身竞争力，以致竞争力逐步退化，特色优势日趋淡化。在中医教育因素方面，一是传统传承教育具有局限性，传统中医单一传承方式，使人局限在一个狭小的圈子内，导致一些传统的诊疗技术未能得到很好的继承，中医治疗疾病趋于同。二是现代中医院校的教育按照西方医学教育模式，缺乏中医研究、工作基础能力，经典古籍研读少，甚至中医职业观念动摇。

4. 技术环境因素

中医是我国具有原创优势的科技资源，与西医共同担负着维护和增进人民健康的重要使命，是中国特色医药卫生事业不可或缺的重要组成部分。但是中医诊治虽重视经验，但缺乏实验，自身存在一些缺陷。

（1）中医技术本身缺陷。中医学形成之时科学技术水平十分低下，对自然、人体的认识都很模糊。封建社会自给自足的小农经济使科学技术缺乏生存和发展的土壤，封建伦理道德又限制了对人体的微观形态学探索。造成了中医学理论本身的欠缺、封闭及形而上学的思维方式。在科学技术高速发展的现代社会，人们的思想观念和生活方式都发生了很大的改变，中医学抽象的理论，以及"水不涵木""心肾不交""营卫不和"等诊断术语均难以为现代人所理解，其较慢的疗效、烦琐的服药方法也与现代社会生活的快节奏不相适应。

（2）中西医学体系比较缺失。中西医药是两种体系，各有特点。但是目前对其研究并不彻底，对中医药特色与优势的挖掘不够，认识不清。在人才培养中又存在课程并存设置，导致人们未能进行合理的优势比较和解说，造成中医院校的学生对两大医学体系思想方法和观念上的对抗与冲突，对培养中医药人才产生负面影响。

（3）中医创新不足。这主要体现在中医基础理论研究未取得突破性进展，中医在防治常见病、多发病、疑难杂症等方面的特点优势有所淡化，重大疾病防治方面的研究进展不大。这与西医的快速发展形成鲜明对比，中医的优势在这种比较中逐步丧失。

（二）中医行业发展现况

1. 中医医院行业规模

2003~2013年，全国中医医院机构数、卫生技术人员数（执业医师、执业助理医师和注册护士）、床位数均呈逐年增长的趋势。2013年全国中医医院共计3015个，是2003年的1.2倍，平均发展速度为101.82%，平均增长1.82%。医院卫生技术人员数为461871人，是2003年的1.97倍，平均发展速度107.03%，年均增长7.03%。其中，执业医师是2003年的1.69倍，注册护士是2003年的2.53倍，平均发展速度分别为105.41%和109.72%，年均增长速度分别为

5.41%和9.72%；执业助理医师减少了737人，年均下降0.37%。中医医院床位数共60.9万张，是2003年的2.34倍，平均发展速度108.88%，年均增长8.88%（见表3-6）。

表3-6　2003~2013年中医医院资源发展情况

年度	中医医院院数（个）	中医医院占全国医院*比例（%）	卫生技术人员数**（个）	占卫生技术人员比例（%）	执业医师（人）	占全国执业医师比例（%）	执业助理医师（人）	占全国医院执业助理医师比例(%)	注册护士（人）	占全国医院注册护士比例（%）	中医医院床位数（万张）	中医医院床位占医院床位比例(%)
2003	2518	14.17	234229	12.39	118528	13.98	20070	17.66	95631	10.30	26.02	11.47
2004	2611	14.20	242318	12.47	122370	13.99	20291	18.09	99657	10.43	27.55	11.66
2005	2620	14.01	248989	12.56	124876	14.00	20294	18.11	103819	10.61	28.77	11.77
2006	2665	13.85	261378	12.55	130852	13.99	20441	17.95	110085	10.65	30.32	11.84
2007	2720	13.70	277743	12.57	137519	14.00	19084	18.07	121140	10.81	32.16	12.02
2008	2688	13.64	294953	12.67	144573	14.06	28712	18.22	131668	10.99	35.03	12.15
2009	2728	13.44	323474	12.81	155607	14.23	18875	18.00	148992	11.22	38.56	12.36
2010	2778	13.28	351553	12.88	165486	14.32	19312	18.33	166755	11.35	42.42	12.52
2011	2831	12.88	376861	12.84	172252	14.29	18480	18.22	186129	11.43	47.71	12.88
2012	2889	12.47	419424	12.97	186947	14.41	28951	17.76	213526	11.67	54.80	13.17
2013	3015	12.20	461871	13.03	200815	14.42	19333	17.50	241723	11.84	60.90	13.30
平均发展速度（%）	101.82	—	107.03	—	105.41	—	99.63	—	109.72	—	108.88	—
年平均增长速度(%)	1.82	—	7.03	—	5.41	—	—0.37	—	9.72	—	8.88	—

注：*表示全国数据指港澳台以外的所有省、直辖市、自治区的数据；**表示卫生技术人员包括执业医师、执业助理医师和注册护士。

资料来源：中华人民共和国国家卫生和计划生育委员会。

2. 中医医院运营情况

2003~2013年，中医医院门急诊人次和出院人数均呈逐年上升趋势。2013年，中医医院门急诊人次约为4.2亿人次，是2003年的2.33倍，平均发展速度为108.84%，平均增长为8.84%。中医医院门急诊人次占全国医院门急诊人次15.89%，其占比也呈上升趋势。2013年中医医院出院人数约为1815万人次，是2003年的3.96倍，平均发展速度为114.76%，年均增长14.76%，中医医院出院人数占全国医院出院人数的13.04%（见表3-7）。

表3-7 2003~2013年中医医院门诊和住院服务质量发展状况

年份	门急诊人次（人数）	占全国医院门急诊人次比例（%）	出院人次（人）	占全国医院出院人数比例（%）
2003	182466518	15.87	4581612	11.15
2004	190000000	14.44	5160048	11.06
2005	207269322	15.51	5637071	11.11
2006	222667371	15.64	6314754	11.39
2007	244538932	15.46	7442853	11.54
2008	268572129	15.46	8846520	12.00
2009	294364233	15.70	10260768	12.14
2010	317524995	15.94	11600936	12.24
2011	352910255	15.06	13412885	12.51
2012	396012649	15.95	16362172	12.88
2013	425573454	15.89	18157240	13.04
平均发展速度(%)	108.84	—	114.76	—
年平均增长速度(%)	8.84	—	14.76	—

3. 民营中医医院发展

截至2013年，全国共有民营中医医院938所，其中，综合性中医医院351所、中医专科医院327所、中西医结合医院228所、民族医院32所，民营中医医院占全国中医医院额比例达到26.13%。按卫生部分级管理制度，从医院级别来看，民营中医医院主要集中在一级和未定级别两个层面（90.41%），具体分布为一级319所，二级83所，三级7所，未定级529所（见表3-8）。

表 3-8 我国中医医院分布

级别	全国中医医院（家）	民营中医医院（家）				百分比（%）
		中医	中西医结合	民族医	合计	
一级	480	229	76	14	319	66.46
二级	1768	63	16	4	83	4.69
三级	371	4	3	0	7	1.89
未定级	971	382	133	14	529	54.48
合计	2580	678	228	32	938	26.13

资料来源：中华人民共和国国家卫生和计划生育委员会。

从时间序列来看，2009 年深化医改以来，在国家政策鼓励下，民营中医医院快速发展，机构总数相对于 2009 年的 562 所增加了 376 所，年均增长速度达到 13.66%，同期公立中医医院增长速度较慢，仅增加了 50 所，年均增长速度为 0.48%。民营中医医院增长速度远远快于公立医院（见图 3-7）。

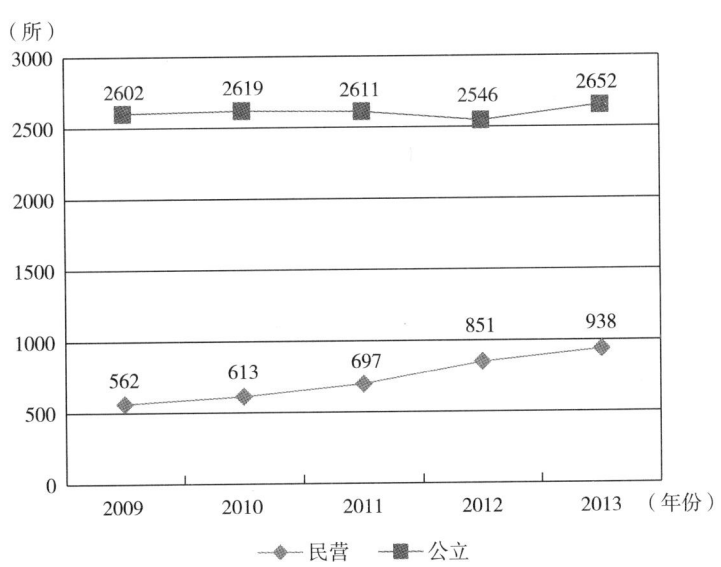

图 3-7 2009~2013 年我国民营中医医院和公立中医医院增长情况

资料来源：中华人民共和国国家卫生和计划生育委员会。

2013 年，民营中医医院总诊疗为 2366.11 万人次，占中医医院总诊疗人次

5.41%,其中,门诊达2178.25万人次;出院为111.81万人,占中医医院出院人数的5.56%;从时间序列来看,民营中医医院总诊疗人次年均增长速度达到11.67%,高于公立中医医院10.18%的水平;出院人数年均增长速度为15.39%,略低于公立中医医院15.67%的水平(见表3-9)。

表3-9 2009~2013年我国中医医院服务量变化

年份	总诊疗人数(万人次)		出院人数(万人)	
	民营中医医院	公立中医医院	民营中医医院	公立中医医院
2009	1521.81	31610.92	63.07	1060.48
2010	1381.39	34645.14	61.94	1213.73
2011	1667.59	38000.93	75.66	1393.00
2012	3218.28	41934.55	137.91	1663.46
2013	2366.11	46586.36	111.81	1898.24
年均增长速度(%)	11.67	10.18	15.39	15.67

资料来源:中华人民共和国国家卫生和计划生育委员会。

4. 民族中医业发展

改革开放以来,我国民族医药企业发展很快,《中国民族药行业调研及投资战略研究报告(2016版)》显示,据初步统计,目前全国约有民族药生产企业200家,其中,藏药企业100多家,蒙药企业10家,苗药企业70多家,维药企业10家。民族医药成药品种已有600多种,其中有47种在2000年被国家劳动和社会保障部门列入国家基本医疗保险用药目录。

随着民族医药产业的快速发展,已经形成了一批颇具规模的民族医药企业。如西藏华西诺迪康药业集团、西藏自治区藏药厂、西藏藏医学院藏药厂、奇正藏药集团、青海金诃藏药集团、晶珠藏药有限公司、青海大地制药有限公司、青海久美藏药药业有限公司、甘肃独一味藏药有限公司、内蒙古蒙药制药厂、新疆维吾尔药厂等。

许多省区也都把民族医药列为支柱产业和新的经济增长点,例如,《青海省医药行业"十五"及2015年远景规划》就把医药产业作为该省的优势产业,并把中药、藏药产业作为最具战略性的产业来发展。

贵州省食品药品监督管理局的统计数据显示,该省民族医药工业产值以平均每年20%以上的速度递增，2007年该省医药工业销售收入为110亿元，其中民族医药占一半以上。贵州省已拥有154个具有独立知识产权的民族药成方制剂的独家品种被收录进国家药品标准，并有76个品种获得发明专利。但是，目前民族医药产业的总体规模并不大，并且发展不均衡，地区差异较大。

近年来，虽然有一些民族药新药相继问世，但总体而言，民族药产业仍然存在品种少、档次不高、技术开发和创新能力差等问题。据《全国民族医药生产企业前20名排序》统计，全国民族医药前20名生产企业的药品销售总额还抵不上国内一家大型医药集团。目前新疆每年的药品销售额约为30亿元，但新疆当地制药企业的销售额只占20%左右，几家维药厂的产品所占份额更是微乎其微。与维药的发展类似，其他民族药在生产过程中也存在一系列问题：有效成分尚不明确；生产多为小作坊式，工艺简单，技术、质量标准不高；生产企业大多缺乏科学的营销手段，没有专业的销售人员，产品知名度低。

民族药业以医代药是方向，然而民族中医业发展情况同样不容乐观。以苗药大省贵州为例，近年来该省制药业发展迅猛，2000～2007年，该省以中药、民族药为主体的药品工业总产值从33亿元增加到110亿元，其中，苗药的产值达50多亿元，居全国各民族医药的首位。但与苗药产业的发展相比，苗医队伍的建设却相对滞后。据统计，贵州省目前仅有民族医从业人员4280人，其中，在地、市、州级以上医疗机构供职的只有区区80人。而且，国家民族医师资格考试系统至今没有将苗医纳入其中。

5. 执业者情况

此前，江苏省中医药学会日前发布青年中医从业人员现状调查报告。该项调查报告显示，虽然我国在青年中医人才培养方面取得了一定成绩，但青年中医现状仍不容乐观，呼吁行业各级主管部门以及社会各界给予青年中医更多关注。为此，江苏省中医药学会通过网络开展了为期1个月的"青年中医从业人员现状调查活动"，调查内容涵盖青年中医药工作者基本情况、执业现状、职业规划、职业信念以及对行业发展与教育模式的认识五个方面。共有1631人参与了答卷，其中有效参与者978人。参与者覆盖了全国内地的所有省、自治区、直辖市，其中江苏占62.5%。

调查显示，青年中医的执业环境不容乐观。有53.68%的青年中医不总是对中医药事业的未来发展充满信心，19.53%的青年中医表示如果有再次选择的机会不会选择中医专业，还有13.80%的青年中医表示自己患病时不会首先考虑中医疗法。有88.14%的青年中医感觉所处医疗环境医患关系紧张，96.21%的青年中医认为工作压力大，其中63.09%的人认为工作压力很大，89.47%的人对收入情况不满意。中医教育模式转变势在必行。有627名青年中医认为，院校培养与师承方式结合更适合中医人才培养，占到了64.11%。此外，有18.61%的青年中医认为师承方式更加合适，仅有17.28%的青年中医对现行的院校教育模式表示认可。鼓励和引导青年中医人才合理流动。政府应给予配套经费支持，全面改善农村和社区青年中医人员待遇。

（三）中医领域发展问题

中医领域发展问题表现在中医药服务领域缩小、特色优势淡化明显。目前，全国的中医院，几乎都是中西医诊疗手段掺杂，经营状况堪忧，"三低"问题突出——中医诊疗率低、危急重症就诊率低、中草药使用率低。中医不精，西医羸弱，完全运用中医药理论四诊合参、辨证施治的"郎中"已不多见。中医传承具有思想局限性。师传、自学是中医继承的两个主要途径，虽然不少医家各有爱技，但多秘而不传，致使中医这门实践医学不能有效地传播和发展。许多中医师的成功临床经验可能只存在于个人手中，难以成为医学界的普遍技术。如今名老中医多年近古稀，但后继乏人，珍贵的临床经验亟须抢救性传承。

此外，中医疗效缺少判定标准。中医疗效判定标准一直以来模模糊糊，没有客观指标作为参考，而且判定指标也并不一定能够全面、真实地反映中医的疗效本质，致使中医学的研究陷入窘境——用西医疾病诊断和疗效标准作为评判中医的疗效标准。中药质量影响中医疗效。现如今的医疗市场竞争激烈，加之目前中医医疗机构补偿机制的欠缺，补偿政策落实不到位，中医诊疗手段价格明显偏低，加之中药材的种植、生产、流通等环节缺乏监管，因利益驱使，出现种植无规划，质量参差不齐，最后因药材而影响疗效。

而导致中医产业发展陷入上述发展困境的诱因很多，主要是以下几个方面：

1. 中医教育日益衰退

语言上，古汉语训练缺乏，许多医学专业的学生基本不看，也看不懂中医古籍，课程安排上，中医理论训练严重不足；技能培养上，中医望、闻、问、切等训练不多。毕业后，学生普遍不会用中医思维看病，多半人转行西医，或名行中医实以西医为主。不少中医硕士、博士不会用中医理论与技能临床看病。医学院校不强调言传身教，轻技能、不重实践，教学内容设置不合理。如今大专医学院校的课程设置中医理论与西医理论同时开设,对于刚刚接触医学的学生来说,往往导致医学思维混乱和冲突。即使考取了中医药学的硕士研究生和博士研究生,但学习研究的多已不再是中医药的有关领域,不再关注中医理论和诊疗技术的夯实和增进,反而依照西医院校培养模式,重视实验和数据标准。

2. 宝贵的民间中医力量面临困境

我国不少师徒传承的民间中医,水平高、收费低、效果好,深受群众欢迎,但大都得不到正式承认。现行执业中医师考试制度要求考西医知识,民间医生大都因西医知识不足过不了考试关,现行行医执照制也限制正常民间行医,民间医生多因无法领到执照不能公开行医,若行医即属非法,这些限制使许多真正的民间医生只得地下行医、非法行医。但老百姓对民间中医的需求巨大,于是三教九流混迹其中,良莠不齐,民间中医市场十分混乱。

3. 中医医院存在西医化倾向

目前全国有2800多家等级中医院,几乎都是中西医"结合"医院,一方面,20世纪60年代后期以来培养的多数中医已不大会望、闻、问、切和辨证论治了,必须借助仪器化验才能诊疾断病;另一方面,医院为了生存,大量购买西药与医疗设备。医生创收、医院盈利、医院评等级要靠它。中医药虽然简便廉价,若靠它收费医院无法养活,医生只有受穷。

4. 存在西医标准评判中医倾向

如2003年抗击SARS,广州采用中医治疗SARS显著,但开始一段时间得不到承认,中医认为SARS是一种瘟病,有法对治,经过多方呼吁后才让中医介入治疗。西医认为SARS是全新疾病,无治疗先例,无可靠药物,但西医一开始就可全面进入治疗过程,西医明知抗生素抗病毒等西药既杀不死SARS病毒且副作用极大仍大剂量试验。

5. 民族文化虚无主义导致人们普遍轻视中医

历史上,西医进入中国后,不少人产生片面认识,错误贬低、怀疑甚至否定中医。清末维新运动时,有人开始否定中医;国民党政府曾两次正式取消中医,因民众反对而未执行;新中国成立后的历次政治运动,中医药经常受到"落后""不科学"等批判;20世纪50年代,卫生部一副部长公开提出,中医是封建医,应随封建社会的消灭而消灭。毛泽东提出"中国医药学是一个伟大的宝库"论断,党中央明确保护中医药的方针之后,国内再无人公开否定中医了。尽管如此,50多年来,中医始终处于被质疑、被验证、被改造的境地。对东方文化颇有研究的德国慕尼黑大学东亚系波克特教授早在 20 世纪 80 年代就指出："中医药在中国至今没有受到文化上的虔诚对待，没有确定其科学传统地位而进行认识的研究和合理的科学探讨，没有从对人类的福利出发给予人道主义的关注，所受到的教条式的轻视和文化摧残，这样做的不是外人，而是中国医务人员。"

6. 医疗卫生的一些法规制度导致在管理上阻碍中医的发展

"发展传统医学"虽然被写进宪法，但一些地方法规和医疗管理制度实际上一直歧视、歪曲和限制中医药。中医药教育科研、价格、评审等制度，在许多方面都存在类似的情形。

国家对于中医的监管机制过于僵化。国家是想振兴发展中医的，但是政策执行的过程中，却难以落到实处。长期以来，支持政策对中医药的倾斜力度并没有想象中的力度大，还是过度照顾西医的发展，没有充分考虑现阶段国情下的中医实际情况，松紧限制不适度。

7. 传统中医药的某些固有特点不大适应市场经济潮流要求

中医的秘方秘术深藏民间，神秘性和私密性强。目前的知识产权保护办法难以对之保护，造成普及困难。中医经典语言难读，理论深奥，现代人因缺乏传统文化教育而难以掌握，中医师徒传承重个人、重亲情，与现代公众普教方式有差别，若不将二者结合，不重视临床实践与言传身教，难以培养较高中医人才。中医个性化治疗虽然代表着未来医学方向，但与占领市场份额和追求利润最大化市场经济要求不相符，受现实利益驱使，人们往往看重西医，看轻中医。

8. 中医传统治疗方式与现代生活节奏不符

生活节奏的加快，生活品质的提高，使患者在就诊或者治疗时期盼诊断手段简单、药物疗效迅速、服药剂量尽量少。但中医的传统针灸、推拿等手段与服用西药相比需要花费更多的时间，煎煮中药程序复杂、服用剂量偏大、药液不方便保存携带，且味苦不易下咽，使患者在寻求中医治疗前顾虑颇多。

9. 中医诊疗手段收费偏低

依据国家收费要求，中医诊疗项目多属亏损项目，经济因素促使绝大部分中医院为考虑自身发展问题而选择"弃中从西"，放弃具有中医特色的服务项目，开展收益高、效益明显的现代医学项目。如果只是一味要求发展中医药特色，而全然不顾中医院的自身发展，无论是对于医院自身还是患者都是不负责任的做法。

(四) 中医领域发展对策

1. 政府大力支持中医产业的转型升级

中医学作为民族传统的医学,是几千年来劳动人民同疾病斗争的经验和智慧的结晶,历经几千年而不衰,显示了强大的生命力,是我国卫生事业所独具的特点和魅力。中医发展前景光明,是真正实用的自然科学、生命科学。

我们的政府一直以来重视弘扬民族文化,高度评价中医药学在保护人民健康中所发挥的重要作用,制定了一系列的方针政策,把"发展我国传统医药"列入国家宪法。新中国成立以来,国务院指示把中医和西医摆在同等重要的位置。近几十年的总体趋势,中医的迅猛发展,虽然相对于西医的市场冲击,暂时的状况并不乐观。这首先需要政府主观的支持和媒体的正面引导,让国人客观地认识到传统中医的根本优势所在;唤醒全民大众不要被全盘泛滥的西化经济思想麻痹,不要盲目地跟风市场文化的快餐,要客观、公正地传承民族的自然科学。中医的前景和发展必将成为必然趋势。因为中医作为中华文化的象征及宝库,且疗效显著,在一次次重大疾病、传染病,如 SARS、甲流等的预防与控制治疗上,都发挥了重大作用,也引起了世界的广泛重视,这也更进一步向世界证明了:中医绝不是落后的医学!而且,早年时候,中国政府已有发展扶持中医的意向。加上 2009 年 4 月出台的《国务院关于扶持和促进中医药事业发展的若干意见》,标志着国家已然将中医药事业放在了国家发展战略的重要地位。只有国家作为中医的坚强后盾,制定相应法律程序来监管,中医这种传统的民族科学才会得以长远的顺利发展。

2. 教育注重中医的产业特点

遵循当今市场经济的规律,充分思考认识到中、西医是两大截然不同的学术体系,所以教育与传承也应各具特色。目前的中医教育过于西化,中医是独有的中医文化。面临挑战,也是一种机遇,中医应以开放的胸襟,积极吸收现代科学和现代医学的成果,采取"中西医结合",由于中西医学的思维方式、认识方法迥异,中国生命医学与现代生物医学的结合,因此不是技术上的简单叠加和知识兼并。

中医教育改革势在必行。一方面是要让中医教育体制加强完善的实践操作,应再多开设一些中医课程,多开设一些实践课,并且采用理论、实践结合市场模式,正确地学习借鉴西医的客观优势,从思想、文化上甚至从市场经济学的角度，让一批批中医从教人员和学子得到全面充分的熏陶。中医讲究悟性，讲究天人合一，这是需要在一定的中医文化的熏陶与修养下方可为的。

对中医师的技能评估与考核制度需进客观、全面和完善。中医与西医属于不同的体系，当今对中医师的评估基本是沿用了西医师评估的那一套，死板而牵强，不适合中医本身的特点。根本上也不能很好地反映中医师的真实水平，长远来看，不仅易导致中医教育的畸形观念，影响中医事业自身的发展，影响中医师的主动性和积极性，间接影响整个中医行业的传承和发展。

坚持中医中药并重，多渠道、多途径挖掘和培养中医药互通人才。自古以来，中医中药唇齿相依、密不可分，中医辨证施治遣方用药，药工按方嘱配药，两者协调配合，共同为患者服务。中药是在中医医疗实践中产生的，是中医药事业传承和发展的物质基础，是中医防病治病的有力武器。对于中药专业技术人员来说，只有真正精通中医药理论，才能为患者释疑解惑，更好地为患者服务；对于临床经验丰富的中医师来说，只有真正懂得中药的特性，才能把握用药剂量，对症下药。因此，医要通药，药要通医，医药互通才能称为高质量的中医药人才。同时，培养中医药人才，要按照中医药人才成长规律施教，制定师承教育标准和相关政策措施，完善中医药师承和继续教育制度，落实名老中医药专家学术经验继承人培养，丰富中医药人才培养的方式和途径。

除此之外，政府要在全社会开展中医药科学文化知识普及教育，加大宣传力度，营造全社会尊重、学习中医药知识的氛围，关心、支持中医药事业发展。把方剂歌诀、中药性味归经、中医基础理论的阴阳五行学说等相关知识，改写成耳熟能详、朗朗上口的儿歌，代代传唱；同时，将中医药文化教育纳入小学文化课程，使中医药文化深深扎根于子孙后代心中。

经常开展中医药基础理论、方剂学、传统炮制技术的知识竞赛活动，通过多种形式的知识竞赛活动，使中医药工作者在丰富趣味的竞赛氛围中增强中医药理论知识，激发中医药工作者学习中医药知识的热情，共享中医药文化盛宴，使古典中医药文化在现代医疗卫生体系中焕发出青春光彩。

3. 吸取西医长处，走中西医结合之路

由于中医诊治手段单一，诊病多凭感官经验，主观判断成分较多，缺乏必要的现代医学检测手段，在当前患者健康意识浓厚、医患关系紧张、医疗纠纷频发的形势下，传统的中医诊治手段已无法完全满足广大患者的健康需求。因此，中医在诊断疾病过程中要充分借鉴现代医学的科学检查技术和手段，坚持中西医药并用，走中西医结合之路。只有这样，中医在临床应用中才不会被边缘化。同时，坚持中西医结合要以中医药理论体系为主体，既保持中医药特色优势又积极利用现代医学科学诊断技术，取西医药之长补中医药之短，充分发挥各自优势，共同为患者服务。

4. 加强各级中医医院的中医重点专科建设

中投顾问发布的《2017~2021年中国中医药产业深度调研及投资前景预测报告》表示，近年来，随着党和国家对中医药工作的重视，对中医药事业的投入将不断增加，各级中医医院得到了长足发展，国家支持建设了一批中医药重点学科、专业和课程，增加了中医药的知名度和社会影响力。中医药临床疗效确切、治疗方法灵活、费用低廉，对治疗慢性疾病（如乙型病毒性肝炎、偏瘫、风湿、艾滋病和不孕不育症等疑难杂症）有独特疗效；在抗击埃博拉、SARS、登革热等传染性疾病的过程中也发挥了举足轻重的作用。今后国家应进一步加大对中医药重点专科的建设，扩大中医药的社会影响力，充分发挥中医药在治疗慢性疾病方面的优势。

第四章 中国特色康养经济

随着经济社会快速发展,人们希望过上高品质生活的愿望越来越强烈,且要求越来越高,健康已成为人们生活的一种普遍追求。同时,中国已经进入并将长期处于人口老龄化社会,养老问题受到越来越多人的重视。"身体健康、心情愉快,生有所养、老有所乐"成为人们对幸福生活的基本诉求。正因如此,涵盖健康、养老、医疗、旅游、体育、文化、科技信息、绿色农业等诸多业态的康养产业已引起了国家的高度重视、开始在中国蓬勃发展,成为备受国民关注的新兴产业。康养产业作为21世纪的新兴产业,是现代服务业的重要组成部分,关系国民的生存质量,影响经济社会发展。康养产业涵盖诸多业态,关联城市建设、生态环境、民风民俗、科技信息、文化教育、社会安全等众多领域,不过康养产业在中国尚处于起步阶段,政策的导向作用至关重要。当前康养产业的发展,以加速医疗与养老、养生、旅游的融合最为关键,实现异地养老、旅游与医疗、医保的联动最为迫切,同时需要通过养老服务标准化试点等方式,在市场准入、财税金融、土地利用、医养融合等方面加大改革和支持力度。

有了现实需求和政策框架,要构建中国特色康养经济体系,最重要的即是结合国外先进经验,并恰当地运用到我国的基本国情之上,然后推进我国自身的康养经济体系建设。鉴于此,本部分将集中对国内外康养经济发展经验、现阶段状况进行简单梳理,并从中寻找异同点,为构建和完善我国康养经济体系提供经验。

一、中国特色康养经济相关概念

康养产业即健康与养老产业,是今后国家产业发展的重要产业,关系民生、经济、社会等重要内容，是我国今后现代服务业发展中的重要方向。康养产业具有覆盖面广、产业链长的特点，是涉及健康、养老、医疗、旅游、体育、文化、科技信息、绿色农业等多领域、多方面的现代综合性的产业。区别于过去单独、个别产业链上下游之间的联动和整合，区别于过去仅仅聚焦于产业领域的狭窄视野，区别于过去缓慢、被动的抱团合作趋势，这一轮协同发展，打破了第一产业、第二产业和第三产业之间的界限，打破了产业与服务、运营之间的界限，横向上更加强调综合性、纵向上更加强调联盟式，用一句话来总结就是：产业发展的"大协同时代"。

康养产业是现代服务业的重要组成部分。随着中国快速进入老龄化社会，养老和健康等产业领域将成为中国经济新的增长点之一，具有强大的生命力。

目前，康养产业在国内已经发展成拥有森林康养、旅游康养、医疗康养、运动康养等基础性结构的产业集群。不同种类的康养体系之间相互融合、贯通，逐渐形成统一完善的康养经济体系。在新常态经济背景下，康养产业因蕴含巨大消费需求及与"稳增长""调结构"发展方向的高度契合，迎来了前所未有的发展机遇。但是目前，我国的康养产业链仍处于形成和廓清阶段，存在各环节协作不紧密、产业链带动效应不明显、资源优化配置水平不高、人才技术资金缺乏等诸多问题。

2016年10月，中共中央、国务院印发了《"健康中国2030"规划纲要》，该纲要提出积极促进健康与养老、旅游、互联网、健身休闲、食品融合，催生健康新产业、新业态、新模式。发展基于互联网的健康服务，鼓励发展健康体检、咨询等健康服务，促进个性化健康管理服务发展，培育一批有特色的健康管理服务产业，探索推进可穿戴设备、智能健康电子产品和健康医疗移动应用服务等发展；培育健康文化产业和体育医疗康复产业；制定健康医疗旅游行业标准、规范，打造具有国际竞争力的健康医疗旅游目的地；大力发展中医药健康旅游；打造一批知名品牌和良性循环的健康服务产业集群，扶持一大批中小微企业配套发展。

2016年11月，国务院办公厅印发《关于进一步扩大旅游文化体育健康养老教育培训等领域消费的意见》，该意见指出，要着力推进幸福产业服务消费提质扩容。围绕旅游、文化、体育、健康、养老、教育培训等重点领域，通过提升服务品质、创新文化消费内容、增加文化服务供给，不断释放潜在消费需求。这为"健康产业"与文化产业的融合发展提供了技术支撑，奠定了市场基础。

2017年2月，工信部、民政部、国家卫生计生委印发《智慧健康养老产业发展行动计划（2017～2020年）》。该行动计划指出，智慧健康养老是利用物联网、云计算、大数据、智能硬件等新一代信息技术产品，能够实现个人、家庭、社区、机构与健康养老资源的有效对接和优化配置，推动健康养老服务智慧化升级，提升健康养老服务质量效率水平的一种养老产业模式。到2020年，基本形成覆盖全生命周期的智慧健康养老产业体系，建立100个以上智慧健康养老应用示范基地，培育100家以上具有示范引领作用的行业领军企业，打造一批智慧健康养老服务品牌。据此，"文化+"智慧健康养老产业也因"文化养老""健康产业"等模式而自然结合起来。据全国老龄工作委员会的数据显示，目前我国养老服务市场消费需求在3万亿元以上，2050年左右将达到5万亿元，养老服务业涵盖老年医疗服务、文化健身娱乐等多个领域，涉及面广、产业链长，一个潜力极大的新兴产业正在形成。

构建完善的康养产业体系，要着力筑牢康养服务支撑，推进医疗保健、休闲旅游、文化创意、运动健身、房地产等服务业与康养产业联动发展，形成"大康养"发展格局。着力提高康养产业发展层次。围绕创建中国阳光康养产业发展试验区和建设全国首批医养结合试点城市，着眼国内领先、国际一流目标，完善康养产业规划，加快标准体系建设，抢占行业标准话语权。持续学习和引进国际先进康养模式，积极发展森林康养基地、房车营地、帐篷营地等业态，不断延伸康养产业链。

找准切入点，就能推动经济发展。针对当前康养产业发展面临的难题，中国国民党革命委员会中央委员会（以下简称民革中央）提出，将康养产业定位为国家现代服务业发展战略中的一个重要方向。"康养产业覆盖面广、产业链长，涉及医疗、社保、体育、文化、旅游、家政、信息等多方面，可以成为促进经济转型的重要抓手和实现可持续发展的重要支撑。大力发展健康与养老产业对扩内需、促就业、惠民生等具有重大的现实意义，也是积极应对人口老龄化、满足'健康老龄化'巨大刚性需求的长久之计。"①

目前，国务院已出台了《关于加快发展养老服务业的若干意见》和《关于促进健康服务业发展的若干意见》，康养产业顶层设计基本完成。为此，建议进一步完善产业政策体系，研究出台产业子领域专项政策，督促政策落实、落地。

---

① 顺势而为发展康养产业资源型城市调结构的突破口［N］．中国青年报，2016 - 01 - 14．

以科学规划为先导，指导地方结合实际进行发展规划，加大政策支持力度；以设立国家健康产业投资基金为引导，广泛吸引社会资本投资；以生态环境为依托，以中医药服务为特色，鼓励自然环境优渥地区先行先试；以医疗资源为保障、以规范标准为基础，推进医疗机构和养老机构的融合，积极探索"医养结合"新路子、新标准。①

在国内，攀枝花市的康养产业发展走在了前列，根据相关资料显示，攀枝花市东区立足优势，依托主城区交通、教育卫生等方面的比较优势，全力打造"一区四中心"，即医养融合示范区，现代农业体验中心、康养产品贸易中心、区域旅游集散中心、康养文体交流中心，实现各具特色、错位发展。强化政策"引"，编制东区"1+5"康养产业发展方案，即"康养+"产业发展总体方案，"康养+农业""康养+工业""康养+旅游""康养+医疗""康养+运动"五个专项发展方案，修订完善新型工业、农业、服务业发展奖励扶持办法，编制东区养老服务业发展五年规划，为康养产业发展提供政策保障。聚力项目"带"，建立东区康养产业项目库，重点推进以阿署达花舞人间景区等为代表的47个项目，并抓好康养产业项目包装和"点穴式"招商。抓实活动"推"，统筹运动健身休闲场地设施建设，承办全国男子排球联赛攀枝花分赛区比赛等大型体育赛事，举办乐宝啤酒节、阿署达火把节、凤凰花节等节庆活动，打响"康养+"品牌②。由此可见，国内部分地区已逐渐建立起相对完善的康养产业体系。为加快康养产业的发展，满足经济社会对康养的巨大需求，不同地区应相互学习、认真总结经验，不断建立和完善本地区康养产业体系，创新健康养生养老，发挥中医优势，促进生态文明建设。

中国特色康养经济，就是用中医药的哲学智慧、康养理念和实践经验，从精气神，从身心灵，从道、术、技、器不同层面，结合康养产业，保持康养市场供需动态平衡，为人类健康服务。

上述定义说明了中国特色康养经济是将传统中医药文化辩证发展、融合其中的康养产业。所谓中医药文化即指中国人对生命、健康和疾病所特有的智慧和实践的概括，包括认知思维模式、服务理念、对生与死的价值观、生活方式、诊疗方式、养生方式、药物、处方和运行体制等。2012年4月国家中医药管理局颁布

---

① 民革中央建议大力发展康养产业 [EB/OL]. 人民政协网, 2015.03.10.
② 陈旭耀. 东区着力构建全方位康养产业体系 [N]. 攀枝花日报, 2017-10-09.

的《中医药文化建设"十二五"规划》认为，中医药文化的核心价值观主要体现为以人为本、医乃仁术、天人合一、调和致中、大医精诚等理念，可以用仁、和、精、诚四个字来概括。这些丰富的内涵符合时代的价值追求，在今日的养生、养老产业中依然大有传承、发展的空间。

二、中国特色康养经济的发展

（一）中医康养思想发展历史回顾

养生又称为"摄生"，最早见于老子《道德经·五十》："善摄生者，陆行不遇凶虎，入军不被甲兵。"据河上公注："摄，养也。"故老子所谓"摄生"，也即相当于养生。养生是一个含义比较宽泛的概念。从词义上看，所谓"生"，主要是指人的生命活动；所谓"养"，即保养、调养、调摄、培养的意思。概括地说，养生即保养生命。在我国古代，养生学包括了预防医学、老年医学与康复医学的内容，并与中国古代哲学的发展有着极为密切的关系。

中医养生学的悠久历史可追溯至商周时代，数千年来，在历代医家及养生家的努力下，代有发展。据现存养生学类书目统计，由先秦至近代，各类养生书籍达200余部，其中各种版本约有500种流传于现代。但据现存文献，有关养生与临床医学、社会医学、环境医学、医学心理学相互交叉渗透的大量内容，散见于各种医书中。它联系着哲学、文学、史学、宗教、艺术等许多相关的学科。自古至今，中医康养思想萌芽形成于春秋以前，丰富发展于春秋战国至晋唐时期，创新融合于宋金元时期，成熟普及于明清时期。

1. **春秋以前——萌芽形成时期**

中医养生学的起源是与我们的祖先认识自然、解释生命现象、探求却病延年的方法等密不可分的。可从诸如《山海经》《周礼》《礼记》等古代的经史典籍中觅得这一时期的特点是顺应自然，以饮食调养和宣导为主。

人类为了生存，必须猎取食物。伴随火和酒的出现，调理饮食以养生开始兴起。《吕氏春秋·孝行览》中载商朝的伊尹精于烹调技术，颇谙养生之道。他说："时疾时徐，灭腥去臊除膻，必以其胜，无失其理，调和之事，必以甘酸苦辛成。"至周代，宫廷中已有专门的营养医生——"食医中士二人"，对"六饮、六膳、百馐、百酱"（《周礼·天官志》）等多方面的饮食问题进行指导。不但主张根据四时气候变化不断改变饮食结构，如春时羹齐，夏时酱齐，秋时饮齐。而且注意食物之间的合理搭配。《礼记》还主张饮食应与四时季节的变更相适应。

2. 春秋战国至晋詹时期——丰富发展时期

春秋战国时期，在学术界产生的著名学派就有"九流十派"之多。从而在学术思想方面出现了"百家争鸣"的局面，为中医养生学提供了得以生根发芽的文化土壤。秦王在公元前221年统一了中国，开始了中国封建社会较为稳定的发展时期，为中医养生学的发展提供了良好的社会环境。这一历史时期中，中国固有的儒家思想、道家思想与后来传入的佛家思想奠定了中医养生学的哲学基础，同时也使养生学的内容日益丰富多彩，出现了多流派并存的局面。《内经》的诞生标志着中医学理论体系粗具雏形，作为中医学的一个分支的养生学自不例外。

在《内经》问世之前的春秋战国时期，由于社会生产力得到了较大提高，各种学术思想水平也发展到了一定高度，因此各家养生的思想应运而生，如《周易》中"居安思危，未防先变"的思想、《吕氏春秋》"动形达郁，趋利避害"的提倡、《淮南子》"慎守形、神。气，'五至'以养生"的理念。但是，这些养生思想散见于诸子百家的著作之中，尚未从医学的角度进行系统的理论阐发。

直到《内经》问世，养生学理论体系才初具雏形。其所论养生思想和内容散在于多篇经文之中，尚未形成完整的理论，主要探索了养生的理论及原则。在接受先秦诸子思想中那些经过实践证明了的养生思想和主张的基础上，首次从医学的角度透视了养生学，使中医养生学由散在的、流于空泛的人文哲学研究领域进入了系统的、实际的生命科学研究轨道。在《内经》之后，涌现了大量对养生学的学说理论、实践方法的探索。

3. 宋金元时期——创新融合时期

宋金元时期，儒家、佛家、道家、医家各家的养生学思想彼此影响融合，著述迭出，形成了一个创新融合的局面。其主要的突破与特点是：老年养生的重点突出，临床医学理论向养生学领域渗透。

这一时期养生学研究对象的重点转向老年人，并有大量专著问世，如陈直的《奉亲养老书》，主张以饮食药饵为调理，重视老年心理活动与寿命的关系。元代邹铉在此书的基础上续增三卷，更名为《养老奉亲新书》，内容颇为详尽，老人应如何保养、饮食调治，服用哪些药物，直到如何照顾老人，在中医养生文献中占有重要地位。邹铉还指出了心病心医的情志养生原则，并根据老年人气色已衰、精神耗减的生理特点，在《养老寿亲新书》中提出，老年人医药调治应采取"扶持"之法，"大体老人药饵，止是扶持之法，只可用温平。顺气、进食补虚中和之药治之"。这个时期对于老年养生的重视，已经延伸到社会生活的诸多领域。

在这个时代中，产生了一大批著名医家，他们不仅是临床家、理论家，也是养生家，将其医学观点、理论运用到养生学上，推动了中医养生学的实证化，并使其全面迈入生命科学的研究领域，其中影响最大者莫过于金元四大家。刘河间泻淘五脏以养生、张从正清肠以养生、李东垣将理脾胃以养生、朱丹溪护阴以养生，加上针灸养生的不断发展，都体现了临床医学在康养方面的应用。

4. 明清时期——成熟普及时期

明清时期，由于历代养生经验的广泛积累，因此要有新的突破，深为不易。反映在养生著作上，多以汇集前人养生法则、重新纂集为主。养生方面的专论和专著据统计有 60 余种。

其中，体现药食养生向着全面、系统方向发展的代表当属李时珍与《本草纲目》。这本专著提供了饮食营养的大量资料，仅谷、菜、果三部就有三百余种，虫、介、禽、兽有四百余种，并且保存了不少食疗佚文，收载了很多食疗方法。

这个时期临床医学与养生学全面融合。中医学发展至明清时期，对于各科疾病的辨证论治已经较为详备。加之众多临床医家对养生学不断深入研究，临床各科疾病的养生理论和方法日趋丰富。老年养生学发展至此也业已基本成熟。

总之，这一时期的养生学实乃集前人养生理论、经验及方法之大成，在此基础上对于养生实践的指导已经具体到了日常生活起居的各个环节和方面，专著丰富并且简便易行，因此，养生学得以在广大民众中推广普及。

5. 近代——停滞期

近代以来，传统养生文化一度陷入衰落沉寂境况之中，仅有佛教居士蒋维乔所著的《因是子静坐法》和《因是子静坐法续编》，将佛家气功进一步推向了社会。还有就是席裕康的《内外功图说辑要》，是研究气功导引不可或缺的重要文献。稍后，便只有少量对先秦到清末的有关养生成就分门别类地做了一次系统整理的著作问世。

（二）中医康养思想特点

我国传统养生理论最显著的特点是，养生应当树立保健预防思想。《黄帝内经》指出:"圣人不治已病治未病,不治已乱治未乱。"告诫人们为了健康长寿,有病要早治,无病要早防。具体地说,我国传统康养理论特点大致有以下几方面。

1. 天人相应

"天人相应"学说是中医学顺应自然养生方法的理论基础。人与自然环境的关系是十分密切的。《黄帝内经·素问》指出:"人以天地之气生,四时之法成。"自然界春夏秋冬四季的变化,寒暑燥湿的气候直接影响着人的生长发育与健康。中医学认为,人与自然是"天人合一""天人一体"的关系,要健康长寿就应"道法自然"。人防病健身的关键就是顺应自然,"春生,夏长,秋收,冬藏,是气之常也",人要健康就应顺应这个规律,"以自然之道,养自然之身",正如《素问》所言:"阴阳四时者,万物之始终也,死生之本也,逆之则灾害生,从之则苛疾不起。"说明中医学非常强调适应四时,顺乎自然的保健养生原则。

四时气候的变化,即是阴阳之气的变化,例如,春温夏热为阳,秋凉冬寒为阴,有了四时阴阳之气的变化,万物才有春生、夏长、秋收、冬藏的发展变化规律。从四时发病规律来看,春季多患温病,夏季多患中暑,秋季多患泻痢,冬季多患伤寒。所谓"应四时",是要求人们在日常生活中必须与四时相适应,善加调摄,做到"春夏养阳,秋冬养阴,以存其根",则正气充盛,体质健壮,增强抗病能力,所谓"正气内存,邪不可干"。顺应四时阴阳变化之气,可提高人体生理功能的调节性和适应性,才能求得健康与长寿。

另外,根据四季变化不同的特点,养生应各有侧重,以春秋二季为例,春季阳气上升,绿草如茵,应早卧早起,参加室外活动,但晴雨交替气候变化无常,忽冷忽热,故要慎着衣,以防感冒。尤其是老慢支、肺心病、冠心病患者要格外注意。秋季天气转凉,阳气日退,阴气日进,亦应早卧早起,收敛神气。饮食方面,要进热食,不吃生冷,以暖其胃,顾护胃气。秋气主燥,少食辛燥之物,防燥护阴,使之不伤肺气,以防燥咳,适当增加酸味,以养肝气。所以,《黄帝内经·素问》又指出:"人与天地相参,与日明相应也。"明确告诉人们,自然界是生命的源泉,这就是我国传统养生的"天人相应"学说。

2. 整体观

中医学把人体看作一个以脏腑为核心,以经络为纽带互相联系的整体。人体的各个系统、器官是有机地联系的。作为特定内环境的脏腑,不是孤立不变的,各个脏腑之间相互依赖以维护人体内环境的稳定和统一。它们之间联系的通路是经络；联系的载体是营、血和津液；其具体的功能表现是气，气的防御表现是卫，从而构成了人体气、血、营、卫这一机制。以经络和脉道作为脏与脏、脏与腑、腑与腑之间的联系通路，即所谓十四经流注，环而无端。例如，心合小肠，主血脉，开窍于舌；肺合大肠，主皮肤，开窍于鼻；脾合胃，主肌肉及四肢，开窍于口；肝合胆，主筋，开窍于目；肾合膀胱，主骨，开窍于耳等哺。倘若脏腑发生变化，就可通过经络互相影响，并从体表反映出来。反之，体表组织器官有病，也可以通过经络影响体内所属的脏腑。因此，人体是一个内环境相对稳定的有机统一的整体。

根据整体观学说的阐述，中国传统运动养生理论十分重视从整体观出发，主张促进机体整体的平衡和稳定，主张"治病求本"，即治疗疾病时要先了解疾病发生的本源；"未病先防"，即对于疾病的治疗，应以预防为主，通过适量的健身运动，注重全身综合的防衰保健措施。

3. "阴阳协调"

所谓阴阳，是指自然界中相互关系的某些事物和现象对立双方或同一事物内部包含的相互对立的两个方面的概括。阴阳相互对立、相互依存，相互消长。《医贯砭·阴阳论》中指出："阴阳又各互其根，阳根于阴，阴根于阳，无阳则阴无以生，无阴则阳无以化。"为此，中国传统养生运动理论认为，阴精是生理功能的物质基础，阳气是生理功能的具体表现。没有阴精就无法产生阳气，而阳气不断运动和作用又不断化生阴精。《黄帝内经·素问》中就指出："阴平阳秘，精神乃治""阴阳匀平，以充其形""阴胜则阳病，阳胜则阴病"。人的疾病在发展变化过程中，由阳转阴或由阴转阳的变化，均可能出现阴阳失去相对平衡，而出现一方偏盛或偏衰。人体内阴阳任何一方虚损到一定程度，都会导致对方的不足，即所谓阴损及阳或阳损及阴，从而导致疾病的发生、发展和变化。

根据阴阳学说的阐述，中国传统养生运动理论认为，如果人的机体内部能与周围环境保持阴阳平衡，就标志着人体健康无病，如果这种平衡被破坏，则意味着生病。因此，各种养生保健、运动健身以及防治疾病方法的运用，都必须着眼于保持人体的阴阳平衡。

4. "恒动"

中医学很早就认识到宇宙生物界，尤其是人类的生命活动有其"恒动"的特性。例如，元代养生家朱丹溪在《格致余论》中指出："天之动，故恒之于动，人之有生，亦恒于动。"自然界的气交变化运动孕育了生物界，中医学把"气化"运动形式归纳为"升、降、出、入"，这种运动形式，就是生命存在的先决条件，自然界中的万物万事，概莫能外。人类自其出生、成长、衰老和死亡过程中，始终贯穿着一系列的内部矛盾和运动。

所以，中国传统养生运动理论中，始终贯彻着"恒动"的观点，并运用这一理论指导养生保健。例如，《三国志·华佗传》中说："摇动则谷气得消，血脉流通，病不得生，譬犹户枢不朽是也。"告诉人们，人体经常保持适量运动，是增进身体健康、延缓衰老的重要手段。为此，几千年来我国传统养生家都积极提倡通过运动来养生保健。

5. "形神相因"

古代医学很早就用形神统一论来认识人体的健康，认为形神统一是生命存在的重要保证。主张内外兼修，以经络真气运行来实现身体内外的运动联系，是中国传统养生方法的重要特点之一。所谓形神，就人体而言，形指形体，包括五官、躯干、四肢、筋骨皮等，神指精神、意识和思维活动；就内外而言，形是手、眼、身等外在的具体运动，神指心、神、意气等心理和精神的内容。在阐述形和神的关系上，古代养生理论强调养生要形神兼顾，同时要把养神放在优先的地位，把"神"视为人的生命的主宰者。讲究"形为神所依，神者形所根""心伤神去，神去则死"；"能形与神俱，而尽终其天年，度百岁乃去"（《黄帝内经》）。这说明"神"依赖于形而存在，形盛则神旺，形衰则神衰，反之亦然。只有形神共养，外在的形体与内在的精神都能健康旺盛，并相互协调平衡，才能共同维持机体的生命活动，达到延年益寿之效。

三、中国特色康养传统在现代的应用

（一）中医康养思想对当今的借鉴意义

1. "治未病"的保健观有利于遏制医疗费用的增长

"治未病"是中医药文化的基本内容之一。《素问·四气调神大论篇》曰："圣人不治已病治未病。"这揭示了中医药文化中的已病则治，不如预防而无病的观念。据此,中医文化提出了积极"养生"的概念,如嘘吸阴阳,调摄精神,和喜怒,适寒温,节阴阳,安居处,清静调适,恬淡无为,不以物累形,使邪僻不生,则健康无病。在物质生活日益丰富的现代生活中,人们往往追求纯粹的物质享受而忽视身体的健康、疾病的预防,轻"防"重"治"的观念在很多人的头脑中占主导地位。"治未病"的保健观的确立,既可以使人免受疾病的折磨提高生活的质量,也可以减少人们的医疗支出。因此,政府的医疗改革应该从改变人们的观念入手,提倡"未病先防",才能真正体现科学发展的主旨。

2. "已病防变"的治疗观有利于缓解"看病贵、看病难"的压力

中医药主张"已病防变"的治疗观,在《素问·刺热篇》中指出:"病虽未发,见赤色者刺之,名曰治未病。"此处所谓"未发"实际上是指疾病早期症状较少且又较轻的阶段,应及时发现,早期诊治。众所周知"大病重病"是造成许多家庭"因病致贫,因病返贫",家庭面临绝境的主要原因,根据疾病的发展规律,凡是大病、重病者都是因为忽视对疾病的预防或医疗不及时所导致。因此,改变患者和医务工作者的疾病治疗观,对于新的医疗体系的构建具有一定的实践意义。

3. "辨证"的诊疗法有利于节约医疗资源

传统中医拥有一套独特的诊断疾病的方法。在疾病的诊治过程中,首先采用望、闻、问、切四种诊断方法收集病人反映出来的客观信息,然后根据八纲——阴、阳、表、里、寒、热、虚、实这一总纲领,对脏腑、气血以及六经、三焦、卫气营血进行综合、分析、归纳,以寻找病症的根源和病变的本质、部位和邪正之间的关系,最后判断为某种性质的"证"。这一过程,我们称为"辨证"法。根据辨出的"证",然后就可以确定适当的治疗方法和方剂、药物。

中医药文化中的"辨证"诊断法对合理利用理疗资源,特别是对新型农村合作医疗工作的开展有着特殊的意义。目前,众多农村医疗机构在仪器设备配备方面,远不可能达到大型医院的配备水平,如果让农村医疗机构的医务人员初步掌握传统中医"望、闻、问、切"的诊疗手段,同时在诊疗过程中采用价格低廉、副作用较小的中医药进行疾病治疗,将极大缓解"看病贵、看病难"等问题。

(二)中医康养传统方法应用现状

以史为镜,可知兴替,回顾历史是为了更好地正视现实。中医药学进入现代

社会将近百年。前50年在逆境中抗奋自争，后50年在继承中创新进步。当今中医学术理论体系及相关学术内容得到新的整合，传统的辨证论治经验得到了广泛的继承运用，中医临床取得了一系列卓著的成果。但究其方法，主要还是依托了传统研究方法。

1. 临床层面

广大中医临床工作者积极、广泛、多层次地从事临床工作，遵循传统经典或模仿前代医家临床经验，运用辨证施治方法论治各类病症，其临床疗效的取得或提高，除了个人经验的积累，在思维方法上主要依靠对历代名医独特学说和治病经验的灵活运用。一般而言，临床思路活跃又善于不断总结临床得失的中医临床工作者，往往能在临床上独当一面。长盛不衰的中医临床凭借着传统的哲学和思维方法的框架至今不变。

2. 教学层面

教材是培养人才的重要工具。国家有关部门组织编写的各类中医基础和临床教材已超过六版。这些教材基本上取材于古代中医经典和重要的历代临床专著。通过阅读、提炼、分析、综合、归纳、演绎等程序，由集体分工编撰成书。中医主体课程的教学基本上由经过培训的老中医和中医院校培养的毕业生承担（高等中医院校1962年起有首届毕业生）。教材编写与教学过程中运用得较多的还是传统方法。

3. 科研层面

科研是推动中医学科进步的动力。迄今为止，中医理论未获得实质性突破，主要是找不到现代科技的突破口。中医藏象、证的现代研究已进行了几十年，尚未取得公认的、较为全面的符合中医理论现代化内涵的归纳。呼吁中医药为现代科技提供平台一直停留在口头上。其实，学术的发展有自身的规律，有时欲速则不达。近半个世纪，中医药在文献理论研究、临床辨证施治及方药运用经验整理诸方面取得了很大成绩。运用最多的是传统研究方法，诸如病毒性乙型肝炎从肺治、哮喘症治从调肝、眩晕治从痰瘀、炎症从虚寒论治、新痹从瘀论治、遗尿从阴虚论治等变通思路取效临床的小科研屡见报道。继承性研究在任何时候都是中医药学发展的基石。实践证明，传统方法任何时候都不能丢。

如果让农村医疗机构的医务人员初步掌握传统中医"望、闻、问、切"的诊疗手段，同时在诊疗过程中采用价格低廉、副作用较小的中医药进行疾病治疗，将极大缓解"看病贵、看病难"等问题。

(三) 中医康养传统方法应用案例

1. 中医"既病防变"思想在恶性肿瘤防治中的应用

"既病防变"属于中医"治未病"中的第三个阶段,指应掌握疾病的传变方向,提前干预,阻止病情的进一步发展和传变。"既病防变"中的"病"主要有两种情况。一是正病之时,包括疾病的急性发作期及慢性缓解期。其中,慢性非传染性疾病具有长期、不能自愈、几乎不能被治愈的特点而严重危害人类的健康。恶性瘤即属于常见慢性非传染性疾病的一种。因此,慢性病患者便一直处于"正病之时"。二是疾病间期,即疾病凶险的势头暂时得到控制,而并未治愈的情况,如哮喘、过敏性鼻炎、消化道溃疡等一些间歇发作或反复发作的疾病。

中医理论中,正气不足和外邪侵犯是疾病发生的两大主要因素,肿瘤之生成,即因正气不足,邪气踞之而成。但在肿瘤形成和发展中机体正气不足居于主导地位。明李中梓《医宗必读》指出:"积之成也,正气不足而后邪气踞之。"清叶天士《临证指南医案》提道:"至虚之处,便是留邪之地。"可见,脏腑虚损、气血亏虚是引起肿瘤的内在因素。

邪气,泛指致病因素。肿瘤致病的邪气包括肿瘤本身以及相应的治疗手段:肿瘤所体现出来的破坏性生长的特点,本身就属邪气的范畴;肿瘤的现代医学治疗手段如手术、化疗、放疗等祛除或杀死肿瘤细胞的同时,对机体未病的组织系统也造成一定的损害,产生相应脏腑的症状,本身也应归属于致病因素。肿瘤患者的气、血、津、精的强弱及脏腑功能正常与否,是正气的基础。经过手术、放射疗法、化学药物治疗的肿瘤患者,伤精耗气,脏腑功能下降,正气大亏,无力抗邪。因此,肿瘤之本在于"正虚",其形成和发展是因机体正气不足,邪气聚集而成,属正虚为本,邪实为标之证。因此,肿瘤治疗过程中要时刻注意顾护正气,所谓"养正积自消"。

如上所述,正气是肿瘤发生、发展的关键,手术、放疗、化疗等治疗手段属于邪气的范畴,肿瘤发病后如果继续损害正气,结果只能加快疾病的传变(肿瘤术后再发或转移),同时降低患者的生存质量。目前肿瘤治疗思路已不再一味地追求消灭肿瘤实体,而是开始关注其健康结局。同时考虑改善患者身、心状态,提高其生存质量。"生存质量"这一健康指标日益受到科研工作者及临床医生的重视。大量研究证实,中医中药不仅可以减轻正发疾病,阻抑其进一步传变,而且可以减轻药物或手术治疗带来的副作用,而副作用是加重病情或诱发其他疾病的重要因素。因此，中医药"既病防变"在肿瘤中的应用应该注重预防或减轻治疗后的毒副反应，改善患者的症状。一项多中心、大样本、随机、双盲、平行对照试验显示：以扶正培本原则为指导的中西医结合治疗及中医药治疗方案干预非小细胞肺癌首治患者发现，中西医结合治疗Ⅲ、Ⅳ期非小细胞肺癌的疗效最佳，生存期明显延长，同时可以明显减轻化疗的不良反应。证实中医药在肿瘤的治疗中确实能够起到治疗和辅助作用。另有大量文献证实，运用中医中药扶正培本法可以减轻恶性肿瘤患者放化疗毒副反应，增强手术放化疗效果，减轻症状，提高生活质量，延长生存期；并从细胞、分子、蛋白等水平探讨中医中药调节机体免疫系统，防治肿瘤的相关机制。沈昌明等采用回顾性调查方法统计和分析浙江省肿瘤医院全年门诊中医处方各中药的用药频度发现，治疗肿瘤中药处方用药频度最高的为补益扶正类药，主要为补气药。可见，使用扶正固本法治疗肿瘤是临床医生的共识。

肿瘤的复发和转移是恶性肿瘤死亡的主要原因。手术或放、化疗等治疗后复发转移率高达69%，是影响患者治疗效果和生存率的关键问题之一。目前，临床上使用的防止肿瘤转移的化学药物被证实有较强的毒副作用，使用受到限制，患者经常由于体质太过虚弱或化疗反应过大而不能坚持化疗。中医药在整体观的指导下，通过增强机体正气，提高机体的抗邪能力，同时降低药物毒性、缓解化疗后的症状，达到预防肿瘤转移的目的。中药及其成分可以通过对细胞外基质的降解作用，影响肿瘤细胞迁移运动能力，抑制肿瘤的复发和转移。

2. 中药药膳的应用

《黄帝内经》是我国现存最早的一部重要医学典籍，书中已有"空腹食之为食物，患者食之为药物"的记载，《黄帝内经》中有关食疗学理论使我国的药膳学有了飞跃的发展。我国第一部中药学专著——《神农本草经》收载药物365种，其中，有100多种既是药物又是食物，验证了药膳学中的"药食同源"的理论。唐代孙思邈明确指出："安身之本，必资于食"，"夫为医者当须先洞晓病源，知其所犯，以食治之；食疗不愈，然后命药"，"食能排邪而安脏腑，悦神爽志，以资血气"。他在结合前人著作的基础上撰写的"食治"篇使药膳成为一项专门的学科。《食疗本草》是世界上现存最早的食疗著作，也是我国第一部集食物、中药为一体的食疗学专著。随后《食性本草》《食用本草》等著作的发行，使药膳学体系逐渐完善，成为内容丰富的学科。

近年来，健康保健事业蓬勃发展，人民生活水平和质量不断提高，民众的养身保健理念发生了根本性的转变,"未病先防,既病防变、愈后防复"的全面预防思想更加深入人心,药膳越来越受到人们的重视。钱伯文的《中国食疗学》,彭铭泉的《中国药膳学》,彭铭泉、杨帆的《大众药膳》等,这些书籍对普及和提高在药膳的认识方面起了重要作用。药膳在国外也深受人们的喜爱,特别是在日本、朝鲜、德国等国家,把药膳食疗称为"蓝色疗法""天然疗法""非药物疗法"等。

我国中药药膳的应用主要在以下几个方面:

(1)中医美容。历代医典、医著中有着丰富的应用于中医美容的药膳方剂记载。据史书记载,早在商代人们已有食用具有美容功效的桃仁、杏仁的习惯。在周代就有"食医"专门从事药膳的配制工作。《神农本草经》收载了不少药食两用的美容食物,如龙眼肉、黑芝麻、人乳、大枣、蜂蜜等。因此,要想容颜不衰,应重视身体内部的调理;中医药膳能够对食用者进行由内而外的调理。

现代医学研究发现,美容药膳中的药物和食物相结合使膳食中含有易于被人体吸收的氨基酸、维生素、微量元素、蛋白质等营养成分,这些成分大多数以天然结合形式存在,更有利于调节或补充人体各种营养成分的缺失,从而达到美容的目的。

(2)药膳在"治未病"中的应用。《黄帝内经》说"上工治未病,不治已病,此之谓也"。"治未病"在中医中的主要思想是"未病先防和既病防变、愈合防复"。

1)在"未病先防"中的应用。"未病先防",是指人体在未发生疾病之前,充分调动人的主观能动性增强体质,颐养正气,提高机体抗病能力,同时能动地适应客观环境,采取各种有效措施,做好预防工作,避免致病因素的侵害,以防止疾病的发生。中医药膳是其中的一种有效措施:如在高热时,多喝清凉饮料或吃些瓜果,以清热生津;春季流感多发,可用苦地胆瘦肉粥来预防流感;夏季易患腹泻,可运用马齿苋粥防御;秋季呼吸道易感性强,便可用百合贝母杏仁类膳食防御;冬季气温低,可用当归黄芪羊肉药膳以御寒。

2)药膳在"既病防变、愈合防复"中的应用。"既病防变、愈合防复"是指人体在患病之后,要及时采取有效措施,早期诊断,早期治疗,来截断疾病的发展、传变,同时注意疾病痊愈后预防复发,巩固疗效。如感冒后,宜进食生姜粥以助发汗;水肿时,宜食赤小豆等以利水消肿;高血压时,服食海带(昆布)以软坚消瘿等;慢性咽炎至今尚无特效治疗方法,因此,预防它的发生或复发更为重要,如橄榄芦根汤、沙参桑果汁、麦冬白莲汤等可以有效地缓解症状。

(3)药膳在治疗慢性病中的应用。药膳在配伍时,依据中医辨证施膳的原则,针对临床表现的各种证型,利用食物的偏性来矫正脏腑机能的失衡,使之恢复正常,或增加机体的抵抗力和免疫功能,从而达到辅助治疗疾病的目的。例如,治疗胃溃疡时使用乌贼骨、白芨、三七熬粥,经常食用能有效加速胃溃疡伤口愈合,并且会在胃中形成一道保护膜,使胃部难以受到外界刺激,因而受到很多患者的青睐。

(4)药膳在治疗常见病中的应用。一些常见病如轻微的风寒感冒、打喷嚏、咳嗽等,在早期食用生姜苏叶粥,具有明显的改善作用,甚至可以治愈;日常头痛、头晕等可以食用天麻炖羊脑来缓解;玉米大米粥可以益肺宁心、调中和胃,还可治心悸、气短、纳差、乏力等症;菊花粥可清肝明目,降低血压等。

第五章　康养需求链

康养经济是多个产业的结合体，旨在满足公众不同层次的、多元化的需求。从需求侧分析康养经济，既有利于把握公众需求现状，选择合适的目标群体和产品定位，也有利于康养产品的多样化，增强公众的康养体验，促进康养经济发展。

研究康养经济必须了解康养经济的潜在市场：银发市场、亚健康人群市场和追求生活品质人群市场。

首先是银发市场。人口老龄化加速催生了养老旅游市场空间。预计到2050年，我国老年人口将超过4亿人，老龄化水平将超过30%。我国老年人口数量庞大，养老形势严峻，需求层次多样，全社会"健康老龄化"产生的巨大刚性需求亟待满足。老龄人对夏季避暑、冬季避寒，又适合养生的旅游产品需求旺盛，康养旅游地应针对市场需求开发长宿型（Long Stay）的"异地养老"产品。

其次是亚健康人群市场。亚健康是处于健康与疾病之间的临界状态，中医也称为未病。根据世界卫生组织研究，70%的人处在"亚健康"状态。《黄帝内经》早已提出了"不治已病治未病"的防病养生理念。亚健康人群一般不需要药物治疗，更多的是需要非侵入性、非药物性的方式来恢复身体原有的生理功能而已，主要从饮食、规律生活、身心放松、运动等方面调理，应针对其需求开发养生美食、山地运动、文娱活动等旅游产品。

最后是追求生活品质人群市场。追求生活品质人群对旅游地生态环境质量和旅游文化要求更高。我国适合发展康养旅游的地域其经济发展水平相对落后，工业化程度较低，生态环境良好，空气质量高，既是苗族、布依族、土家族、彝族等少数民族的集聚区，也是民族文化资源富集区，更加适合开展高品质的旅游产品。

一、当前康养经济需求的特点

随着经济社会的快速发展，人们希望过上高品质生活的愿望越来越强烈、要求越来越高，健康养生已成为人们生活中的一种普遍追求。同时，中国已经进入并将长期处于人口老龄化社会，养老、养生问题受到越来越多人的重视。"身体健康、心情愉快，生有所养、老有所乐"成为人们对幸福生活的基本诉求。相关数据表明，2016年我国健康养生产业规模已近4万亿元，预计到2020年，养生产业总规模将超过8万亿元。当前，来自全民养生的需求，催生市场潜力巨大的新兴产业出现，健康意识已由单一"治疗为主"领域延伸到"主动调养、预防为主"等养生领域，养生市场正在以20%~30%速度扩张，呈现"井喷式"高速成长。

康养经济涵盖公众的健康、养老、养生等多种诉求，在分析康养经济之前应首先划分不同的市场。本书基于满足公众的需求不同，将康养经济市场分为养老市场、健康市场和旅游市场。养老市场为公众提供不同形式和标准的养老服务，以满足不同群体多样化的养老需求。健康市场将传统的医疗、养生等理念融入产品和服务中，通过医药、康复、饮食、规律生活、休闲、运动等不同方式满足公众对身心健康的需求。旅游市场将同时满足追求养老者和追求健康者的诉求，是立足于养老市场和健康市场，并超出于养老和健康，追求满足人们高品质的精神生活（见图5-1）。下面将简单介绍各市场需求的特点。

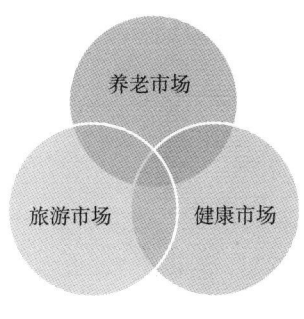

图5-1 康养经济市场划分

(一) 养老市场的需求特点分析

受我国医疗卫生条件不断完善、生活水平不断提高、生育意愿降低等因素的影响,人口预期寿命不断延长,老年人口逐年增加,人口老龄化程度逐渐加深,对养老服务的需求不断增加。一方面,民政部发布的《2016年社会服务发展统计公报》显示,截至2016年底,65岁及以上人口为15003万,占总人口的10.8%。有数据预测,到2053年,我国老龄人口将从2015年的2.22亿增加到4.87亿[1],这其中还包括一些部分或者完全失能的老人,他们对于养老的需求更加突出。根据国家老龄办发布的抽样调查成果显示,2015年全国城乡失能、半失能老年人占老年人口的比例达到了18.3%。另一方面,第一代独生子女的父母逐渐步入老年,对大多数家庭来说,居家养老已经不能满足他们的养老需求,少子化趋势的加剧,会有越来越多的家庭选择其他养老方式。所以,随着老龄化的发展,高龄化老人、完全和部分失能的老人、独生子女家庭的人口规模不断扩大,老年群体对于生活照料、医疗护理、文化服务等方面的刚性需求有很大的消费潜力和前景。

当前养老行业对个性化、精细化、现代化的养老服务需求日益旺盛,而现实的情况是我国的养老服务供给跟不上需求的发展速度与多样化。近年来,养老服务业的发展面临的压力加大,呈现出新的特点,对养老服务业来说,这是一个不小挑战,不仅要经得起适应新形势下养老服务多样化、个性化、精细化、现代化需求的考验,而且还要兼顾养老服务外延产业的发展。但这同时也是一个很好的发展契机,有利于养老服务业形成新的发展理念,更好地保障老年人的养老权益,满足老年人多样化的养老服务需求。

对于养老服务需求,主要有以下几点:

(1) 老人各项机体功能减弱对养老服务的需要。老年人生活自主自理能力总体不强,且随年龄增大和健康状况弱化而不断减弱,对他人协助和服务的依赖性强且逐步增强。按照一般年龄与健康状况,60~75岁的老年人基本是自行居住生活,包括结伴外出和旅游度假,在一般生活和旅行服务方面也与青壮年基本相同;75~85岁的老年人需要其他人提供专门的居住生活和旅行服务,并在强度和频度上逐步增加,包括要有人定期帮助解决生活、健康方面的问题,定期不

---

[1] 总报告起草组,李志宏.国家应对人口老龄化战略研究总报告[J].老龄科学研究,2014 (3).

定期探视，外出旅行要有人陪伴；85 岁以上的高龄老人，一般就需要有人一同居住生活，大部分生活起居和外出活动都必须有人安排照应。

我国是发展中国家中老年人口数量最多的国家，人口老龄化发展速度快，老年人口数量多，失能、完全失能、"空巢"老年人口比例上升。再者，随着医疗卫生水平和生活水平的提高，高龄老人也在不断增多。截至 2014 年底，全国 80 岁以上的老人达到 2400 多万，失能老人将近 4000 万，其中，完全失能老人为 1240 万。失能、完全失能和高龄的老年人，各项功能指标都在不断下降，甚至丧失部分功能，连生活都不能自理，需要人照顾其日常起居，这就需要社会提供各种更精细化的养老服务。据上海财经大学在 2014 年做的一个入户调查显示，在 10421 个样本中，90.8%的老年人都患有大大小小的病，而且将近一半的老年人需要每天服药。从这一小范围统计出来的数据可以看出，我国老年人的身体状况不容乐观，迫切需要各种养老服务来保障老年人高质量的养老生活。

(2) 家庭结构"人为"改变对养老服务的需要。"空巢"老年人的养老问题也应该值得重视。近年来，由于子女外出工作、求学、外迁等，家庭结构发生了一段时间内的改变，造成家庭"空心化"，主要劳动力外流，留守老人增多，而这一部分"空巢"老年人的养老应该得到重视。据相关机构预测，到 21 世纪中叶，我国临终无子女的老年人将达到 7900 万左右，而独居和"空巢"老年人将占 54%以上（张国海等，2016）。另外，据相关研究资料显示，截至 2014 年底，农村留守老年人口约 4000 万人，约占农村老年人口的 37%。这些老年人长期处于一种与子女相分离的状态，造成家庭结构一段时间内的"人为"改变，导致老年人几乎享受不到基本的家庭养老服务，而社会提供的养老服务机制还不完善，不能从根本上保障他们的养老需求。另外，还要忍受与子女分离所带来的精神创伤，精神上也没有寄托，正常的情感需求得不到满足，没有真正地做到"老有所养，老有所依"，因此催生了与"空巢"老年人相关的各种养老服务，这些也是我国养老服务业的重要组成部分。

(3) 高度重视养老服务的健康性和安全性。随着年龄的增长，老年人的身体机能逐年下降，身体容易受到各种疾病的困扰，养老服务的提供过程中应该高度重视环境、产品、服务、活动的科学性及其对健康的影响，但生命安全更值得关注。一是人们通常信奉"好死不如赖活着"，且有越老越怕死的特点——主要源于对死亡后世界的不可知以及宗教迷信所宣扬的阴曹地府、地狱之恐惧和现实人生过程中所感受到的生之快乐——经历得越多，感受得越多，考虑得越多，就越怕失去。二是老年人健康总体上不如中年和青少年,需要医疗救助的概率比较高,而抵抗疾病和死亡的能力相对比较弱,因此,养老度假设施和服务一定要高度重视满足医疗和急救需要。

(4) 养老方式(观念)转变对养老服务的需要。对于养老方式划分的研究,不同的学者有不同的观点。目前划分出的养老方式主要有以下几种:家庭养老、机构养老、居家养老、自我养老、分散养老、社会养老、集中养老、社区养老、土地养老和两种及以上养老方式的结合等。但受我国尊老、养老等传统文化理念的影响,加上我国大部分的老年人居住在农村,养老服务体系不完善,广大农村地区的收入相对较低,大部分人是没有能力支付各类养老服务机构的高额费用,所以大部分老年人依旧以传统家庭养老方式为主。虽说我国以"家"为载体的家庭养老方式的地位不断被削弱,但它还是作为养老体系建设中的关键一环,一直传承下来,占据着重要的地位,仍是作为老年人养老情感需求、情感依附的载体,是其他养老方式所不具备的,有着不可比拟的优越性。

但我国养老服务的需求与供给处于一个不平衡的状态,特别是在广大农村地区,随着年轻劳动力外出务工与迁移、家庭结构的变化、养老观念意识的转变和养老方式多样化等的影响,家庭养老模式受到不断冲击,家庭养老功能不断被弱化,而社会提供的各种养老服务并不能很好地弥补家庭养老模式弱化所带来的缺失,在一定程度上可以说是供需关系已经偏离了正常的运行轨道,从而增加了养老服务需求问题的复杂性,而家庭养老方式也有被其他养老方式所取代的风险。再者,我国也没有建立起完善的养老服务体系,特别是在经济发展比较落后的农村地区,偏远的农村地区养老服务业处于发展缓慢、滞后的状态,没能满足人们对于养老服务的需求。因此,这就要求我们要立足于市场,从巨大的养老服务市场需要出发,促使养老服务业的改进与创新,平衡市场,针对不同群体,发展多样化的养老服务,促进养老服务业的多样化发展,满足于不同区域群体、不同老年人群体的养老服务需要。

(5) 中国养老必须与家庭密切结合。一般意义上,亲情对老年人心理健康十分重要,年纪越大越需要与家人、亲友团聚、交流,年纪越大越害怕孤独。与此同时,老年人的生活起居、饮食、健身活动等又与中年和青少年有很多不同,在经济和住房困难时与家人居住生活在一起往往是迫不得已,且对那些不方便的心理感受不强烈,在进入小康阶段、有条件分开居住生活后,越来越多的老年人愿意并选择自己居住和生活,但需要经常看到子孙、亲友、同事——最理想的是招之即来、挥之即去。对于中国的老年人来说更是如此，因为中国传统文化重家庭亲情，家庭、家族、亲友甚至同事、同学、战友情谊对个人生活、健康、快乐、幸福是不可或缺的。这些因素决定了中国的养老越来越不能居家进行，但始终离不开家庭及其扩展的因素。也就是说，中国的养老地不能离家太远，最好一两个小时即可方便、快捷到达。

(二) 健康市场特点分析

随着经济社会的发展，中国居民对健康关注度不断提高，防病治病和养生等与健康有关的内容越来越成为社会的热点话题。亚健康逐渐成为社会日益关注的焦点，甚至许多中青年人也成为亚健康的重要组成人群。相关数据显示，目前中国亚健康状态者所占总人口比例高达77%，即中国处于亚健康状态的人数已超7亿，饮食不合理、休息不足、过度紧张、压力太大以及长久的不良情绪都是导致亚健康的主要原因。因此，在这一方面，甚至是中青年对于健康及养生的需求都是非常大的。王春玲和英华（2017）根据我国居民当前的健康需求的新趋势和特点，将康养需求分为四类，分别是生物心理社会医学模式下的治疗需求；预防、治疗和康复相结合多环节健康监控需求；新型传染病和慢性非传染病"双重防治"的健康需求；针对老年人口的卫生服务需求。[①] 本书将根据这四个分类，介绍我国当前健康需求的特点。

1. 生物心理社会医学模式下的治疗需求

生物心理社会医学模式认为，人体是由生物因素、心理因素、社会因素三者共同构成的统一整体，三者总是相互影响、相互作用，共同制约着人的健康和疾病。生物心理社会模式克服了生物医学模式在病因确定上的"单因单病"和"病在细胞"片面性、治疗手段严重依赖抗生素局限性等弱点，充分重视社会环境、人的心理对疾病发生和治疗的作用，可以有效预防和控制经济发展和人类生活方式等原因造成的疾病。由于当前生活环境的复杂性，社会竞争的激烈性，生活方式的多样性，疾病成因的不确定性等多种原因，生物医学模式下的治疗无法达到预期效果，生物心理社会医学模式下的治疗就成为恢复居民健康的不二选择。

2. 预防、治疗和康复相结合多环节健康监控需求

近年来，人们的健康概念发生了变化，"健康不但是没有身体的疾病和缺陷，

---

① 王春玲，何英华. 中国居民健康需求分析 [J]. 中国公共卫生管理，2017 (8)：441-443.

还要有完整的生理、心理状态和社会适应能力",人们的健康诉求发生了根本转变:从追求生存到追求生命质量,从以药物、手术和治疗为重点转向以健康管理和健康促进为重点,"治未病"得到越来越多居民的认可。经济的发展、健康理念的更新,促使居民健康需求从单纯的治疗向多环节健康管理和监控需求转移。尽管"预防为主"是中国卫生工作的基本方针,但由于缺乏有力的制度保障,实际卫生工作仍以治疗为主。随着中国慢性非传染性疾病呈"井喷式"爆发,将健康管理由"末端治理"转变为"源头控制"加后续康复治疗,从源头上铲除威胁居民健康的因素,推动中国卫生事业从疾病医学向健康医学方向发展。

3. 新型传染病和慢性非传染病"双重防治"的健康需求

慢性病发病的主要原因是因生活习惯导致的营养失衡。近 30 年,中国居民饮食和生存环境发生了天翻地覆的变化。饮食上,化学耕种与养殖的农产品逐步取代了自然种养的食物,大量化肥和农药的使用减少了食物的微量元素,食品加工程度的深化、防腐剂的广泛使用,使食物无法满足人体细胞新陈代谢的需要。生存环境上,生活的压力、环境及饮食污染等大量消耗人体营养素,导致功能人体退化。生活方式上,熬夜、吸烟、过度用药、久坐缺乏运动等不健康的生活方式,导致人体对于摄入营养发生利用障碍,进一步加剧了代谢失衡。现代人面临食物营养摄入不足和消耗增加两大困境共存是慢性非传染性疾病的主要原因。新的传染性疾病产生的社会根源是经济和社会环境变化,例如,带菌动物与人类有了更多的接触,使虫媒得以滋生和传播;经济全球化背景下,人们跨国经济交往增加了病菌和病毒国家间的传播速度;人口密集和人类不健康的生活方式,为新的传染性疾病如艾滋病和乙型、丙型病毒性肝炎的局部传播创造了有利条件。新型传染病和慢性非传染病同时威胁人民健康,由此产生了共同防治两大类型疾病的健康需求。

4. 针对老年人口的卫生服务需求

随着中国迈入老龄化社会,老年人口占比越来越大,2015 年中国 65 岁以上老年人口占总人口的 10.47%。老年人身体机能下降,抵抗力衰退,患病率高;老年人疾病治疗周期长,治愈率低;老年人收入低,需要的卫生费用多。这些因素使老年人卫生服务需求从规模到结构、从项目到内容都远远不能满足。

(三) 旅游市场需求特点分析

据国家旅游局发布的《2016 年上半年旅游统计数据报告及下半年旅游经济

形势分析》报告显示，2016年下半年，国内旅游继续保持两位数的增速，旅游业将继续领跑宏观经济。同时，随着中国消费者对旅游、文化、健康等各方面需求的升级，旅游产品形态已经发生转变，旅游产业开始从"快速销售"向"度假运营"的本质回归，在越来越注重对旅游资源本身美学及其生态、历史、文化价值的整合打造的同时，也不断完善其度假休闲接待和配套服务功能。随着对消费升级趋势下所蕴含的巨大空间的洞悉，创新优质的旅游项目也成为高端旅游者青睐的对象。当前旅游市场的发展呈现中不同的态势，可以将旅游市场未来需求的特点归结为几个方面。

第一，随着中国经济发展，旅游市场发展基础更加夯实。中国即将步入中上等国家行列，可以预计，2049年中国应该可以成为中等收入接近高收入群体；与此同时，中国的整个产业结构从"一二三"变成了"三二一"结构，第三产业在国民经济中的比重明显增加；此外，大交通格局的深刻变化和制度环境不断完善，为旅游市场的变化提供了各种便利和机遇，这将进一步刺激中国旅游市场的不断扩张。

第二，旅游市场的全面勃兴，旅游产品百花齐放。目前，中国居民消费发生了一个根本性的变化，从过去对于产品类、物质类消费转向对服务类消费，休闲、娱乐、旅行成为最大增长点。另外，中国的旅游产品不断丰富，如旅游度假区，从最早12个国家级旅游度假区到2015年17个国家级旅游度假区，包括大量省级度假区。①山地度假。以丽水为代表的山地度假产品快速发展。②湖泊度假。中国大大小小人工湖超过10万个，发展空间很大，户外运动也是未来休闲度假发展的重要领域。③温泉度假。全国发现的温泉共计3700多处，每年接待游客超过1亿人次。此外，汽车露营地全球超过1000个，主题公园超过3000个，旅游演艺遍地开花。城市中央休闲区成为休闲度假城市的标配，全球游轮旅游市场超过2470万人次，还有很多度假产品都在快速发展。

第三，发展前景无比广阔。未来劳动力大量释放，到2020年，按照国民旅游休闲纲要要求，带薪休假将得到全面落实，10年以后4天工作制完全可能实现，甚至预计2049年，3天工作制也不是痴人说梦，随着人工智能的发展，旅游休闲度假产品会成为一个最有发展前景的行业。

第四，旅游消费呈现新趋势，体验式旅游更受青睐。中国旅游研究院指出，随着全域旅游、"旅游+"等新业态、新要素的发展，未来旅游核心产品和衍生性产品的消费将被进一步拉动。文创、科技等要素在旅游中的渗透，将改变以往的旅游消费结构，如文化娱乐、目的地生活体验方面的体验性消费，将进一步扩大。其中，乡村旅游成为旅游消费的重要分支。

康养旅游产品应该遵循旅游发展规律和旅游市场的需求，分层次和成体系科学地打造，康养旅游产品应分为高、中、低端旅游产品。低端产品应以环境美化、自然观光、美丽乡村为主，打造"养眼"的观光系列基础产品；中端产品应以健康养生、运动康体等为主，打造"养身"的休闲系列重点产品；高端产品应以历史文化、少数民族文化、宗教文化等为主，打造"养心"的文化系列特色产品。这些产品按一定的比例配置，满足多层次的康养旅游市场需求，最终把项目地打造成为康养旅游目的地。

二、康养经济需求分类

需求分析在国家政策制定和战略规划、市场资源优化配置、企业战略计划和决策制定等方面有着极为重要的作用。只有在准确分析目标群体需求的基础上，各供给主体才能合理地设计康养产品和服务，更好地满足社会的有效需求。康养经济影响因素的研究是康养需求研究的核心内容。

（一）按外在标准对康养需求的分析

1. 理论分析

人类对康养的需求受多种因素的影响，由于"康养"是一个新生的概念，所以关于康养需求分类及影响因素的研究要借鉴健康、养老、养生的相关理论。其中 Grossman 健康需求模型是关于康养的理论基石。

Grossman（1972）将贝克尔提出的家庭生产函数第一次且成功地引入了健康的效用函数之中，从而构建了健康资本需求理论模型。假定健康是耐用消费品，每个人在出生时都有健康资本存量，这个存量随时间而减少，一旦健康资本存量低于某一水平则表示死亡。Grossman 认为，消费者作为人力资本的投资者，个人可以通过对健康投资来增加自身资本存量，从而延续生命长度。个人健康投资要素包括在健康上投入的时间和从市场上购买的产品，如食品或者医疗服务等，此外，教育、环境等变量也会影响个人健康的生产。从这个意义上来说，这里的消费者身兼双重角色，他既是健康投资的需求方，又是健康投资的供给方，因此，在没有时滞的条件下，健康需求等同于健康生产。Grossman 模型有三个基本假设：①假设每个人出生时都会获得一定的初始健康存量，并且初始健康存量会随着折旧而减少，但是个人可以通过投资来补充健康存量的消耗。当健康存量低于某一标准时，个体就会死亡。因此，个人可以自主"选择"自己生命的长度，这是 Grossman 模型的一个特色。②消费者生产健康所使用的要素，一般包括"时间"和从市场上购买的其他因素，如食品和医疗服务等。③消费者是通过健康生产函数对其健康进行投资的，而健康生产函数会受到特定"环境变量"的影响，消费者的教育水平被格罗斯曼认为是最重要的"环境变量"[①]。

Grossman 模型中研究了年龄、教育、工资、婚姻状况、种族、工作时间、卫生服务价格等对健康需求的影响，并提出了以下三个预测：①如果从生命周期的某一天开始，健康折旧随着消费者年龄的增长而增加，那么健康资本的需求就会随着生命周期而下降。同时，在健康资本的边际效用曲线的弹性小于 1 的情况下，消费者的医疗费用一般会随年龄的增长而提高。②消费者对医疗服务和健康的需求与其自身的工资之间呈正相关关系。③在受教育水平提高了健康产出效率的条件下，受教育水平更高的人往往会对健康资本有更大的需求。Grossman 模型是本书的一个基本理论出发点。参考 Grossman 模型以及借鉴杨军（2013）的研究成果，本书将健康需求的影响因素分为六个方面，分别为个人基本特征、家庭因素、工作状况、个人体质、生活习惯、康养产品及服务。其中，个人基本特征包括性别、年龄、受教育程度、婚姻；家庭因素包括家庭规模、收入；工作状况即是否就业、职业、工作强度；个人体质即健康状况、是否患有慢性病；生活习惯由是否健身、养生偏好、旅行偏好作为代理变量；医疗保险则由是否参加医保来测度；康养产品及服务服务包括所在社区的厕所类型、由所在社区到最近的医疗机构的距离（见表 5-1）。

前人已经对康养需求的影响因素做了大量的研究。其中于晓薇、胡宏伟等（2010）将年龄、教育年限、性别、婚姻、个人年收入四个个人基本状况变量纳入回归，作为基本回归模型。通过研究结论我们可以发现：

---

① Grossman M.. The Demand of Health：A theoretical and Empirical Investigation [M]. National Bureau of Economic Research, New York, 1972.

表 5-1 健康需求影响因素分类

个人基本特征	性别
	年龄
	婚姻状况
	受教育程度
家庭因素	家庭规模
	家庭可支配收入
工作状况	是否就业
	职业
	工作强度
个人体质	身体健康状况
	是否患有慢性病
生活习惯	是否健身
	养生偏好
	旅行偏好
康养产品及服务	获取的便捷程度
	价格水平

参考资料：杨军. 影响我国中老年人群健康需求的因素分析——基于CHARLS数据的实证研究 [D]. 东北财经大学硕士学位论文, 2013.

第一, 年龄越高, 个人健康状况越差。这证明了 Grossman 模型的适用性。对康养产品的需求而言, 由于随着年龄的增加和健康状况的恶化, 人们将更多的精力置于身体健康的维持, 因此对健康和医疗产品一般会有更大的需求。

第二, 教育对城市居民健康具有正向作用: 教育程度越高, 城市居民个人健康状况越好。我们可以认为, 教育程度越高, 人们对医疗服务的需求量会减少, 但是教育程度高往往对应着高收入个体, 他们往往追求高品质的医疗服务。另外, 教育程度的提高促使人们的健康和养生意识不断增强, 更加注重健康的生活方式和精神的愉悦。因此, 受教育程度与医疗需求量成反比, 而与医疗需求品质、养生的需求量成正比。

第三, 总体而言, 女性健康差于男性。该结论表明, 女性在康养产品的需求方面要多于男性, 这与我们的生活经验基本一致。因此, 未来应该关注女性对康养产品更加多样化的需求。

第四,家庭规模和家庭人均收入显著影响个人健康,较为显著,且稳健性较高,家庭人均收入越高,个人健康状况越好,这证明了家庭在分散疾病和健康风险方面的积极作用,符合 Grossman 模型的结论。

第五,没有考虑就医决策和保险因素时,工作状况显著影响个人健康状况,且较为稳健,工作性质越稳定,个人健康状况可能越差;当控制了就医决策和保险因素时,个人工作时间越短,个人健康状况可能越好。

第六,个人体质显著影响个人健康,城市居民越瘦,其身体健康状况可能越差。由于不同体质人的身体状况不同,那么他们对康养产品的需求肯定也存在较大的差异。

第七,生活习惯显著影响个人健康,是否健身对个人健康影响较大,经常健身将会导致个人健康状况提高。

第八,就医习惯对城市居民健康状况影响的方向和显著性均不稳定,但是就医价格越高,个人健康状况越好,这可能是由经济发展程度和个人收入水平影响导致的。

另外有研究表明,受教育程度、婚姻状况、家庭规模、15 岁(包括 15 岁)之前的自评健康状况、参加工作、收入、参加医疗保险、所在社区厕所类型等因素对中老年人健康需求具有显著的正效应,而年龄、所在社区到最近的医疗机构的距离、不参加工作、未参加医疗保险对其健康需求具有显著的负效应。

2. 外在标准下康养需求分类(以养老需求为例)

下文以养老服务为例,对养老需求进行分析。

研究发现,养老需求相关因素繁多且复杂,既与一般社会因素,如社会保障制度、社会角色、社会传统观念等有关,又与个人因素,如年龄、性别、职业、文化程度、身体状况、家庭收入、家庭结构等相关联,这也正是当前养老需求研究难以做全、做深的主要原因。初炜等指出,年龄越大,文化程度越低,家庭人均月收入越低越趋向于家庭养老;农民趋向于选择家庭养老。宋璐等研究发现,农村老年人、女性老年人、高龄老年人,特别是高龄丧偶女性老年人更依赖于家庭的经济。曹子建等发现,无其他经济来源的老年人希望获得更多的经济扶持,身体较差或者年龄较大的老年人最希望得到更好的照顾;身体健康时,老年人更偏向于精神需要的满足。王慕然等指出,男性在社会功能维度方面的需求明显高于女性,在情感行为维度方面的需求则低于女性。年龄的增长同养老需求呈正相关,在不同婚姻状况对养老需求的影响中,无配偶老人在自理能力、认知能力和情感行为维度的需求高于有配偶老人。随着患慢性病种类的增长，老年人在自理能力、情感行为、社会功能和健康养生维度方面的需求均不断增长。

国内养老需求研究的对象人群分层较丰富，因此养老服务可以有不同的分类。①按养老模式分层，有机构养老需求、社区养老需求、家庭养老需求。②按人群性质分层，有普通居民养老需求、"空巢"老人养老需求、独生子女老人养老需求、经济独立型老年人的养老需求、中等收入老年人养老需求、高等收入老年人养老需求、女性老年人养老需求、男性老年人养老需求等。③按聚落分层，有城市老人养老需求、城镇老人养老需求、农村老人养老需求。除此之外，还有按不同地区、地域进行养老需求研究的，以及将各层交叉联合的养老需求研究。

对于养老服务种类的研究如下：胡娟在对上海市老年人的分析中发现，在职业分类标准下，老年干部群体对"精神文化类"服务需求迫切；老年知识分子群体对社会参与表现得极为热情；老年工人、农民群体对"法律服务类"需求上升。在性别分类标准下，老年妇女群体对"护理、保健类"和"应急呼叫类"服务需求较大。老年男性群体对"家政服务类""托老服务类"的需求较高。在自理能力的分类标准下，生活不能完全自理的老年人对居家养老服务需求最大。在收入分类标准下，李贺对济南市高收入群、中等收入人群进行养老需求问卷调查，结果发现，高收入人群更为注重精神需求与医疗护理；中等收入者最为关心的是生活需求。在城乡分类标准下，刘一玲对桂林市农村老年人进行问卷调查发现，农村老年人对医疗的需求最强烈。王慕然等对南京市300名老年人进行面对面问卷调查发现，洗澡、做家务、亲人或朋友探望、陪同去医院就诊以及防跌倒知识宣教是城市老年人主要的需求项目。在家庭结构分类标准下，许晓晖在吉林省农村的问卷调查中指出，无子女老人的主要需求是生活照料和医疗护理，而有子女老人的主要需求是文化娱乐和权益保护咨询。

对于养老方式的偏好研究如下：初炜等学者在某市随机抽取60岁以上的老年人1200例，采取问卷法进行养老需求调查，其中，有79.0%的老人选择家庭养老，9.8%的老人选择居家养老，11.2%的老人选择机构养老。这与众多学者的研究结果一致，即国内老年人在养老方式需求的选择上，目前以家庭养老需求最强烈，机构养老需求比例逐渐上升。此外，罗亚萍等采用随机抽样的方法，对西安市居民养老方式现状调查问卷，发现一种过渡式养老方式——自立养老，是除家庭养老以外的主要养老方式。

(二) 按内在标准对康养需求的分类

1. 理论依据

中国人极富于创造性,以其智慧在众多领域都有独到的发现和创造,不仅使世界为之叹服,而且具有跨越时代的潜力。在生命学科中的杰出发现和创造是提出全新的生命模型,及由此建构的独特的理论体系和方法论,整合出了神体合一、心身整体生命观的生命模型。

中国的生命观迥然不同于西方的体系和模型,这是中西平行存在的两种方式,也揭示了生命与健康的两种迥然不同的生命观和疾病观,形成独特的养生和治理理论与方法。相比于西方的生命模型,这是人的生命形态的另一种存在,另一种视角的发现。西方的生命模型建立在细胞学说、解剖学说、营养学说等科学基础之上,形成相关的生理、病理学说,并经过严格的科学实验和临产检验。一切都是被证实的,如同科学其他门类,一个概念、一种功能、一则方法都经精密分析、界定。这种模型一切都有特别定位,是显性的、复杂的、明晰的和具体的。两种生命模型,各有千秋,但就其内蕴、潜力和发展,以及对现代的适应,中国的生命模型、中国的生命科学、人体科学,更应被特别关注、提倡、研究。中国的生命观强调的是"精气神,身心灵",各自相互独立又融为一体。下文将从"精、气、神,身、心、灵"六个方面,论述中医视角下个体的不同康养需求。

（1）精。精,泛指人体一切营养物质,即人的整个形体。精不仅是构成人体的基本要素,而且主宰人体的整个生长、生育、生殖、衰老过程。精还有先天后天之分,二者之间是相互依存、相互补充的。

先天之精禀受于父母,包含着父母的全部生命信息,其重要性就如同植物的种子一样。遗传因素在人体健康、寿命里占据极其重要地位。很多基因缺陷的遗传疾病以及怀孕期间胎儿得的疾病都是终生难以治愈的。因此应大力提倡优生优育。确保先天之精的优质。后天之精是由饮食所化生的精微物质。所以要保养精,首先,应合理膳食,保证人体所需营养的精确均衡。多数人对食物的口感重视有余,对食物营养精确均衡重视不足,往往造成体内某些营养过剩,某些营养缺乏,有些烹调做法更是破坏了维生素等营养来追求美味。这个习惯一定要纠正。营养的精确均衡是保障精的充实、形体健康的最基本条件。人体缺乏某种营养就会出现相应的病症。人体免疫系统具有抵御疾病、自我修复的能力,没有任何药物能代替，要想提高免疫力，就要保障营养的精确均衡。食物营养好还需人体消化吸收好，这就要保养好脾胃；注意吃饭定时定量，细嚼慢咽，不吃垃圾食品和过于刺激的食品等事项。

其次，保障形体健康还要在衣食住行工作等方面预防疾病。中医把致病因素分为三大类：第一类为外感因素，包括气候因素的六淫；生物因素的细菌、病毒、寄生虫、虫兽咬伤等；非生物因素的各种污染所致物理、化学方面的毒害以及外伤，尤其是现在种植业、养殖业、食品加工业大量使用化肥、农药、抗菌素、各种添加剂等，造成食物中残留了各种毒素。第二类为内伤因素，包括七情过激、饮食所伤、房事不节、劳逸过度等。第三类为其他因素，包括病理性产物，如痰饮、瘀血等、胎传因素、代谢产生的废物等。预防疾病应从这三方面入手。另外，中医认为正能量充足是抵御病邪的根本保障，正能量虚是病邪侵入的内在根据。

（2）气。气，是维持人体生命活动所必需的精微物质，是推动人体脏腑组织机能活动的能力。它既是物质的代称，也是功能的表现。现代实验研究表明，气可能是免疫力形成的物质基础。

气主要来源于体内精微物质的化生以及人体对外界混元气的摄入，人体是个开放系统，每时每刻都和外界进行物质、能量、信息的交换，练气强化了这一功能，把更多的混元气聚于体内。要使气充足，就要开源节流。开源就要保障气的来源充足；节流就要节制气的过度消耗。过劳（劳神、劳力）损气，过逸伤气；久病、大病、五劳七伤、房事不节、不良习惯（特别是昼夜颠倒，打乱了气的正常运行规律）等都会过度耗气。应力求避免。

气起核心作用，主要原因有二：第一，形动，神动要耗气，需要气的充养，以气为动力。气是各种能量的混合状态，可转化为各种能量。人体各部位、各器官机能，血的运行、神的传导等均需要气的充养，有赖于气机通顺。血的流动是生命活动的保障。《黄帝内经》认为，气为血帅，血为气母，气行则血行，气滞则血淤。此段话大意是，气是血流动的统帅，气是血中精微物质化生来的，气运行，血才运行，气停滞不动，血就不流动造成血的淤积。第二，元气充足通顺是抵御，祛除病邪的根本保证，正气虚是病邪侵入的内在根据。《黄帝内经》说，正气存内，邪不可干（侵入），邪之所凑（到达），其气必虚。病邪的祛除依赖气机通顺。中医认为，祛病就是体内正气（元气）与邪气（指病邪即各种致病因素）相搏，正气战胜邪气，病邪祛除。反之病则不愈。病邪祛除从西医的角度看，主要靠药物、手术、人体免疫系统以及其他方式等。药物的作用、免疫系统的机能、术后机体的康复，都依赖于气血的通顺。气在人体各部位冠以不同的头衔，其作用不尽相同。气在生命活动中重要作用甚多，气机通顺是生命活动的核心环节，如何保障和促进气机通顺？

第一，气要足，气虚不足则流通不畅，就像是河里水特别少，流动缓慢不畅。

第二，治疗疾病消除障碍。疾病的相应病灶区域是气通行的障碍，正气要通行，病邪要阻碍，正邪相搏，有时反应很强烈。练瑜伽治病就是主动运用各种体位法，通过挤压、拉伸、扭转内脏器官和腺体，冲击病灶围歼病邪，这也是专业的瑜伽修行不同于体育锻炼的一个特点。有时吃药有气冲病灶反应。总之，积极治愈疾病，消除障碍，气就通畅。

第三，人体各器官的活动牵动促进气的运行。生命在于运动，合适的运动能促进气的通畅，注意运动的方式和运动量要因人而异，一定要合适。瑜伽是最好的有氧健身运动，动作舒缓、老少皆宜，但是练习瑜伽一定要去专业的瑜伽会所，找最专业的瑜伽导师，否则，不正确的练习会导致瑜伽伤害。

第四，神为气帅。意念主导气的运行。要善于主动运用意识带动经络气血通畅。神安气顺，神乱气乱，若要气通顺则需神先安。总之，气的通顺是生命活动的核心环节。

（3）神。神，是人的思想、思维、精神、情志的总称，是高级精神活动，又是生理、心理、内在、外在的气场、气机、气化的表现。

神的物质基础是精和气，《灵枢》本神篇认定："故生之来谓之精，两精相搏谓之神。"这是生命先天即有的，不仅是先天气的孕育，还需要后天滋养。《灵枢》平人绝谷篇有说："故神者，水谷之精气也。"神也直接决定生理、心理、病理状态。《素问》移精变气篇概括为："得神者昌，失神者亡。"神是控制、配给、调理人体的各种系统的功能，是人体最高级的机能，是形、气的统帅。神为形之帅指人体各个器官的功能活动均受到神的统领制约。神处灵明之态，对形的统领正常。神失灵明，则统领失常，伤及脏腑。神为气之帅指气的运行受到神的统领制约。体现如下：第一，神机灵明时，统领正常，神安气顺；反之则神乱气乱。第二，意念能主导气的运行，意念到那，气就到那，瑜伽的冥想练习配合瑜伽呼吸控制法，主动运用意识促进气的通畅，其原理在此。

要使神处灵明之态有四个条件。一是保障神的充养。神的活动对形（精微物质),气消耗较大。二是积极预防,治疗神的相关器官疾病。三是动静结合。神动久了,要回到虚静态。因此,我们应该经常采用瑜伽打坐练习观想。虚指空空荡荡;静指一念不起。这是神的原始态,有虚则有灵,有静则有明。神若一刻不得安静,则神疲神乱失之灵明。四是神安。安是相对安宁,指神受到干扰的强度,持久度在所能承受范围内。神安则气顺,气顺指气按经络、顺序、时辰的流动,顺应子午流注规律。此规律是在长期进化中逐步形成的。

神安是神机灵明的最重要条件,要做到神安,避免七情过度,关键是要加强修养意识,做到心态平衡。加强修养意识,提高科学意识修养和艺术意识修养,主要是提高道德意识修养,才能做到心态平衡。孔子曰:君子坦荡荡,小人长戚戚。意识修养提高了,内心世界由小我变为大我,心胸开阔,一切事情看得开,看得透彻,心态平衡了,遇事七情反应大大降低,能控制情绪,这就减弱了对神的干扰强度;道德修养再提高,心态极好,对任何事情的发生均能承受,处之泰然(借用毛泽东一句话:不管风吹浪打,胜似闲庭散步),这就加强了神的抗干扰能力。把神比作一台电子仪器,减弱了干扰强度,加强了抗干扰能力,神就处于相对安宁的状态。心态平衡是神态安宁灵明的基石,同时也是保持人的精神状态欢畅的基石。精神欢畅是人的气血和通,神机灵明的体现,对健康极为有利。若心胸不豁达,遇到如愿之事心花怒放,不如意则怨天尤地,情绪波动很大。真正能做到不以物喜,不以己悲,无论外界或自我何种起伏跌宕,均保持豁达淡然之心态,则须有较高的思想境界。所以说意识修养好,心态平衡是精神状态好最牢固的基石。

小结

精、气、神三者的关系很独特,三者既各自独立,又三位一体。"夫形者,生之舍也;气者,生之充也;神者,生之制也。"三者同源、同步、同化。三者还有先天、后天之别,便更丰富了。它们都源于气,也都是气,精,也称精气,神也称神气,同步作用。精为生命的物质基础;气是营养和力,又是信息的载体;神是主导、统率。特别是三者可以相互化生,精化气,气化神;在气化层次,这三位一体,简直难分彼此了。

从以上分析中可以看出,"精、气、神"在传统养生理论中是作为人体生命活动的三个基本要素出现的。其中精、气是生命活动的物质基础,而神则被视为生命活动的外在表现,或称为生命结构的总体功能信息。三者之间具有互相滋生的内在联系:精充气足则神全,神躁不安则伤精耗气;精气不足,神也易浮躁不宁；只有精、气、神充盈，肌体的生命活动才可能在健康状态中运行。

从健康的角度来看，正常的生命除有赖于作为生命物质基础的精气充盈之外，同时还要力求精气处于有规则的流通状态之中。《吕氏春秋·达郁》篇指出："血脉欲其通也……精气欲其行也，若此，则病无所居，而恶无由生矣。"传统的养生方法，如所功、太极拳、五禽戏、八段锦以及按摩针灸等，其主要机理也都在于促进精气流通，以使病体康复。精气流通作为传统养生理论指导原则之一，其本质要义不外乎协调阴阳气血，使肌体各种功能处在最佳状态，从而有益于养生长寿。

（4）身。人类生命中的身、心、灵各代表着不同的职能，代表着不同的发展机制，组成了生命的对应关系，这是在生命意识的主导下身、心、灵被连贯地连接在一起，在指向性的发展中完成生命的意义，达到生命的终极目标。

人类生命的基本体系——身体就是由物质组成的，身体结构存在物理变化和化学变化，由活性物质组成的身体，其结构细胞在不断地消亡和再生，这是物理现象，属于正常地维持生命存在的过程；这样的生命体系存在思维和意念，在意念的加持下生命结构中的细胞发生了化学的变化，产生了特殊的气体，也就是能量。这种能量在意念的控制下由分散到集中，由随意地流动到集中地集聚是可控制的物体。这样的气体能量特性是能产生推动力，能突破任何障碍连接任意的信息层。在身体中物理的变化是量的变化，而化学的变化是质的变化。生命的物质特性是存在的基本条件，就像肥沃的土地一样让生命的种子茁壮成长，并能承载着不同的结构特征共存一体生存，生命的物质结构是非常复杂的结构，是在有序化的发展中不断地发生变化、调整身体对外部环境适应的过程，是一体化运作的结构。另一种特性是在疾病侵入身体破坏正常细胞分解的时候，能量能清除疾病的细胞，修补被破坏的细胞结构，使身体健康，提高生命的质量，提高免疫力，使身体的物质结构正常的分解和新陈代谢。

（5）心。心就是精神，是人类生命特有的结构体系，是与宇宙的精神相对应的，在能量和信息的支持下，精神激活生命隐态结构并且发展和强大，生命中的精神部分开始和能量信息一体化的运作，普通的物质能量开始转化精神能量。这样的能量有着更广泛的意义和作用，使生命的发展存在开始向着更高的生命体系进行准备和迈进。隐性和显性两个方面的体系同时得到强化生命的精神和宇宙的精神，得到重合，体现了爱的本能，精神是爱、是奉献，在表达着个体生命爱的同时，生命的本身也收到了爱的回报，塑造了灵性生命，精神与能量和信息一体化的动作使生命的本身发生了质的变化,形成有序化的发展体系。精神表达了生命的本性,表达了生命的两种发展形势。精神是人类在发展中有了逻辑思维,逐步产生了精神的特征,精神是在发展中获得的,是生命进入另一个世界的端口。在能量的作用下,精神与能量同步运行,互相传递着信息,促进相互的变化。精神是从物质生命态演化成高级生命态的形式。

(6)灵。灵是性所决定的,万物都有灵。人类生命中的灵是通过人类精神的作用,生命的灵性得到了激活,灵性在与能量信息和精神一体化的动作下能生成智慧。灵性是生命的本性,是宇宙在生成万物时,引领生命回归的本能。能量以信息的方式强化精神后又使心灵开始活动,形成了一个有序化的从低到高、从弱到强、从物质到精神、从精神到心灵相互连接、共同动作的整体化系统。既形成了系统互动模式一体化的发展机制,也形成了生命中的小宇宙对称着大宇宙互动的条件。在这个世界上运动、发展、量到质的变化是基本存在的要素,灵性是生命本源的性质,决定着生命质的变化,是生命发展的最高的形式,生命中本能的意识就是灵性部分,这样一体化动作的方式使生命向着智慧的方面发展。灵是高级的生命态,是具有智慧能力的生命体系,这样的生命体系一旦建立生命的愿望和目标就显得尽善尽美,生命中的身、心、灵体系也完整地体现着系统的完备性和一体化机制的能力。这样三位一体的结构在物质为基础的方式中以生物链的方式同步动作,使身体的各部机能都在一体化的共同协作中完成生命的历程。

小结

综上所述,无论是精气神,还是心身灵的描述,都体现了身心的整体性,在强调身体的重要性的同时,突出了精神的重要地位,是一种更高层次的人生追求。这里所讲的精神即"心",是人类提高生命价值应最先关注的。养心是一切养生的必由之路。

2. 内在标准下康养需求分类

据调查显示,我国大城市居民,尤其是都市白领,超过半数都处在亚健康状态,而且人数呈现上升趋势。这就要求人们在物质生活已经提升到较高水平之后,必须更多地考虑生活的质量和身心的健康。在这种形式下,健康养生将成为热点和潮流,蕴含着广阔的市场空间。按照上文中医对人体"精气神,身心灵"的生命整体观,并产品的形态,可以将康养需求归结为以下几种:①强身健体,即在理想的养生场所进行适时运动来养精固元。②修身养性,即需要一种简单的生活方式和生活节奏来舒缓身心。③医疗,即通过优质生态环境,针对各种疾病进行康复治疗。④修复保健,即逃离污染严重的城市环境,寻找修复环境。⑤延年益寿,即寻求高质量的生活方式,结合不同时节,以有益的养生生活方式达到长寿的效果。⑥生活方式体验,有两层含义:一种是与传统文化中的民俗相结合,另一种是与旅游多种构成要素相结合。⑦养生文化体验,将文化景观与养生文化结合。

如按马斯洛需求层次理论可分为基本物质保障需求,生命健康的需求、爱和归属的需求、尊重的需求、自我实现的需求。以养老服务为例,大多数学者将养老需求分为物质生活需求、日常生活照料需求、健康保健需求和精神及文化生活需求4个方面。也有学者将养老内容细化、具体化为家务料理、老有所为、情绪调适、权益保障、婚姻服务、住房调换和临终关怀等方面。另有学者将养老需求内容进一步横向扩大为养老方式需求、社会参与需求、维权服务需求等。

3. 对健康需求的分析

(1) 中老年人的健康状况不良,健康意识薄弱,女性、高龄老年人的健康问题更为突出。因此,政府部门和全社会应该更加关心高龄老人和女性老人的健康。在5个省12个县5000多名中老年人中,"有健康问题"的中老年人比例达到47.7%,慢性病患病比例接近40%,其中高血压的患病比例达到43.9%;"未检查过身体,不知道是否有健康问题"的有23.4%,"未想过/不知道"需要哪些健康知识的比例为36.7%。说明中老年人健康状况不良和健康意识薄弱。在多数省里,女性的健康问题要大于男性;随着年龄的增加,健康状况呈现下降趋势。这些结论和杜鹏(2013)、李彩福(2013)、杜本峰(2013)等的研究结果是一致的。因此,各级政府、卫生计生部门和全社会应该更加关注老年健康问题,尤其更加需要关注女性、高龄老人的健康,把卫生资源和服务的重点向高龄和女性老人倾斜,努力提高老年人的健康寿命。

(2) 中老年人对健康教育、健康咨询和健康检查有特定需求。因此,各级卫生计生保健服务机构在为中老年人提供健康服务时应该瞄准这些需求,提供有针对性的健康服务。调查数据表明,中老年人最希望了解的健康知识包括慢性病/妇科病/男科病防治(约40%)、饮食/营养/用药(约30%)、健康生活方式(约25%);最希望做的健康检查项目是慢性病筛查(接近50%)、身体健康状况评估(约42%)、防癌筛查(约32%)和妇科疾病筛查(约20%);最喜欢的健康知识宣传方式是广播/电视(约40%)、讲座(12.4%)、书报/杂志(8.0%);最喜欢的健康咨询方式是面对面咨询(约45%)和健康讲座后的现场咨询（约20%）。2013年底出台的《全国老龄办等24个部门关于进一步加强老年人优待工作的意见》中提出"医疗卫生机构要优先为辖区内65周岁以上常住老年人免费建立健康档案，每年至少提供1次免费体格检查和健康指导"。"积极开展老年疾病防控的知识宣传，开展老年慢性病和老年期精神障碍的预防控制工作。"因此，为做好这项工作，各级医疗保健服务机构应该充分了解中老年人的健康需求、研究健康需求，瞄准需求开展有针对性的健康教育、健康咨询和健康检查服务。

（3）中老年人的健康状况与健康教育、健康咨询和健康检查等预防保健服务密切相关，而中老年人享受到的这些服务严重不足。因此，各级政府应该高度重视中老年人的预防保健工作，认真规划并组织实施老年健康促进战略。调查数据表明，接受过更年期保健知识健康教育、健康生活方式教育的中老年人其"有健康问题"的比例明显低于那些未接受过这方面健康教育的人；当年是否做过身体检查、是否接受过健康咨询服务和中老年人的健康状况密切相关。与此同时，5个省没有接受过健康知识教育的中老年人比例都在50%以上，安徽的比例高达78.6%；在过去的一年中参加过健康体检的比例只有1/4；参加过健康咨询的比例只有1/5。因此，各级政府、卫生计生行政部门及服务机构应该高度重视老年预防保健工作，合理配置医疗和保健资源，处理好老年疾病治疗和老年健康服务之间的关系，认真落实老年健康服务工作的各项保障措施，为老年人提供方便、及时、有针对性的健康教育、健康咨询和健康检查服务。

（4）整合卫生、计生等各部门资源，充分发挥原计划生育服务机构的优势，把部分计划生育服务机构打造成老年健康服务机构，在老年健康服务业中发挥重要作用。

4. 旅游市场需求的分析

本书从旅游者的视角出发，通过文献查找、问卷调查等实证研究方法，借鉴了顾客满意度模型，探讨了养生旅游游客满意度的影响因素，构建了养生旅游游客满意度测评体系，并形成量表进行测量，丰富了养生旅游研究，得出了相应的共性结论，研究明确了明月山景区养生旅游开发的现状和问题，针对明月山景区养生旅游发展提出建议。本书主要研究结论如下：

（1）养生旅游以健康为导向，具有明显特征。养生与我国道教和传统中医药文化密切相关，本书在总结前人观点的基础上，将养生的概念界定为：根据生命的发展规律，通过改善生存环境、调节生活方式，最终实现预防保健、延年益寿的目的。相比传统旅游形式，养生旅游特征明显，一是养生旅游者以健康为出游动机，以预防和保健为导向，而非直接以治疗为目的。二是养生旅游是一个持续的过程，涉及范围极广，涵盖饮食起居、保健、文化熏陶、生态环境、生活方式等方方面面，具体到旅游业，养生可与旅游多种要素分别结合，形成各具特色的养生产品。三是养生旅游的方式多元化，比较典型的有生态养生、中医药养生、温泉养生、文化养生、运动康体养生等。同时，本书进一步明确了健康旅游、养生旅游、医疗旅游三个概念的区别与联系，即养生旅游和医疗旅游隶属于健康旅游的大范畴，二者各有侧重又有交集，养生旅游倾向于预防和保健，医疗旅游侧重于治疗，包括手术和药物治疗。

（2）养生旅游游客满意度受多种因素影响。养生旅游受多重因素影响，本书认为养生旅游游客满意度的主要影响因素，包括接待设施、卫生条件、公共服务设施、交通便利性、生态环境、景观质量、饮食特色、养生文化、养生产品特色、养生产品品质、养生产品价格、养生产品功效、康体景区服务与管理水平、游客成本、游客情感因素、养生产品、养生功能、养生配套设施、养生旅游资源因素。游客对景区服务与管理水平、游客成本、游客情感因素、养生产品、养生功能、养生配套设施、养生旅游资源因素的满意度越高，总体满意度越高，且对总体满意度的影响程度从高到低依次为养生旅游资源、养生配套设施、景区服务与管理水平、养生产品、游客情感因素、养生功能、游客成本因素、疗养功能、休闲度假功能、观光娱乐功能、修身养性功能、服务态度、服务技能、服务效率、管理水平；花费的费用、花费的时间、花费的精力、景区消费水平；社会交往、情感偏好、旅行安全感觉、身心愉悦等并进一步归纳为7个维度，即养生配套设施、养生旅游资源、养生旅游产品、养生功能、景区服务与管理、游客成本、游客情感因素。

三、未来康养经济需求侧的特点

随着中国经济和社会的不断发展，人民生活质量不断提高，保健意识增强使保健品和养生服务需求不断增加。中国健康养生产业在跌宕起伏中发展。现在约有95%的人群正处于亚健康状态；约20%的人群需要专业医疗机构诊治；真正达到健康标准的人群仅占5%。养生产业正作为一项极具潜力的朝阳产业迅速崛起。当前,由于城市环境污染、气候变化、精神压力等多种因素,都市人口的亚健康问题,已成为我国乃至世界许多发达国家的共同问题。随着老龄化社会的临近,人们对生命健康的追求则进一步加速和提升,这成为养生产业发展的内在动力。

经过多年发展,中国百姓对健康养生产品的消费心理和行为逐渐理性化,更加重视健康养生产品的安全性、功效性,相关问题也制约着行业发展。中国人口老龄化、老年高龄化已成不可阻挡之势,健康问题的严重性和必要性正浮出水面。日渐增长的康养消费需求和发展滞后的康养产业供给矛盾凸显。未来应从以下几点着手,把握好康养经济的需求侧。

(1) 立足现实需求,回应现实关切,全面、高质量地满足公众的康养需求。探索建立医养结合的长期护理照顾制度、保险制度,解决长期高额的护理费用,强化社区养老服务、农村养老服务,满足老龄人就近养老的需求;发展智慧养老,提升养老服务的能动性;促进医养深度融合;加强养老服务领域的人才培养。

(2) 积极开拓创新,满足高层次需求。随着当前生活节奏的加快,当前居民对康养产品的需求已经不再仅仅局限于医疗、养老等,而是扩展到对生活方式或文化等精神方面的需求,因此,未来要在当前康养产品的基础上,进一步开放深层次的康养产品,满足当前人们日益增长的精神产品的需求。

(3) 加快完善康养配套设施。要不断加大公共配套设施投入。以康养旅游为例,养生旅游者与观光旅游者在旅游行为特征方面存在许多不同之处,养生旅游者住宿方面倾向于常住,有些还是购房养老度假,餐饮方面倾向于自炊或半自炊。养生旅游者的迅速增长,必定占用当地公共资源,带来系列问题,如抬高物价、房价,造成街道拥挤,交通堵塞,本地人与游客之间甚至爆发冲突。所以,应将旅游开发与当地经济发展相结合,加大公共生活设施投入,只有增加公共服务供给,才能在公共资源使用方面,有效化解游客与本地居民之间的矛盾,才能提高当地居民参与旅游建设的积极性,强化居民的主人翁意识,营造和谐的旅游氛围。

(4) 要进一步构建康养经济安全保障体系。首先确定相关行业的标准,保证康养产业合理发展,并保障公民的基本权利。同时,在此基础之上针对目标群体在年龄和身体状况等方面特征,要强化对不同群体的关怀。

（5）发展养生产业不仅要继承古人留下的优秀传统养生精髓，更要与时俱进，结合当代先进科学技术，将养生产业与人们的衣食住行相结合。同时，跨产业融合发展对完善产业链、巩固产业长线发展的优点对养生产业同样适用。

（6）推动康养、医养产业的市场化发展，充分发挥市场资源配置的优势，满足不同群体的养老需求。深度开发养生产品，构建养生产品体系。

（7）未来仍应加强对于康养产业的动态分析，一是要做好需求动态的结构性分析，二是要根据需求发展趋势的变化，做好供给侧方面的分析工作。

第六章　康养供给链

改革开放以来，我国经济社会各个方面取得了长足的发展，人民生活水平不断提高，人民对健康、养生和养老等需求与日俱增，对服务质量要求也越来越苛刻。我国的康养经济发展刚刚起步，康养产业还是朝阳产业，当前我国健康养老产业中"有需求、缺供给"的结构性矛盾日益突出，需要大力推动康养产业的供给侧结构性改革。当前阶段我们应该更加关注供给侧：增加康养供给，弥补供给缺口，提升供给质量和效率，不断扩大健康市场开放，尽快使社会资本成为康养产业发展的主力军，以适应不同群体的健康服务需求。

自"康养"概念提出以来，各地纷纷试点康养产业，康养经济如雨后春笋迅猛发展，其中四川、贵州等省份发展康养经济取得了可喜的进展。以攀枝花市为例，攀枝花市充分发挥其在阳光、气候、生态等自然资源上的优势和产业发展实际，提出了创建"中国阳光康养试验区"的目标设想，旨在以"阳光康养"为突破口，注重康养产业的产业链延伸和市场开拓，逐步实现旅游、医疗、养老、健康、体育等的有机融合。

从供给侧分析康养经济，意味着要从供给和生产端入手，通过丰富产品和服务类型、提升产品和服务质量、提高供给效率以及优化产品和服务供给的供需结构等促进康养经济的发展。为了深入透彻分析康养经济的供给端，本书将从康养点、康养链、康养面和康养体四个层次、多个角度，总结康养经济的特点，探索未来供给侧的可能改革方向。

一、基于康养点的分析

康养产业是由许多完整的产业链条构成，每一个链条是以一定的产品和服务为载体。该载体决定了康养产业的基本特点及其最终的目标群体，该载体即为康养点。康养点是康养经济的一个个节点，康养经济中有无数个康养点，每一个康养点在康养经济中均扮演着不可或缺的角色，或满足人们的物质需要，或满足人们的精神需求。因此，康养点可以是有形的产品，也可以是无形的服务。关键的康养点可以决定康养产业的上游和下游，是康养经济发展的核心要素。因此，各地发展康养经济的首要任务是因地制宜地确定康养点。

康养点的确定需要各地结合自身实际和产业发展的需要，因地制宜，充分挖掘森林、草地、湿地、湖泊、温泉、阳光等自然资源和中医药、现代农业等产业资源，研发出森林康养、田园养生、温泉疗养、阳光康养、运动康养、文化康养、膳食疗养、园艺疗养、森林自然教育、康养旅游等系列康养产品与服务。同时，完善配套各项生态康养设施，分层分类打造生态康养宜居地，保障现住居民康养条件与康养服务产品供给及产品质量，形成地域性生态康养文化特色与康养品牌。

根据康养点的自然属性和社会属性不同，我们将康养点归结为养老服务类、医疗卫生服务类、中医药养生类、食品类、自然资源类、文化类和体育健康类七类（见图6-1）。

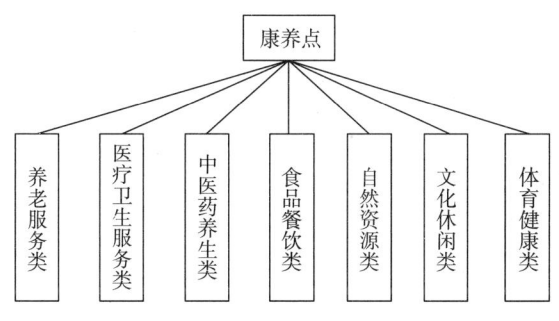

图6-1 康养点分类

(一) 养老服务类

养老服务是指通过多种方式为老年人提供必要的生活服务，满足老年人物质生活和精神生活的基本需求。目前，我国的养老方式主要有传统家庭养老、居家养老、城乡社区养老和机构养老等方式，提供的养老服务由生活照料、医疗保健、精神慰藉、安全防护、文化体育等为主要内容的社会化养老服务形式。不同的养老方式提供的养老服务方面各有侧重，适合不同的人群，但目前我国城乡老年人普遍以子女亲属侍候的传统家庭式养老为主，其他养老服务方式所占比例较低。

另外，当前我国面向普通大众提供的养老产品和服务严重不足。这主要是因为我国养老需求刚刚兴起、增长很快，社会首先关注最急需的部分，市场则首先选择最容易赚钱和赚大钱的部分，面向高收入群体的养老容易实现其目标，此外就是从社会保障出发关注城乡高龄贫困老年人的养老。实际上，一般大众的养老，由于家庭支撑居家养老能力减弱，支付商业性养老服务能力增强和对养老生活质量要求不断提高，加上我国庞大的人口规模，前景更为广阔。需要市场化、专业化养老服务的人口规模远远大得多，所以，我国当前面向大众的养老产品和服务是严重不足的。

按照全国民政人才中长期发展规划的目标，2020年养老护理员的数量要达到600万人，而目前实际还不足100万人。不仅如此，除了缺乏专门为老年人服务的专业医护和服务人员，还缺乏足够的养老机构和提供上门服务的保健机构，此外，老年药品、老年保健护理用品以及其他各种老年商品都处于匮乏状态。养老产业供给不足，主要表现在以下几个方面。

（1）养老产业的布局不合理，城乡差距较大。根据民政部所发布的《2015年社会服务发展统计公报》数据，2015年全国养老服务机构床位为672.7万张，每千名老年人仅拥有30.3张，发达国家则是平均40张左右。经济发达的地区，这样的养老院严重供给不足，往往"一床难求"。经济条件相对落后的地区，养老院的空置率较高，这些机构的规模较小，机构人员的专业水平也较低。

（2）具有专业医疗护理型的养老机构及护理人员供给不足，且费用相对过高。随着近几年"421"家庭的增多，独生子女的养老负担也较大，越来越多的老年人选择入住养老机构。但大部分养老机构的专业水平相对偏低，服务对象也主要是普通老年人。对部分或完全失能老人来说，简单的照顾往往不能满足其需

第六章 康养供给链

求,他们对于专业的护理人员要求更高。目前来说,现行的养老产业中并没有相应的专业培训机构和养老人才培养机制,仅能满足老年人的一般照料需求,不能满足有特殊需求的老年群体。以社区养老为例,现在的社区服务主要是简单的日常生活照料,较少提供个性化和专业化的服务,虽然有些生活服务项目,但也存在服务不合理、收费较高等问题。

(3) 老年产品结构单一,老年服务缺乏多样性。随着老年群体的增多,且他们对于养老的需求不仅仅是物质的需求,对医疗护理,精神慰藉等方面的需求也在日益增加。但是,由于目前的养老产业尚未成熟,同质化现象较为普遍,养老机构提供的服务大多千篇一律,且主要集中在日常的生活照料中;民营养老机构的数量较小,社会化养老服务体系发展不足。因此,转变现有的供给体系,将"康养"理念融合到养老服务中,建立多样性的老年服务供给主体,并且对现有的老年服务优化升级,对于我国的老年服务产业有着重要的意义。

1991年联合国大会通过的《联合国老年人原则》(第46/91号决议)提出,老年人参与原则第一条为老年人应该始终融合于社会,积极参与制定和执行直接影响其福祉的政策,并将其知识和技能传给子孙后辈;老年人照顾第二条为老年人应该享受保健服务,以帮助他们保持或恢复身体、智力和情绪的最佳水平并预防或延缓疾病的发生;照顾第四条为老年人居住在任何住所、养老院或治疗所时,均能享有人权和基本自由,包括充分尊重他们的尊严、信仰、需要和隐私,并尊重他们对自己的照顾和生活品质做抉择的权利。

养老服务模式的选择应该建立在维护老年人权利与尊严的基础上,以老年人身体健康状况为主要依据,以老年人家庭支持与意愿为辅要依据,引导老年人选择适合自己的养老方式。这需要开发基于生理、心理、社会经济的老年人健康状况评估系统。未来在康养背景下,应该支持由有条件的医疗机构、养老机构、企业开办以生态康养产品为特色的养老院、老年护理院、老年病医院。

(二) 医疗卫生服务类

经过长期的发展,我国已经建立了由医院、基层医疗卫生机构、专业公共卫生机构等组成的覆盖城乡的医疗卫生服务体系。截至2013年底,我国有医疗卫生机构97.44万个,其中,医院2.47万个,基层医疗卫生机构91.54万个,专业公共卫生机构3.12万个;卫生人员979万名,其中,卫生技术人员721万名;床位618万张。每千常住人口拥有医疗卫生机构床位4.55张、执业(助理)医师 2.06 名、注册护士 2.05 名。2004~2013 年，全国医疗卫生机构总诊疗人次由每年 39.91 亿人次增加到 73.14 亿人次，年均增长 6.96%，住院人数由每年 6657 万人增加到 1.91 亿人，年均增长 12.42%。①

但是，医疗卫生资源总量不足、质量不高、结构与布局不合理、服务体系碎片化、部分公立医院单体规模不合理扩张等问题依然突出。

第一，与经济社会发展和人民群众日益增长的服务需求相比，医疗卫生资源总量相对不足，质量有待提高。每千人口执业（助理）医师数、护士数、床位数相对较低。执业（助理）医师中，大学本科及以上学历者占比仅为 45%；注册护士中，大学本科及以上学历者占比仅为 10%。

第二，资源布局结构不合理，影响医疗卫生服务提供的公平与效率。西部地区医疗卫生资源质量较低。基层医疗卫生机构服务能力不足，利用效率不高。中西医发展不协调，中医药特色优势尚未得到充分发挥。公共卫生服务体系发展相对滞后。公立医疗机构所占比重过大，床位占比近 90%。资源要素之间配置结构失衡，医护比仅为 1∶1，护士配备严重不足。专科医院发展相对较慢，儿科、精神卫生、康复、老年护理等领域服务能力较为薄弱。

第三，医疗卫生服务体系碎片化的问题比较突出。公共卫生机构、医疗机构以及部分养老机构分工协作机制不健全、缺乏联通共享，各级各类医疗卫生机构合作不够、协同性不强，服务体系难以有效应对日益严重的慢性病高发等健康问题。

第四，公立医院改革还不到位，以药补医机制尚未有效破除，科学的补偿机制尚未建立，普遍存在追求床位规模、竞相购置大型设备、忽视医院内部机制建设等粗放式发展问题，部分公立医院单体规模过大，挤压了基层医疗卫生机构与社会办医院的发展空间，影响了医疗卫生服务体系整体效率的提升。

第五，政府对医疗卫生资源配置的宏观管理能力不强，资源配置需要进一步优化。区域卫生规划实施过程中存在权威性与约束性不足、科学性和前瞻性不够等问题，规划的统筹作用和调控效力有待增强。

当前医疗卫生体系在医疗卫生服务供给方面存在的供给布局不合理、碎片化等问题将会严重制约康养经济的发展。在康养经济体系下，未来应该完善治疗—康复—长期护理服务链，发展和加强康复、老年、长期护理、慢性病管理、临终

---

① 资料来源于《全国医疗卫生服务体系规划纲要（2015~2020 年）》。

关怀等接续性医疗机构,建立急慢分治的制度,提高公立医院医疗资源利用效率;促进养老机构与医疗机构双向合作,制定康复护理质量标准,加强康复护理人才培养,构建多层次的康复护理和养老体系,发展现代中医药产业,培育壮大集医疗、康复、保健、养生、养老等为一体的康养医疗产业。

(三) 中医药养生类

中医药以预防、保健、康复、休养等为主的养生理念符合当前人们对以健康为主题的旅游活动的需求,传统的针灸、推拿、拔罐、气功、药膳、药酒、温泉浴等都是以中医药为特色的医疗旅游的产品供应方向,是中国医疗旅游的特色。

2016年1月,国家旅游局和国家中医药管理联合下发《关于促进中医药健康旅游发展的指导意见》,文件将开发中医药健康旅游产品列为首要重点任务;提出要针对不同游客的需求,大力开发中医药观光旅游、中医药文化体验旅游、中医药养生体验旅游、中医药特色医疗旅游、中医药疗养康复旅游、中医药美容保健旅游、中医药会展节庆旅游、中医药购物旅游、传统医疗体育旅游及中医药科普教育等旅游产品。文件中对中医药康养旅游产品的分类较为细致,现有研究中对医疗旅游、中医药旅游产品的分类,存在基于消费者偏好的中医药康养旅游产品开发策略研究有一定的重复内容,并且划分标准不够明确、分类特点不够突出。

中医药康养产品体系如表6-1所示。

表6-1 中医药康养产品体系

类别	具体产品
一、养生保健类	1. 药膳 2. 药饮(酒、茶等) 3. 推拿按摩 4. 足疗 5. 养生功法 6. 芳香理疗 7. 养生音乐 8. 精神养生(佛医、禅修、辟谷等)

续表

类别	具体产品
二、医疗保健类	1. 针灸 2. 拔罐 3. 推拿按摩 4. 刮痧 5. 中医体检 6. 名医问诊 7. 治未病 8. 药浴 9. 中药熏蒸
三、美容保健类	1. 减肥瘦身 2. 美白润肤 3. 调理祛痘 4. 驻颜祛皱 5. 丰胸 6. 祛斑消痤、祛疣平瘢 7. 香口除臭 8. 乌发生发 9. 正骨整形（正骨术、徒手整形）
四、观光与文化体验类	1. 动植物景观观赏（中医药动植物标本、中草药园等） 2. 人文景观观赏（参观著名中医院、中医馆、中药店、博物馆、中医药大学等） 3. 中药制作加工流程参观体验 4. 药饮、药妆制作参观与体验 5. 中药材品质鉴定参观体验
五、购物旅游类	1. 道地药材与中药饮片 2. 中医医疗器械 3. 中医药图书音像制品 4. 中医药工艺品 5. 药妆 6. 狂药饮（茶、酒） 7. 生活用品（香囊、药枕、牙膏等）

续表

类别	具体产品
六、生态康养类	1. 温泉 SPA 2. 森林浴 3. 阳光浴 4. 沙疗 5. 盐疗 6. 海水浴
七、学术会展类	1. 中医药文化节 2. 中医药博览会 3. 举办学术会议、论坛 4. 中医药康养知识讲座
八、民族特色医药类	1. 藏医 2. 蒙医 3. 苗医 4. 维吾尔医 5. 傣医

资料来源：干永和. 基于消费者偏好的中医药康养旅游产品开发策略研究［D］. 北京中医药大学硕士研究生学位论文，2017.

随着康养经济的兴起，应该积极研发"治未病""健康享老"产品。积极研发"治未病"、改善亚健康和老年病、术后康复、病后康复以及生态养老、健康养老等系列多元化的生态康养产品与服务。研发提供中医体质辨识、亚健康调理、季节养生、候鸟式生态养老等系列产品服务。未来，中医药将会成为"治未病"、术后与病后康复、健康养护、健康享老等大健康与养老服务体系的重要组成部分。

(四) 食品餐饮类

随着"康养"概念的提出和康养经济的发展，人们对餐饮的关注度将会逐渐提高，对餐饮的偏好从口味转变为健康。因此"康养"观念的深入人心，康养餐饮将会是康养经济的重要组成部分。

发展康养餐饮即注重菜品的营养卫生，强调绿色、环保、节能，具体而言，康养经济关注以下三点：

（1）发展康养农业。在中国"民以食为天""病从口入"等观念深入人心，因此，要想发展康养经济必须延长、扩大产业链，将生态农业纳入其中，发展生态农业、融合康养服务产业，我们只有把握住无公害饮食这一关，控制好"病从口入"这一大康养理念，在生态农业的发展中去抓机会。这样，在康养饮食产品供给上创造良机、占领先机。

（2）采购环节强调绿色化。保证食品原料新鲜、绿色、健康，搭建共享平台让餐饮企业和蔬菜基地、家禽养殖户直接合作，实现"一站式"营销，把"绿色"直接端上餐桌。

（3）生产环节强调健康化。从业人员准入制，健康证等材料必须齐全；生产环节严格监督，对每一个流程进行监控，做好过程控制；监督部门菜品进行不定期抽查，对抽查不合格企业实行一票否决制，取缔其营业资格。

康养餐饮业的发展，不仅能够加大康养饮食的供给，为人类提供健康、养生的食物，还能够促进农业的发展，带动落后山区经济发展。落后山区工业经济发展受到交通、区位等的限制，但是其拥有得天独厚的自然环境、丰富的自然物产以及良好的生态环境，这将使其在康养经济中获得先天优势，互动生态康养与生态农业，让第一产业走出弱质产业竞争泥沼，让山区落后农业走出困境，开辟经济新天地。

当前，贵州省积极发展康养餐饮，利用当地特色，供给多样的绿色康养食品，有以竹为主的"国宝菜系"，以粗粮、野菜为主的"红军菜系"和以石斛、乌骨鸡、晒醋开胃汤为主的"康养菜系"。①

（五）自然资源类

本书结合康养旅游资源特征和《旅游资源分类、调查与评价》（GB/T 18972 - 2003），对其进行细分，如表 6 - 2 所示：

---

① 李思瑾. 供给中高端旅游产品打造高水平温泉省康养贵州 [J]. 当代贵州, 2017 (34).

表 6-2　康养旅游资源分类

资源分类	主类	亚类	基本类型
自然类	地文景观	综合自然旅游地	山岳、森林、草原、盆地、田园
	水域风光	泉	地热温泉、矿泉
		河口与海面	观光游憩海域、滨海养生区、海岛
		天然湖泊与池沼	观光游憩区、湖滨养生区
	气候环境	空气、阳光等	阳光康养社区、老年医院、抗衰老中心
人文类	人文活动	民间习俗	宗教养生、养生民宿、民间健身活动、传统养生文化、养生民居、中医药养生、地方旅游商品、民间艺术
		医疗康体	医疗保健、医疗康复和护理、医疗美容美体等

资料来源：周紫云. 生态康养旅游初探 [J]. 旅游纵览, 2017 (9).

随着人们生活水平不断提高，游客已从走马观花式的观光旅游阶段渐次过渡到休闲度假旅游阶段，游客更多地选择到气候舒适、物产富饶的地方或（和）文化底蕴更加浓郁的地方度假旅游。

康养旅游是以良好的物候条件为基础，是对自然条件要求更高的专项度假旅游活动，人们不再满足于纯粹的观光旅游，更加重视在旅游当中身心的放松及身体的调理，在旅游加养生的过程中，选择一个清新的地方住宿，避开环境污染严重的地方，以健康理疗、健身、营养膳食为手段，达到精神上放松、身体上健康、心情上愉悦的目的。当前，康养旅游作为一种新业态，是旅游业综合性、带动性的生动体现。

（六）文化休闲类

康养是人的生存需求，需要康养文化的支撑，并以文化康养产业来实现蜕变。如果寄望于在康养产业"温室"打造之后入住其中独享其乐，这是不切实际的幻想，也有违社会发展的现实。因此，康养经济的发展必须将康养和文化联系起来。中国文化资源丰富、文化底蕴深厚，为经济社会发展提供着源源不断的滋养。在中国的文化基因中，将"养生"与"养心"融为一体，以"养心"为本，是中国康养产业发展的文化前提。

在移动互联网时代,文化产业不断向其他行业和多个社会领域渗透,呈现出多业融合发展态势。康养产业属于新兴的现代服务业,除自身包含多种业态之外,还涉及众多领域,在其发展过程中需要面对并解决要素融合、产业融合、产城融合等诸多问题,这意味着康养产业发展不能单打独斗,需要通过与文化产业融合发展,催生新创意、新模式、新业态。

从提升产业附加值角度看,文化创意有助于推动康养产业的内涵式发展。一方面,康养产业可从国学文化、中医药文化、武术太极、饮食文化等挖掘文化资源;另一方面,文化产业也可以在旅游、演艺、体育、数字出版、艺术、广播影视、创意设计等行业中凸显康养理念。另外,科技创新有助于促进康养产业转型升级,大数据、云计算、物联网、人工智能等科技的应用,将进一步提升康养产业的附加值。

文化创意设计能够赋予康养产业更多文化内涵和趣味,从供给侧提升康养产业的品质,并且形成产业特色。注重文化性和体验性,有助于康养产业链条的延伸,创造品牌优势。

"文化+康养"产业特色小镇可以依托长寿文化,大力发展长寿经济,形成食疗养生、山林养生、气候养生为核心,以养生产品为辅助的健康餐饮、休闲娱乐、养生度假等功能集聚的健康养生养老体系;也可以依托医药文化发展医药产业,推动健康养生、休闲度假等产业发展的医养特色小镇;还可以原生态的生态环境为基础,以健康养生、休闲旅游为发展核心,重点发展养生养老、休闲旅游、生态种植等健康产业。

在日常文化活动中,要优化发展环境,将老年文化交流、老年体育比赛、广场舞竞赛等文化活动形成常态化。

(七)体育健康类

康养产业是一个新型产业,各旅游公司和休闲体育公司都在积极地探索休闲体育与康养产业的发展模式,旨在发挥休闲体育与旅游互动的最大效能。体育康养旅游同时兼顾旅游和养生,既是生态旅游的最高级形式之一,也是一种以养生为主题的休闲旅游形式,并实现了体育资源与养生旅游活动交叉渗透。

休闲体育与康养产业发展是指在深入分析休闲体育与康养旅游的共性和差异性的基础上,将休闲体育合理地纳入康养旅游过程,使两者相互融合,相互促进,共同发展,以达到愉悦身心,促进健康的一种新型旅游模式。这种新型模式有利于调整体育旅游产业结构,促进体育旅游产业的发展。

二、基于康养链的分析

康养经济涵盖范围广泛,包括不同的产业和行业,其中,部分康养产业关联度较高,存在密切的技术经济联系,并依据特定的逻辑关系和时空布局关系客观形成的链条式关联关系形态,这种形态被称为康养链。康养链主要是基于各个地区和行业间客观存在的差异,着眼发挥各自比较优势,借助市场协调地区和行业间专业化分工和多维性需求的矛盾,以产业合作作为实现形式和内容的康养经济发展合作载体。

本书认为,康养链应该包括基础层的养老护理、养老保险、老年医疗等;延伸层的老年消费、老年娱乐、老年精神慰藉、老年金融等;环境层的老年科学研究和养老观念(社会文化、舆论环境)等。本书依据每个环节康养点形式和康养效果的不同,将康养链细分为两条:①养老医疗—老年护理—老年娱乐。②养生—旅游—文化娱乐。

(一) 康养链一:养老医疗—老年护理—老年娱乐

医养结合的含义包括两个方面:一方面是指将医疗资源与养老资源进行有机结合,实现跨部门、跨专业的功能、服务、资源的整合,满足老年人养老中产生的医疗、护理、保健等需求,实现医疗资源与养老服务资源的高效利用。另一方面是指将为老年人提供的医疗服务与养老服务协调、连接起来,实现"医—养—护"一体化。

我国正处于老龄化加速时期,且居民人均寿命增加,导致老年人带病生存期延长,对养老和医疗的需求均十分旺盛。如果机构能同时提供养老和医疗服务,将有效满足居民的需求,并受到广泛欢迎。因此,未来在康养经济中探索"医养结合"的有效供给模式,成为未来的最佳选择。

医养结合模式并非单纯指医疗机构与养老机构的整合,而是医疗资源对养老的介入与融合。养老机构的医护人员提前介入老年人突发疾病治疗,可以避免情况恶化,高效利用医疗资源,实现由低端"托老托养"向中高端"医疗康复看护"养老服务的升级。

医养结合养老服务对象并非单指需要中长期专业医疗服务的生活不能自理的老年人,而应该是全体老年人;医养结合养老服务的内容也并非指在老年人已经失能或半失能之际提供医疗服务,而是提前介入,加强对老年人慢性病的预防,尤其要预防对老年人日常生活影响较大的慢性病,这远比疾病治疗更有意义,也能够更好地利用医疗资源。①

医养结合养老服务模式在实践中被界定为在养老机构内开设医疗机构、在医疗机构内开设养老机构、养老机构与医疗机构合作三种模式,如表6-3所示。

表6-3 "医养结合"养老服务三种模式与代表实例

类型	代表实例
模式一:养老机构开设医疗机构	北京市第一社会福利院开设福利医院 青岛福山老年公寓开设医疗中心
模式二:医疗机构开设养老机构	重庆医科大学附属一院内开设青杠老年护养中心 河北医科大学第二医院开设养老机构
模式三:养老机构与医疗机构合作	中南大学湘雅三医院与湖南康乃馨养老机构合作 北京康泰医院与颐乐之家敬老院合作

模式一是在养老机构开设医疗机构,这种模式以北京市第一社会福利院和青岛市福山老年公寓为代表。该模式的内部优势和外部机会在于以下几个方面:一是由养老机构自办医疗服务机构是解决住养老人医护需求最为直接的办法,老人在养老机构即可享受到便捷的医疗服务。二是养老机构自办医疗服务机构,便于"医""养"服务间的协调与管理,实现"医养一体化"经营。三是一定程度上缓解了医疗服务资源紧张的问题。老龄化的快速进程中,老年人带病生存期延长,对医护的需求旺盛,而且能否提供医疗服务成为大多数老人选择养老机构的首要标准。此外,国家部委发布的相关指导意见和规划,明确提出支持养老机构设置医疗机构,推进医护型养老机构的建设,这些有利因素激励着养老机构开设医疗机构。

---

① 赵晓芳. 健康老龄化背景下"医养结合"养老服务模式研究 [J]. 兰州学刊, 2014 (9).

模式二是在医疗机构内设养老机构,以重庆医科大学附属一院和河北医科大学第二医院为代表。该模式内部优势和外部机会在于,医疗机构了解人的老化过程和老人的医护需求,能够提供适老的医疗设施与医护服务,这不仅能够解决大型公立医院的"压床"现象,充分利用有限的资源,还能够为老人提供全方位的持续性医护服务。医疗机构内成立养老服务中心也改变了过去"医院只能看病不能养老"的状况,慢性病、康复期不能自理老人的医疗护理需求可在医院设置的养老服务中心得到满足,在医疗机构内部形成具备一定老年照护功能的养老服务综合体。对于部分医疗资源丰富的地区或存在资源闲置的医疗机构而言,实现了医疗服务资源的高效利用。医疗机构开展养老服务,在今后的发展中应着力于满足老年人的慢性病治疗、病后康复等持续性护理需要,医疗机构不能完全代行养老机构的功能。① 此外,国家部委发布的相关指导意见和规划明确提出,支持综合性医院开设老年病科,增加老年病床数量,推进医护型养老机构的建设,这些有利因素激励着医疗机构开设养老机构。

模式三是养老机构与医疗结构合作,以中南大学湘雅三院与湖南康乃馨养老机构合作以及北京康泰医院与颐乐之家敬老院合作为代表。该模式的内部优势和外部机会在于,养老机构能够借助医疗机构增强其医疗功能,双方合作的方式也较为灵活多样;国家相关部门也明确建立健全医疗机构与养老机构之间的业务协作机制,鼓励开通养老机构与医疗机构之间的预约就诊绿色通道,协同做好老年人的健康管理,这些有利因素激励养老机构与医疗机构开展合作。养老机构与医疗机构协议合作的优点主要体现在以下几个方面:一是无须新增医疗服务资源,提高了现有医疗、养老服务资源的利用效率。二是根据老年人身体健康情况、医疗与养老服务需求的变化,让老人在"医养联盟"内能享受到持续、协调的各项服务。三是协议合作的具体方式多样,运行成本较低,适用范围广泛。

人口老龄化趋势下,老年人健康服务模式期待从医院治疗模式向健康维护模式和医养结合模式转变。未来,在康养背景下要围绕社区医疗发展,建设一批老年人生活、医疗护理中心和肌体康复中心,实现医养结合,满足不需要住院治疗的老年人康复、护理需要。在这方面需要推进的工作包括以下几个方面:第一,

---

① 滕炜. 医养结合服务体系的重塑——以青羊区文家社区卫生服务中心为例 [D]. 西南财经大学硕士研究生学位论文, 2016.

推进有条件的养老院内设医务室、护理站和内设医务室纳入医保定点单位的工作。第二，推进基层医疗卫生机构和医务人员与老年人家庭建立签约服务关系，促进居家社区养老服务与医疗服务协调发展。第三，赋予社区医院更大比重的医养功能，发挥其贴近居民、贴近老年人群体的区位优势，适当增加养老服务基础设施，为老年人群体居家养老社区化开辟便捷通道。第四，将养老医疗护理与基本医疗保险制度衔接。服务于养老的医疗机构，可向当地人社部门申请。

（二）康养链二：养生—旅游—文化娱乐

每个人都渴望生活得健康、快乐、幸福，要实现这个目标，养生是主要的途径。虽然通过医疗卫生、娱乐活动、运动健身等可以实现健康、幸福生活，但是相较于康养旅游而言，这些都是次要及补救性的方式。当前人们更加注重养生，其中旅游是养生的一种重要方式。因此，人们对旅游的态度发生了改变，不再满足于纯粹的观光旅游，而是更加重视在旅游当中身心的放松及身体的调理，在旅游加养生的过程中，选择一个清新的地方住宿，避开环境污染严重的地方，以健康理疗、健身、营养膳食为手段，达到精神上放松、身体上健康、心情上愉悦的目的。这种康养和旅游相结合的新业态，被称为康养旅游。当前，康养旅游作为一种新业态，是旅游业综合性、带动性的生动体现。

国家旅游局2016年发布的《国家康养旅游示范基地标准》中，将康养旅游定义为通过养颜健体、营养膳食、修身养性、关爱环境等各种手段，使人在身体、心智和精神上都达到自然和谐的优良状态的各种旅游活动的总和。

国外康养旅游起源于健康旅游，即 Health Tourism，亦称 Health Travel。14 世纪初，温泉疗养地 SPA 的建立标志着健康旅游的形成，与其他形式的旅游相比，除了优美的风景，健康旅游还通过提升健康服务基础设施如酒店住宿条件、水上运动、高尔夫等吸引游客。20 世纪 90 年代中期，美国、墨西哥等地兴起养生游，在健康旅游的基础上增加了医疗护理，更加注重对游客的感情、心理疏导。亚洲国家中，泰国养生旅游发展先于、优于其他国家。我国的康养旅游起步晚，处于初级发展阶段，我国康养旅游发展实践先于理论。攀枝花率先提出建"中国阳光康养旅游城"，喊出"孝敬爸妈，请带到攀枝花"等耳熟能详的口号，并于2012年编制了《中国阳光康养旅游城市发展规划（2012～2020）》。随后，我国其他地区康养旅游也迅速发展。国内对康养旅游的研究较少，2016年1月，国家旅游局发布《国家康养旅游示范基地标准》指出，康养旅游是通过养颜健体、营养膳食、修身养性、关爱环境等各种手段，使人在身体、心智和精神上都达到自然和谐的优良状态的各种旅游活动的综合。

任宣羽在结合前人对康养旅游的研究及攀枝花康养旅游的实际发展的基础上认为，康养旅游是建立在良好的物候基础之上，以旅游的形式促进游客身心健康、增强游客快乐、达到幸福为目的的专项度假旅游。我国康养旅游发展虽然起步晚，但我国拥有丰富的适合发展康养旅游的资源、大量的客源市场，应积极推动康养旅游健康快速发展。

1. 康养旅游的分类

追求健康、舒适、快乐是养生的基本出发点和目标，决定健康和快乐感受的因素很多，主要包括环境、设施、产品和项目内容、服务及组织管理等。其中，除了环境是天然的、人为干预效果有限之外，其他都是可以人为干预决定的。因此，环境是康养旅游目的地选择和建设的第一资源。从内涵看，环境首先是自然生态和气候，包括舒适的环境温湿度、清新的空气、清洁甘甜和有利于健康的饮用水及地表水和地下水，优美的景观——有温泉、冰雪、湖泊、溪流、海水、沙滩、森林、草原、山峰、运动项目等可资利用、有利健康的资源也很重要；其次是人文社会环境，包括居民的好客、友善、亲近程度以及卫生习惯和文明礼貌，生活节奏舒缓，生活和生产劳动方式科学健康且有趣，民族、民俗、民间文化有内涵，可表现且能参与、体验、感受，有历史文化底蕴更好。

康养旅游可以分为森林康养旅游、山地运动康体旅游、田园养生旅游、温泉康养旅游、阳光康养旅游、滨海养生旅游、中医药健康旅游、宗教养生旅游、医疗健康旅游九类。按康养功能不同，分为生态养生康养旅游、运动休闲康养旅游、休闲度假康养旅游、医疗保健康养旅游、文化养生康养旅游四类。根据游客需求，生态康养旅游产品分为康体型、康疗型、康养型三种类型的旅游产品，其中，康体型旅游产品包括运动健身旅游产品，如武术强身旅游产品、民族传统体育旅游产品，康疗型旅游产品分为中医药康养旅游产品、温泉疗养旅游产品、医学美容旅游产品。康养型旅游产品包括阳光康养旅游产品、乡村康养旅游产品、森林康养旅游产品、文化康养旅游产品四类品。根据主题分类不同，又可将其分为森林康养类主题产品、中医药康养主题产品、温泉康养类主题产品、运动康养类主题产品、田园康养类主题产品、文化康养类主题产品。

2. 康养旅游的特点

第一，环境是康养旅游的决定因素。追求健康、养生、舒适、快乐是养生的基本出发点和目标，决定健康和快乐感受的因素很多，主要包括环境、设施、产品和项目内容、服务及组织管理等。其中，除了环境是天然的、人为干预效果有限之外，其他都是可以人为干预决定的。因此，环境是康养旅游目的地选择和建设的第一资源。

第二，高度重视产品和服务的质量及性价比。除了环境之外，对健康、快乐、幸福影响最大、最直接的因素，就是养生时所消费的各种产品和服务，主要包括餐饮、住宿、休闲旅游活动项目及其所使用的产品、原材料及其配置的时空结构，养生旅游的项目选择、组织计划安排，各个环节和方面的服务，设施设备的科学合理和完备、人性化，还有其科学、文化内涵的挖掘、展示、阐释。在质量水准相同的前提下，养生产品和服务是否物有所值甚至物超所值，是养生旅游目的地最大的竞争优势，这是由价值决定价格和等价交换这一市场经济基本定律所决定的。具体分析，对于养生度假旅游来说，其消费结构大致包括往返居住地和目的地的交通、目的地居住生活基本消费、养生旅游过程中选择性和延伸性消费三个部分。其中，往返居住地和目的地的交通只有档次和方式的选择，目的地基本生活消费也是由产品和服务档次水准决定的，延伸性、选择性消费则由自己的偏好、意愿和能力决定，后二者消费者的选择弹性较大，而交通的选择弹性相对较小。交通还直接影响时间成本和舒适性、便捷性——可称为心理成本，这些对养生度假旅游来说都非常重要，由此决定了区位和交通是养生旅游目的地最重要的制约因素。

第三，康养旅游不同于观光旅游的一个重要特点在于：在一地居住时间长和重复消费比例高。观光旅游多为一次性消费，追求的是新、奇、特，主要吸引力是旅游目的地的景观和项目的奇特性，对产品、项目、服务的质量和设施配套、组织接待科学性等方面的关注退居次要地位。由于是一次性消费，目的地在后一方面的不足往往对吸引力、竞争力和形象、声誉的影响相对有限——"去不去都后悔三年"的旅游项目、产品、目的地能够存在就是如此。专项旅游基本如此，只是其核心吸引力主要来自消费者所关注的项目和活动自身，例如观鸟，摄影爱好者能够冒着炎热、寒冷、沼泽湿地蚊虫叮咬、黎明黄昏甚至深夜黑灯瞎火和起五更爬半夜而乐此不疲；沙漠丛林穿越、热气球飘飞、攀岩、漂流、登山、汽车摩托车拉力赛爱好者不顾生命危险而执着前行。养生旅游因为是以健康、快乐、幸福——包括家人、亲友的幸福——为主要目的，又是在一个目的地居住生活比较长的时间，且会定期不定期地前往度假养生，因此，对设施、项目、产品、服务等就既会有动机又将有条件去慢慢品味、细细琢磨、评头论足。目的地及其项目、方式的选择、规划设计、开发建设、设施配套、生产经营、接待服务、组织管理等各环节、各方面,就必须经得起消费者的比较、琢磨、品评。因此,产品和服务是养生旅游目的地经营发展的制胜法宝。

综上所述,对于康养旅游目的地选择、建设和发展来说,环境是第一位的资源,区位和交通是最重要的制约因素,设施、产品和服务是制胜法宝。

目前,贵州正依托温泉资源为主体,结合周边旅游资源的特色培育一大批具有差异化的"康养+"的休闲度假区,打造集文化传承、遗产保护、休闲度假、服务支持、产业发展为一体的康养旅游度假综合体。依托森林公园、湿地公园、地质公园、国家公园、自然保护区、风景名胜区、国有林场、其他国有或集体林区、农林业产业基地、中药材生产基地等各类优良环境,建立并提供类型丰富多样的生态康养场所。到 2022 年,建立森林康养、阳光康养、温泉疗养、中医养生等各类生态康养基地药 250 个,森林自然教育基地 100 个。围绕地热资源,开发石阡温泉健康养生城、溪口生态温泉自然村、石阡温泉疗养康复医院建设等项目,还利用温泉水养殖繁育热带鱼,利用地温渗种催芽种植无公害水果、蔬菜等。

三、基于康养面的分析

康养经济的发展是需要不同产业及行业协调合作的,目前我国的康养事业发展在面对发展前景广阔的机遇面前,不仅需要综合考虑养老产品、设施及服务,还要充分考虑中国家庭的特点,把养老问题科学合理地解决。我国要借鉴其他发达国家发展康养事业的优良经验,把中国的特色融合进去,把医疗、医药健康、文化养生等与旅游结合。从多方面下手,建设综合性康养旅游胜地,并完善相关的配套设施,实现康养事业的稳定快速发展,带动其他相关经济的发展,为我国经济的发展提供动力。

另外,从全景产业链角度看,康养产业可容纳数十个行业,吸纳数以万计的就业人口。产业链上游主要从事研发生产,涵盖生物、医药、营养、保健、食品等行业;产业链中游主要从事服务消费,涵盖健康、养老、医疗、旅游、体育、农业等行业；产业链下游主要从事衍生体验，涵盖文化、艺术、科技、创意等行业。

康养链与产业链有机结合形成了康养经济的康养面（见图6-2和图6-3）。

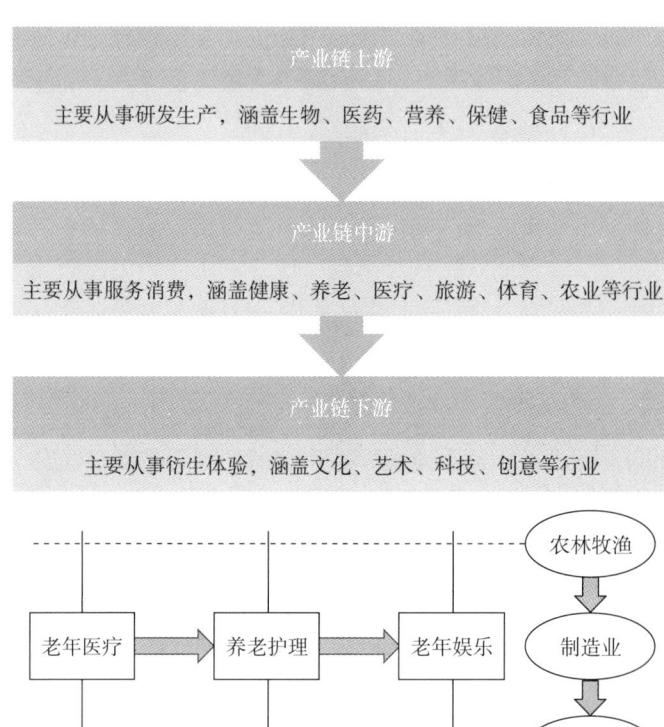

图6-2 康养面一

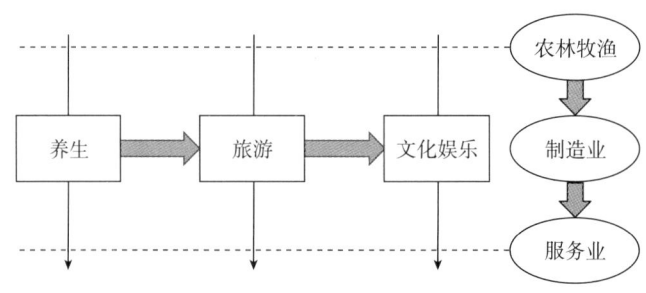

图6-3 康养面二

四、基于康养体的分析

康养经济是一个完整的整体,是不同的康养面相互结合形成的整体,其实质是不同产业相互发展、相互促进,共同致力于实现人类健康长寿、身心愉悦的一个康养体。康养经济的发展,需要康养产业集聚发展,鼓励康养关联企业以市场为导向组建生态康养产业联盟,促进康养产业链、供应链和服务链的全链化整合、网络化发展、系统化集成、智慧化互动。科学规划,循序推进,支持培育一批特色突出、体系完整、协作紧密、功能多元、集现代农林医养休闲等要素为一体的康养经济体、产业集群。

(一)康养经济是第一产业、第二产业、第三产业的联合体

随着生态农业产业的发展,必然推动以生态农业为基础的无公害产品加工业的繁荣与生态康养、旅游服务业的进一步发展,形成第一产业、第二产业、第三产业互动深化的良性循环。

(二)康养经济是旅游、医疗、养老、健康、文化和体育等产业的结合体

一个完整的康养经济体覆盖面广,产业链长。为此,在康养经济发展过程中必须注重康养产业的产业链延伸和市场扩展,逐步实现第一产业、第二产业、第三产业的有效互动,旅游、医疗、养老、健康、文化和体育等产业的有机融合。

五、康养经济供给侧的建议

目前,我国亚健康状态人群已超过全国总人口数70%,预计到2020年,我国65岁以上老年人口将占总人口数的13%左右。面对庞大的市场需求和产业广阔的发展空间,养生产业亟须合理整合资源,规范市场发展。未来康养经济供给侧的改革,应侧重以下方面:

（1）首先，在供给产品上创新，立足于自身优势，打造独具特色的康养产品，满足公众多样化的需求。其次，在服务模式上也需要创新，拉长或延伸产业链，旨在为公众提供"一站式"康养产品，满足公众多层次的需求。最后，发展康养经济，在借鉴国外经验的同时，要考虑中国的文化，特别是中国的中医药理念。

（2）大力提升供给水平和服务质量。庞大的服务体系是康养经济发展的依托，因此，管理水平和服务质量直接影响游客的总体满意度。首先要提升管理水平。在硬件建设适度超前的基础上，应进一步强化软件水平，深化管理制度改革，建立科学、合理的管理体制和组织制度。要进一步加大对同类康养产品和服务的研究和学习，注重引进和培养专业人才，优化人才配置，提升从业人员素质和景区综合管理水平，促进景区管理的现代化和智能化。其次要提高综合服务质量。目前，不少养生旅游地远离大城市，经济欠发达，当地康养服务提供者以当地居民为主。所以，当地政府和旅游经营者应将旅游开发与当地经济发展相结合，重视培养和提高工作人员的素质，加大对从业人员的培训力度，提升旅游服务意识，增强他们的专业技能。同时，加强市场主体监管力度，提高顾客投诉的处理效率，快速、及时地处理游客所反映的问题。政府和业界应设立便捷投诉平台，拓展意见反馈渠道，注重提高投诉处理效率。

第七章 康养综合体

康养经济既是一个抽象的经济学概念，也是经济发展的一种具体形式，暗含了该经济的主要特征。康养经济的发展必须依托一定的经济主体、经济关系和市场，我们称为康养综合体。康养综合体集第一产业、第二产业、第三产业，融医疗、养老、健康、旅游、文化和体育等行业为一体。目前，康养经济的发展处于起步阶段，康养综合体的主要形式是康养特色小镇。

一、康养特色小镇

康养综合体是适应新时代、新需求要求，康养经济与科技、农业、新型城镇化等融合创新形成的新产业、新业态、新模式。当前康养综合体的发展刚刚兴起，尚未形成比较成熟的康养综合体范式。2014年发布的《国家新型城镇化规划（2014~2020年）》在"重点发展小城镇"一节中提出要通过规划引导、市场运作，将具有特色资源、区位优势的小城镇，培育成为文化旅游、商贸物流、资源加工、交通枢纽等专业特色镇。从此康养特色小镇成为康养经济的理想载体，成为康养综合体的具体实践形式。康养特色小镇目前尚未形成统一的概念。我们认为，康养特色小镇是指以"健康"为小镇开发的出发点和归宿，以一种资源为特色，以健康产业为核心，将健康、养生、养老、休闲、旅游等多元化功能融为一体，形成的生态环境较好的、多业态融合的特色小镇。

二、康养特色小镇的特征

（一）生态环境优美，资源特色鲜明

并非所有城市都适合大规模建设康养小镇，康养小镇与生态环境密不可分。康养特色小镇应该拥有生态环境、医药产业资源、温泉资源、宗教文化资源等的一种或几种，来满足人们个性化的需求。

（二）以健康产业为主

康养特色小镇，顾名思义应以康养作为小镇的特色，即应以康养经济作为经济发展的主要支柱，以健康产业作为核心产业。

当然，以健康为核心产业，并不是否认其他产业的作用。

（三）特色鲜明

康养特色小镇虽然旨在满足人们多样化的康养需求，但是任何一个项目地的资源、环境、文化等优势不同，不可能满足人们所有的康养需求。因此，未来应以打造一个特色鲜明的康养产业为突破口，提升自己的影响力，进而努力挖掘其他康养产品，形成特色鲜明、全面均衡的康养综合体。

（四）多功能融合

康养特色小镇虽然要立足当地特色，但是，特色的存在并不意味着其他功能的缺失。医疗产业、养老产业、旅游产业、房地产等多业态融为一体，既相对独立，又相互融合。我们以"康养小镇"将其关联起来，本质来看，就是一个新兴的健康旅游综合体，等同于目前城市中心的商业综合体。其核心服务产品，就是健康、旅游、度假、休闲的旅游产品，我们可以在出售度假、休闲产品的载体的同时，提供超值的健康旅游服务。因此，康养特色小镇应在发挥当地优势的同时，挖掘当地优势或导入其他可塑性康养产业，例如，某项目地旅游资源丰富，适合开发为度假型康养产业，但是可以在保证度假功能发挥的同时，加大对医疗产业的投入，以中医、西医、营养学、心理学等理论知识为指导，结合人体生理行为特征进行以药物康复、药物治疗为主要手段，配合一定的休闲活动进行的康复养生旅游产品。因为相比较而言，医疗产业对项目地的客观环境约束较低，可以通过后期的资金、人力投入，在短期内实现提升。

康养特色小镇是不同产业和不同行业的综合体，因此应努力实现健康养生、医疗护理、休闲度假、运动娱乐等多种功能。

（五）形成相对独立的综合体

健康的实现，需要"衣、食、住、行、教、医、娱、寿"等多方位的通力配合，而康养社会与传统社会在对健康的要求及其观念方面存在差别，因此，康养特色小镇应该在"衣、食、住、行、教、医、娱、寿"等方面形成自己的产业体系。

（六）以人为本

康养特色小镇的功能随着居民对健康追求而动态调整，但是康养特色小镇始终坚持"以人为本"的基本原则，旨在满足人民的各种健康需求。

三、康养特色小镇的模式

（一）医疗康复型

医疗康复型小镇是依托医药产业、医药文化发展康养产业，推动健康养生、休闲度假等产业发展的医养特色小镇。其产品的构成主要是以中医、西医、营养学、心理学等理论知识为指导，结合人体生理行为特征进行的以药物康复、药物治疗为主要手段，配合一定的休闲活动进行的康复养生旅游产品，包括康体检查类产品。它是医疗旅游开发中的重要内容之一。

案例：大泗镇中药养生小镇

项目介绍：小镇位于江苏大泗镇的中药科技园，占地1240亩，总投资4亿元,该园以中药材种植为中心,是产、学、研相结合的示范性中药科技园。小镇以中药科技园为核心,打造"1+3+X"的发展体系,1为中药科技园,3指休闲娱乐、中药养生、医疗器械产业三大健康产业,X为舞台文化、养老、生态农业等多个配套产业,打造中药文化、养生文化、旅游文化的平台。

项目特色:原生态环境和高质量老年客户基础,建设颐乐学院和雅达国际康复医院为核心配套,形成居医养的特色养老体系。

(二)养老小镇型

有一定的环境资源,同时拥有一定经济实力的老年群体,将医疗、气候、生态、康复、休闲等多种元素融入养老产业,发展康复疗养、旅居养老、休闲度假型"候鸟"养老、老年体育、老年教育、老年文化活动等业态。项目重点建设诊疗中心、康复中心、美容中心、健康养老科研中心、高端养老社区、老年国学院、老年活动中心、夕阳红创业园等项目,引进国内外知名的医养运营机构,并借助互联网、大数据、云计算等技术手段,打造一流的集养老居住、养老配套、养老服务为一体的生态型、智慧型医养融合示范基地。项目将带动护理、餐饮、医药、老年用品、金融、旅游、教育等多产业的共同发展。

案例:绿城乌镇雅园

项目介绍:项目位于浙江乌镇,依托原生态自然环境,为高质量的老年人群体建设有养生度假酒店、医疗公园、国际养老护理中心、颐乐学院、养老居住等功能板块,打造的集健康医疗、养生养老、休闲度假为一体的特色养老小镇。

项目特色:原生态环境和高质量老年客户基础,建设颐乐学院和雅达国际康复医院为核心配套,形成居、医、养的特色养老体系。

(三)温泉养生型

依托温泉这一独特的核心资源,发展"温泉+"特色产业,如"温泉+养生""温泉+会议""温泉+运动"等,形成健康、养生、休闲娱乐等温泉养生特色小镇。

案例：灰汤温泉小镇

项目介绍：小镇位于湖南宁乡灰汤镇，总面积为48000平方米，泉水水温高达89.5℃，是中国三大著名高温复合温泉之一，已有2000多年的历史，温泉区占地8000平方米，温泉水量丰富。现结合温泉发展"温泉+X"产业，现已开发建设有温泉酒店、温泉游泳馆、高尔夫练习场等各种休闲建设设施、疗养体检中心等，是集温泉养生、运动休闲、会议培训、健康体检于一体的温泉小镇。

项目特色：天然温泉资源是项目核心亮点，同时以温泉为基础，发展"温泉+酒店""温泉+会议""温泉+运动"等特色产业。

（四）长寿养生型

依托长寿文化，大力发展长寿经济，形成食疗养生、山林养生、气候养生等为核心，以养生产品为辅助的健康餐饮、休闲娱乐、养生度假等功能的健康养生养老体系。

案例：浙南健康小镇

项目介绍：小镇位于龙泉市兰巨乡，背靠国家级自然保护区龙泉山，是长寿龙泉第一乡，是好山、好水、好空气的齐聚地，同时，食药材资源极其丰富，是健康食养、药养绝佳的福地。利用其得天独厚的生态条件和长寿特色，发展农业观光、健康餐饮、休闲娱乐、养生度假等多功能的健康长寿小镇。

项目特色：挖掘长寿文化，从食养、药养、水养、文养、气养五方面发展长寿经济。

（五）生态养生型

以原生态的生态环境为基础，以健康养生、休闲旅游为发展核心，重点建设养生养老、休闲旅游、生态种植等健康产业，一般分布在生态休闲旅游景区或者自然生态环境较好的区域。即依托项目地良好的气候及生态环境，构建生态体验、度假养生、温泉水疗养生、森林养生、高山避暑养生、海岛避寒养生、湖泊养生、矿物质养生、田园养生等养生业态，打造休闲农庄、养生度假区、养生谷、温泉度假区、生态酒店/民宿等产品，形成生态养生健康小镇产业体系。

案例：平水养生小镇

项目介绍：小镇位于浙江平水镇，境内青山叠翠、千岩竞秀，生态环境迷人，文化底蕴深厚，以建设"养生特色小镇"为发展目标。积极培育和引导养生养老产业项目，吸引了国际度假村项目、中药养生会所项目、仙人谷养生养老项目等先后落户小镇，为小镇健康养生养老、休闲旅游提供了条件。

项目特色：依托原生态的自然环境发展健康养生、休闲旅游等生态养生产业。

（六）旅游度假型

居住养生是以健康养生为理念，以度假地产开发为主导而形成的一种健康养生方式。这种养生居住社区向人们提供的不仅仅是居住空间，更重要的是一种健康生活方式。除建筑生态、环境良好、食品健康等特点外，它还提供全方位的康疗及养生设施和服务，并为人们提供冥想、静思的空间与环境，达到在恬静的气氛中修身养性的目的。

首先，围绕山水度假、民俗文化、渔家风情、休闲运动，建设康养社区、星级酒店、度假别墅群、房车露营地、游艇俱乐部、通用航空港等设施齐全的休闲度假区。其次，可以发展旅游地产、综合服务、商务会展等产业，建设旅游集散服务中心、国际会议中心、文化博物馆、歌剧院，配套建设酒吧美食步行街区、星级酒店、滨湖度假社区，推出特色文艺演出等，形成基础设施完善、配套功能齐全，集养生度假、商务会展、休闲娱乐为一体的旅游度假综合体。

（七）中医药膳型

药食同源是东方食养的一大特色。因此，美食养生可以说是健康旅游中至关重要的一项内容。健康食品的开发，可以与休闲农业相结合，通过发展绿色种植业、生态养殖业，开发适宜于特定人群、具有特定保健功能的生态健康食品，同时结合生态观光、农事体验、食品加工体验、餐饮制作体验等活动，推动健康食品产业链的综合发展。

（八）文化养生型

深度挖掘项目地独有的宗教、民俗、历史文化，结合市场需求及现代生活方式，运用创意化的手段，打造利于养心的精神层面的旅游产品，使游客在获得文化体验的同时，能够修身养性、回归本心、陶冶情操。例如，依托道教、佛教等宗教文化资源，打造集宗教文化养生体验、养生教育、休闲度假、养老等于一体的综合度假区，或依托中国传统文化，打造国学体验基地等。该类型一般多分布在旅游景区或景区周边，有悠久的历史和古老的文化基础。

案例：武当山太极湖

项目介绍：武当山太极湖生态文化旅游区由太极湖新区和太极湖旅游区组成，太极湖新区重点发展旅游发展中心、武当国际武术交流中心、太极湖医院、太极湖学校和高档居住区等项目。

太极湖旅游区包括旅游度假板块、水上游览板块和户外休闲板块，重点建设太极小镇、武当山功夫城、老子学院、山地运功公园、武当国际会议中心等项目，是集旅游观光、休闲娱乐、养生养老、度假于一体的综合度假区。

项目特点：依托武当山的道教文化和良好的生态环境发展养生养老、健康度假产业。

（九）体育文化型

依托山地、峡谷、水体等地形、地貌及资源，发展山地运动、水上运动、户外拓展、户外露营、户外体育运动、定向运动、养生运动、极限运动、传统体育运动、徒步旅行、探险等户外康体养生产品，推动体育、旅游、度假、健身、赛事等业态的深度融合发展。

四、康养特色小镇的开发思路

康养特色小镇的开发应该以整体生态品质为基础，以当地优势为特色，以医养结合为核心,以康养产业为支撑,形成一个集医疗康复、养老养生、休闲娱乐等康养产业链要素为一体,宜居、宜养、宜游、宜业的智慧康养特色小镇。

(一)发挥资源优势,打造特色康养

康养特色小镇必须以特色作为立足之本,以特色作为开发主线,以特色作为竞争利器。上海同济城市规划设计研究院规划五所副总工程师罗贤吉认为,康养小镇要寻求差异化竞争,避免一哄而上。建设康养小镇要争取区域唯一,在某个环节做到专一。

适宜创建发展康养特色小镇的地区,一般应有良好的生态环境和气候条件,这是实现健康生活的一个重要基础条件。在这个基础条件上,根据当地不同资源,结合市场需求特点,可以发展融合不同产业体系的康养小镇。如景区或景区周边有宗教文化基础,适合作为宗教文化型康养小镇开发;有长寿文化基础,倡导食养、药养等健康养生,适合作为长寿文化康养小镇开发;有温泉这一核心资源,适合作为温泉型康养小镇开发。同时,可依托项目地良好的气候及生态环境,构建生态体验、度假养生、温泉水疗养生、森林养生、高山避暑养生、海岛避寒养生、湖泊养生、矿物质养生、田园养生等养生业态,打造休闲农庄、养生度假区、养生谷、温泉度假区、生态酒店或民宿等产品,形成生态养生康养小镇产业体系。

对于无明显特色资源的小镇,要进入康养小镇开发,必须进行特色植入。这类型一般仅适合长寿文化型、生态养生型、医养结合型或养老小镇型开发。例如,生态养生型要求小镇有较好的环境基础,后期要改善和维护小镇的生态环境,同时,培育和引导养生养老产业进驻,发展养生产业,进行生态养生型开发;医养结合型需导入医药产业,形成医药种植产业链或形成医药产业园等。

(二)功能明确

康养小镇不同于一般的小镇,它的功能性更强。以体育产业为例,依托山地、峡谷、水体等地形、地貌及资源,发展山地运动、水上运动、户外拓展、户外露营、户外体育运动、定向运动、养生运动、极限运动、传统体育运动、徒步旅行、探险等户外康体养生产品,推动体育、旅游、度假、健身、赛事等业态的深度融合发展。

(三) 以特色康养为依托，以医养结合为突破口

特色康养是康养项目的亮点，应努力将当地特色与居民的多样化康养需求相契合，开发为项目的"卖点"，成为康养小镇的一张亮丽名片。但是，无论康养小镇定位如何，其医疗的核心功能不能动摇。当前我国居民生活水平不断提升，生活品质的追求不断提高，但是当前人们的第一需求还是治病康复和养老，有了健康才能提升生活质量。因此，应首先发挥中医药在治疗慢性病及预防功能方面的优势，为人们提出有针对性的治疗方案。借鉴国外做法，在充分发挥本地特色康养优势的同时，通过逐步推广医养结合服务模式作为当前发展的突破。建议出台扶持政策，鼓励和扶持医养结合的护理型养老机构建设。健全健康保险体系，发展护理保险，鼓励医疗机构和养老机构加强合作。将养老机构所设医疗部门提供的医疗服务纳入医保范围，同时，鼓励有条件的医疗机构采取远程医疗、委托管理、健康管理咨询等多种形式，提高对失能、失智老年人的服务能力，提供多样化医疗、慢性病管理和健康管理服务，有力推动建立医养结合体系。如果将项目特色作为项目的"卖点"，那么医养服务就是项目的质量。任何项目的卖点会吸引人们的关注和体验，而项目的质量决定了人们的评价和未来人们是否再次体验的决策。

(四) 强化健康主题，进行多元化开发

作为新兴业态的康养产业，需要跨界融合，既需要通过专业的健康养生服务产品，也需要提供专业的旅游服务和基本生活服务产品。小镇确定开发类型，就必须强化健康养生养老主题，进行多元化开发。以健康养生、休闲养老度假等健康产业为核心，进行休闲农业、医疗服务、休闲娱乐、养生度假等多功能开发，进行产业延伸。例如，实施一个中草药观光产业园，可以利用当地丰富的中草药资源的优势，带动中草药开发的优势地区种植万亩中草药种植园，进而带动中草药种植、观赏、加工等产业发展。

当前旅游服务产品，有相对的市场基础，只是随着时代发展，旅游服务产品也已经到了升级换代的关键点；在旅游目的地的不同服务空间里为游客通过健康服务产品，是一种完全创新的服务，前无古人后无来者，这就需要我们根据健康服务产品的共性，创新性设计游客满意的、可持续的服务产品来满足游客需要。先期将健康服务产品分为八类，在未来运营时，我们需要提纲挈领，用一种形式

将多产品统一起来。

1. 基本医疗类服务项目

依托当地资源优势为客户提供基本医疗及专科医疗方面服务,可以为游客提供定制基础医疗以及预约特需医疗服务。依托医院国际部,可以为客户提供国内外医疗健康远程医疗及转诊服务。

2. 中医药民族医药治疗类服务项目

充分挖掘中医药针灸、推拿等中医适宜技术精华,通过精心设计包装,开发旅游人士适合的特色疗法,对高端人士常见疾病如颈肩腰腿痛、三高等慢性疾病进行短期旅游有效治疗,快速缓解疼痛,消除疲劳,达到疗养康复效果。

3. 健康管理类项目

利用健康管理中心(治未病中心)优势,为国内外游客提供健康咨询、健康体检、健康评估等中医药民族医药特色体检项目,在旅游休闲中,了解身体状况,进行全面康复疗养。通过"互联网+中医药健康旅游"平台,联合全国中医院和中医医生集团,为游客提供基于移动互联网的全生命周期健康管理服务及私人医生服务,让游客定期或不定期来红枫谷进行疗养,与红枫谷康养中心形成黏性。

4. 养生保健类项目

我们将大力开发传统养生保健项目,可以引进我国的一些非物质文化遗产保健养生类特色项目,如太极拳、太乙拳、药膳、气功、八段锦等有特色、大众容易接受的传统强身健体项目,根据游客特点,开展一对多的体验服务、升级服务,加入旅游娱乐元素,让游客在旅游中学习,愉快轻松掌握养生保健方法。

5. 旅游疗养类项目

我们可以联合重点特色旅游景点,充分利用当地自然环境、中草药民族医药基地等旅游特色,结合中医药民族医药特点,针对性地开发疗养康复类服务项目,让游客在旅游中体验疗养康复服务。参照北京中医药健康旅游线路设计,将项目打造成为中医药健康旅游服务中心、"全域康养"服务集散中心,然后连接周边知名景点,在政府和行业主导下,开发中医药健康养生旅游线路,快速结构性实现为项目导流。

6. 健康体验项目

在旅游中,学习中医药民族医药传统文化知识,了解中医药民族医药文化历史,亲自参与中医药民族医药传统经典制作过程,甚至可以带走自己制作的中医药民族医药养生膏方、配方药膳等产品，让旅游变得更具传统医药文化意义。

7. 健康养生产品

联合如北京同仁堂集团、山西广誉远国药、广州敬修堂、广州潘高寿药业等特色正规中医药民族医药保健产品进行展示，建立全国中医药民族医药产品特色展示区，融入中医药民族医药文化，让游客在旅游中选择购买合适的中医药民族医药产品。也可以根据民族医药特色，联合相关机构开发系列具有地方特色的保健养生产品。

（五）多要素融合，优化项目软环境

康养特色小镇作为一个康养综合体，在满足人们养老、养生等需求的同时，还应满足人们在"吃、住、行、游、购、娱"等基本需求。那么，在康养经济的情形下，在满足人们"养"的前提，还应加入"吃、住、行、游、购、娱、闲"等元素，同时需要在康养的视角下对"吃、住、行、游、购、娱、养、闲"这些元素进行新的理解（以中医药文化型康养特色小镇为例）。

（1）吃。引进特色餐饮企业，建设具有当地特色的养生餐饮一条街，由医疗、养生机构提供养生药膳支持，在中医民族医药理论指导下，制作成具有养生保健效能的菜品，满足游客刚需。

（2）住。建立具有中医民族医特色的养生度假酒店、康复医院、养生别墅、养生公寓，满足不同游客住的需求，系统开发养生项目，将当地养生项目融入"住"的过程中，为休闲度假游客提供独特住宿服务。

（3）行。为方便游客来到康养小镇，可开通养生健康旅游公交车，来往于康养小镇和附近交通枢纽，引导更多的游客落脚康养小镇。同时，为方便顾客在小镇内的出行，可以设立游客服务中心，建立小型自驾游服务中心、健康旅游服务中心等。为方便顾客亲近自然，可以考虑推出各种自驾游、自由行、骑行等路线，并提供各种服务和保障。

（4）游。通过建立博物馆、文化馆等，展示当地特色文化；通过设立体验项目，让游客亲身体验当地文化的特色魅力。同时发挥当地优势，普及康养及中医药知识。例如，以中药、民族药植物为核心，建立观赏、科普、实用的中药民族药博览园总部基地，人们在观赏的同时，进一步了解中药民族药植物的特点、中医药民族医药的文化，满足游客游览体验的基本需求。

（5）购。在满足一般旅行的各种购物需求外，还应该以当地特色产品（如中医药品、文化产品等）为基础，通过系统养生保健产品开发，为游客提供中药民族药材、中药民族药保健品、药膳汤料等各类旅游保健养生商品，也可引进国内知名中医药品牌进入，建立特色民族医药保健品一条街。

（6）娱。建立以健康养生为主题的演讲中心，寓教于乐，以创新演艺形式，线上线下，邀请包括国医大师、医学院士、医学科学家、非物质文化遗产传人在内的专家学者，定期开展全国名医养生讲座服务。也可与互联网平台对接，实现网上直播。

（7）养。在康养中心建立医疗、保健、体检、健康管理、养生等系统养生服务体系，为游客提供特色疾病治疗、慢病康复、旅居养老、月子中心、不孕不育中心、疗养中心、养生中心、国际医疗中心等服务，提供线上线下"全域康养"服务。

（8）闲。康养特色小镇本身就是一个养生度假休闲之地，游客可以享受各种特色养生服务，也可以此为中心，在休闲的同时，开展周边康养小镇的养生健康旅游，实现小镇间"互联互通"和信息服务共享。

（六）小镇整体的运营管理

立足于小镇自身的特点，以市场化开发为主导，确定项目的开发主体、开发模式、招商及运营模式等，形成系统化的运营管理流程，推进健康产业链的高效发展，实现小镇的经济效益增长。

（七）发展康养小镇需要关注几个问题

（1）康养产业涉及方方面面，前期投入很大，发展成熟需要很多年，需要保持政策的连续性。但追求经济发展速度，对于投入大、见效慢的产业重视不足的做法时有发生，这将严重阻碍康养产业的发展，亟须改变。

（2）发展康养小镇鼓励老年人异地养老，但对很多老年人与子女来说，异地养老的观念并不被接受。让老人到气候适宜、生活条件优越的地方去养老也是"孝"的体现。

（3）要加大政策扶持力度，吸引社会资本参与。国家出台了一系列政策鼓励康养产业和特色小镇发展，各地应该积极做好配套，合力促进康养小镇发展。

（4）要培养专业人才队伍。当前康养产业急需的专业人才匮乏，直接制约了康养产业的发展壮大。人才是康养事业发展十分重要的条件，应重视康养人才队伍建设、建立完善康养职业教育体系、提高康养职业人才培养质量。

五、康养特色小镇的指标体系

为了促进康养特色小镇的发展，满足人们对健康幸福生活的追求，引导推动康养产业的深入发展，丰富康养旅游内容，促进旅游业转型升级，改善旅游休闲环境，打造一批产业要素齐全、产业链条完备、公共服务完善的综合性康养特色小镇，必须制定一定的指标体系来指导康养小镇的发展。因此，基于国家旅游局2016年1月公布的《国家康养旅游示范基地标准》（LB/T051-2016），我们认为康养特色小镇的建设标准应立足于以下指标体系（见表7-1）。

表7-1　康养特色小镇的指标体系

1. 环境空气质量标准		
2. 声环境质量标准		
3. 地面水环境质量标准		
4. 文化娱乐场所卫生标准		
5. 游泳场所卫生标准		
6. 土壤环境质量标准		
7. 饭馆（餐厅）卫生标准		
8. 生活垃圾填埋场污染控制标准		
9. 饮食业油烟排放标准		
10. 生活垃圾焚烧污染控制标准		
11. 城镇污水处理厂污染物排放标准		
12. 无障碍设计规范		
13. 环境空气质量指数（AQI）		
14. 旅游公共信息导向系统设置原则与要求		
15. 旅游企业信息化服务指南		
16. 小镇最大承载量核定		

六、康养特色小镇的建设标准

(一) 资源与环境

(1) 申报前一年度,《环境空气质量标准》(GB3095 - 2012) 和《环境空气质量指数 (AQI) 技术规定 (试行)》(HJ633 - 2012) 规定的空气质量指数 (AQI) 年达标天数比例应≥55%。

(2) 地表水环境质量应达到《地表水环境质量标准》(GB3838 - 2002) 规定的Ⅲ类以上标准,视野范围内地表无黑臭或其他异色异味水体。

(3) 声环境质量应达到《声环境质量标准》(GB3096 - 2008) 规定的Ⅰ类标准,康复疗养区等特别需要安静区域的环境噪声≤0 类限值。

(4) 土壤环境应达到《土壤环境质量标准》(GB15618 - 1995) 规定的二级标准。

(5) 末端垃圾填埋或焚烧处理设施不应设在核心区内。

(6) 当地应拥有与养生相关的、独特的自然或人文资源,并享有一定知名度。

(二) 产品和服务

(1) 应具有与养生资源相应的产品和服务,并达到一定规模。可利用自然资源中的空气、水、磁场、植物或综合生态环境要素等来设计产品,包括但不限于温泉、SPA、森林浴、药膳、茶道等,以达到康养目的;或可利用人文资源,即人类在经验、方法和技能方面的总结来设计产品,如中医理疗、冥想、瑜伽、禅修、武术等,以达到康养目的。

(2) 应拥有主题明确、特色鲜明的康养旅游产品。

(3) 应拥有数量充足、档次合理的康养住宿设施。

(4) 应拥有数量充足、档次合理的康养餐饮设施。

(5) 宜同时提供标准化和个性化、长中短期相结合的康养服务系列产品,满足不同游客的差异化需求。

(三) 服务质量

(1) 整体布局应合理、美观、生态,并体现养生文化。

(2) 提供康养旅游服务的技术人员应数量充足、结构合理。

(3) 开展康养旅游活动的实体在设备、技术制度、专业知识和服务等方面应具有专业保障。

(4) 应制定保障康养旅游产品质量的安全、从业人员、资源、风险等方面的经营管理制度。

(四) 旅游接待设施与服务

(1) 旅游住宿设施与服务。①应有数量充足、不同档次、不同类型、地理位置合理的接待设施。②应具有一定数量的、能提供康养服务的住宿设施。

(2) 旅游餐饮设施与服务。①应有数量充足、不同档次、不同类型、地理位置合理的餐饮设施。②应具有符合康养理念的特色餐饮,能提供具有当地特色的绿色、有机膳食。③餐饮经营者应严格执行食品卫生、保鲜等有关法规和标准,就餐环境应整洁。④餐饮场所卫生条件应达到《饭馆(餐厅)卫生标准》(GB16153-1996)规定的要求。⑤饮食业油烟排放应达到《饮食业油烟排放标准》(GB18483-2001)规定的要求。

(3) 购物设施与服务。①应设立专门的旅游购物场所。②可销售特色化、系列化、品牌化的旅游商品、旅游纪念品和当地特产,包括康养类旅游商品。

(五) 公共服务

(1) 旅游交通服务。①依托区应对外交通便捷,可进入性较好。②依托区内部的交通网络应较为发达。③依托区内各景点之间的交通应较为便捷。④依托区内部应有较为完善的慢行交通系统。⑤各景点应提供较为充足的停车场。

(2) 公共休闲服务。①应提供体系完善的公共休闲空间和丰富的文化娱乐活动,符合《旅游休闲示范城市行业标准》(LB/T047-2015)中4.3.3的规定。②公园数量和布局应充分考虑其规模与密度的配合,并提供配套的休息设施。③宜拥有文化类或体育类公共娱乐场所,并免费向游客及公众开放。

(3) 旅游信息咨询服务。①应形成不同渠道的信息咨询服务平台,提供现场信息咨询、电话信息咨询和网络信息咨询服务。②应提供康养旅游产品和服务的推荐信息,以及安全风险信息。③咨询服务中心。应设立数量充足、不同档次、地理位置合理的旅游咨询服务中心或服务点,相关服务应符合《旅游信息咨询中心设置与服务规范》(GB/T26354-2010)的规定和要求;应提供及时准确的咨询服务,兼具受理游客投诉的功能。④智慧服务系统。应设有运营稳定、可实时查询的旅游公共信息网站或手机 APP 下载客户端服务,并提供二维码扫描服务;区内主要旅游景点、旅游街区、游客服务中心、交通站场均应覆盖无线 4G 网络或宽带网络;旅游信息化服务应达到《旅游企业信息化服务指南》(LB/T021-2013)的标准。

(4) 旅游导向标识服务。①在主要特色街区、旅游集散中心、知名餐饮场所、住宿场所、主要购物娱乐场所等应设置导向标识。②旅游公共信息导向标识应符合《标志用公共信息图形符号(第1部分)》(GB/T 10001.1-2006)、《标志用公共信息图形符号(第2部分)》(GB/T 10001.2-2006)、《标志用公共信息图形符号(第3部分)》(GB/T 10001.3-2006)、《标志用公共信息图形符号(第4部分)》(GB/T 10001.4-2006)和《标志用公共信息图形符号(第5部分)》(GB/T 10001.5-2006)的规定。③各类导向系统设计应符合《城市旅游导向系统设置原则与要求》(LB/T012-2011)的规定。

(5) 旅游安全健康保障服务。①应建立健全的安全风险提示制度和突发公共事件的应急处理预案,完善安全控制和海内外游客应急救治体系等。②应设有卫生院以上规模的医疗机构,并具备急救应急响应条件。应在交通枢纽、旅游活动场所等游客相对密集地方,设专职安全保卫人员与医疗救护点,确保旅游者人身和财产安全。③应对区域内从业人员进行卫生健康知识和救护技能培训,建立具有一定健康护理知识并受过培训的志愿者服务机构。④应建立旅游安全预警机制,各景区的游客容量核定应符合《景区最大承载量核定导则》(LB/T034-2014)的要求,并应在容量控制的基础上制定旺季游客疏导预案。

(6) 旅游便民惠民服务。①应建立覆盖旅游活动全过程的通信、邮政、金融、环卫等便民服务设施。②应出台针对特殊人群如残障人士、老年人、青少年等的旅游优惠政策。③应免费开放一部分旅游资源和休憩环境。

(7) 教育宣传。①应多渠道地开展本区域旅游休闲及康养旅游形象宣传。②应提供休闲及康养旅游相关知识的科普服务。③应具备健康教育服务设施。

(8) 旅游厕所和环境卫生。①旅游厕所应数量充足、卫生文明、干净无味、实用免费、有效管理,符合《旅游厕所质量等级的划分与评定》(GB/T18973-

2016）的相关规定和要求。②旅游景点、旅游线路沿线、交通集散点、休闲步行区等游客密集区域的厕所应符合《旅游厕所质量等级的划分与评定》（GB/T18973-2016）的规定和要求。③旅游高峰期应配有流动备用厕所，社会单位厕所能向公众开放。④主要景区或旅游活动相对密集的场所应环境整洁。⑤合理配置垃圾收集点、垃圾箱（桶）、垃圾清运工具等，并保持外观干净、整洁、不破损、不外溢，做到日产日清。无垃圾随意抛撒、倾倒和焚烧现象。⑥各类文化娱乐场所卫生条件应达到《文化娱乐场所卫生标准》（GB9664-1996）规定的要求，游泳场所达到《游泳场所卫生标准》（GB9667-1996）规定的要求。

第八章　中国特色康养经济智慧发展

2016年8月召开的全国卫生与健康大会上，习近平总书记提出"没有全民健康，就没有全民小康"。把人民群众的健康问题放在了重要的战略地位。随着我国经济的快速发展，城镇化进程的不断加深，全球生态环境的变化，以及我国逐渐步入人口老龄化社会，各种慢性疾病及其并发症成为威胁我国公民生活质量的主要健康问题。面对巨大的养生、养老市场需求，在当今计算机网络技术、现代通信技术、医学诊疗技术迅猛发展的时代，"智慧健康"应运而生，与传统的中医中药产业相结合，更是成为解决我国医疗资源短缺问题的一条特色途径，对于建设更加高效、更加智慧、广泛受益的卫生服务系统起到了巨大的推动作用。

党的十九大报告更是明确指出，人民健康是民族昌盛和国家富强的重要标志。要完善国民健康政策，为人民群众提供全方位、全周期健康服务。人民健康问题需要放在"互联网+"的时代大背景之下，创新性解决，实现康养产业的智慧发展。"互联网+"指的是把互联网的创新成果与经济社会各领域深度融合，推动技术进步、效率提升和组织变革，提升实体经济创新力和生产力，形成更广泛的以互联网为基础设施和创新要素的经济社会发展新形态。在全球新一轮科技革命和产业变革中，互联网与各领域的融合发展具有广阔前景和无限潜力，已成为不可阻挡的时代潮流，正对各国经济社会发展产生着战略性和全局性的影响。

随着互联网产业的不断升级，关乎人民健康的康养产业与新技术的结合成为必然趋势，才能实现康养经济在新时代的智慧发展。传统康养产业联合物联网、云计算、大数据、智能硬件等新一代信息技术产品能够形成智慧健康生态，能助力康养资源实现有效对接和优化配置，为当代人提供更有针对性和个性化的康养产品和服务。

中国特色康养经济中养生、养老巨大的市场，让借助大数据、云计算、物联网等技术应用，以及实时采集用户健康数据信息和行为习惯的智能化、可穿戴设备等产业配套消费品也迎来大发展之势。

一、中国特色康养经济智慧化的相关概念及特点

（一）康养经济智慧化相关概念

"互联网+"代表着一种新的经济形态，它指的是依托互联网信息技术实现互联网与传统产业的联合，以优化生产要素、更新业务体系、重构商业模式等途径来完成经济转型和升级。"互联网+"计划的目的在于充分发挥互联网的优势，将互联网与传统产业深入融合，以产业升级提升经济生产力，最后实现社会财富的增加。康养经济与"互联网+"的结合，既是传统产业的优化升级，也是时代的必然趋势。

目前关于大数据的认知主要分为数据资源与数据应用视角，体现资源的获取和运用价值。但是，伴随其"爆发式"增长，原始的数据难以实现价值诉求，运用大数据技术实现信息资源的有效聚合，依托资源的整合与对接，实现信息价值的释放，从而可以提升信息的价值创造能力。

智慧健康养老产业需要注重信息技术运用、资源有效供给等，满足多样化的康养需求。运用"互联网+"实现服务匹配、资源整合、效率提升，以网络互通和信息共享实现养生养老服务智慧化，以"互联网+"解决供求信息不对称、资源离散化和管理碎片化等问题。运用信息化手段可以消除供需矛盾、实现资源有效整合。利用互联网平台的多样化资源，以大数据为枢纽构建综合服务平台，可以提供信息交互作用和资源整合价值，实现医养结合的养老模式和智慧化的养生模式。

智慧康养也强调依托信息技术实现服务资源对接与整合，提升产业质量效率水平，促进相关产业转型升级。鉴于智慧康养服务的需求，需要推动大数据技术的整合作用，实现组织协同和资源价值获取。

随着新型业态引导传统康养产业结构升级，以"互联网+"、大数据驱动的

智慧健康养老产业成为研究的重点。智慧健康养老需要发挥政府的顶层设计作用，构建信息共享平台，促进多元主体依托信息平台实现协同的康养服务体系，最大限度地提升使用者的主体性。

（二）康养经济智慧化新特点

智慧康养产业经营形式、价值获取以及效率提升必须符合使用者的需求，同时结合大数据的发展背景，重点关注产业智慧化的新特点和新需求，从信息技术运用、资源对接与配置、平台搭建与互通角度注重需求满足，实现智慧化升级，保障服务提质增效。

1. "互联网+"与康养经济产业相结合

在大数据时代，互联网成为提升产业发展和需求满足效率的关键点。"互联网+"康养模式成为大数据时代养生养老服务创新的新特点，体现对数据资源的运用价值，实现参与主体信息互联互通、资源共享，凸显"互联网+"康养产业服务的智慧化升级，实现健康养老服务提质增效。互联网技术与智慧健康养老服务高度融合。提升信息技术对养老服务的支撑作用，着力点在于利用互联网实现供需匹配，实现信息萃取与整合优化，实现功能主体模块对接，实现质量与效率协同提升。

2. 满足多样化的服务需求

在新时代，每个人对养生养老服务的需求日益多样化，对智慧健康养老服务提出更加专业化和精细化的要求。大数据时代，参与主体、服务群体交错，有效进行需求识别与需求满足，既是智慧健康养老服务的特点之一，也是参与主体价值实现的源泉。通过专业化、多样化、个性化、品质化的服务供给，才能获得更好的顾客满意，提升服务质量。因此，应注重多样化需求细分，提供多层次、个性化服务，满足不同群体的要求；同时，应积极依托大数据技术提高服务质量，实现客户认可的需求满足，从而实现由物质满足向精神满足的需求层次提升。

3. 资源得以有效整合与对接

随着中国老龄化加剧、亚健康群体突出，养老、养生服务供需快速增长，康养产业服务资源也呈现"井喷"的态势，实现资源有效整合与对接是大数据时代的重要特点。智慧健康养老服务通过信息化手段，实现资源在平台间的有序整合，并将不同服务主体的资源和信息实现有序对接，充分发挥大数据在资源运用中的价值体现。注重各种资源的收集、整合、优化和对接，依托信息化平台和技术手段对资源有效识别和提取，突出资源效率"瓶颈"，实现更好的资源效益。

4. 以质量效率提升为核心的内涵式发展

质量是智慧健康养老获得认可的关键。当前社会康养服务水平参差不齐，大数据时代的健康养老服务需要契合智慧化的发展需求，强化内涵式发展，提升服务水平和服务质量。围绕质量水平和效率，重点构建质量标准，对低水平服务的资源进行整合，突出市场竞争机制，淘汰效率低下的服务资源。基于需求的养生养老服务满足，进行服务的深度和广度拓展，实现质量效率提升的内涵式发展，重视政策引导和市场规制，体现大数据技术支撑下的服务水平提升。

二、中国特色康养经济智慧发展的机遇

（一）政策大力支持

2015 年后国家对人民健康问题高度重视，相继出台了关于养老和健康服务的支持性、引导性政策。2016 年，康养产业被多地列入"十三五"规划之中，并编制了详细的发展战略及指导性政策意见。党的十九大报告更是明确指出，人民健康是民族昌盛和国家富强的重要标志。要完善国民健康政策，为人民群众提供全方位、全周期健康服务。涉及中国特色康养产业的具体要求如下：深化医药卫生体制改革，全面建立中国特色基本医疗卫生制度、医疗保障制度和优质高效的医疗卫生服务体系，坚持中西医并重，传承发展中医药事业；积极应对人口老龄化，构建养老、孝老、敬老政策体系和社会环境，推进医养结合，加快老龄事业和产业发展。

在重视人民健康的时代要求下、在大力发展中国特色康养经济的环境之中，智慧化发展这一大趋势也在各种政策中得到支持与体现。

2009 年 4 月出台的《中共中央国务院关于深化医药卫生体制改革的意见》，首次将信息系统作为新医改的"四梁八柱"的重要构成部分提出。2010 年卫生部提出"3251"工程，包括 3 级卫生信息平台（地市级、省级和国家级）、2 个基础数据库（电子病历和居民健康档案）、5 项服务应用（公共卫生、医疗服务、基本药物制度、新型农村合作医疗以及医疗服务）和 1 个专用网络，以实现各级网络互通，确保医疗数据资源共享。2012年国务院出台的《关于印发卫生事业发展"十二五"规划的通知》中强调了要加强区域信息平台建设，建立面向偏远及农村地区的远程诊疗系统，促进医疗卫生信息资源共享，提高基层尤其是偏远地区的医疗卫生服务质量。

其中，《国务院关于积极推进"互联网+"行动的指导意见》更是明确将中国特色康养经济与智慧化两者结合起来，提出要"促进智慧健康养老产业发展"，鼓励健康服务机构利用云计算、大数据等技术搭建公共信息平台，提供长期跟踪、预测预警的个性化健康管理服务。工信部、民政部、国家卫生计生委2017年2月印发的《智慧健康养老产业发展行动计划（2017~2020年）》也提出，要运用互联网、物联网、大数据等信息技术手段，推进智慧健康养老应用系统集成，对接各级医疗机构及康养服务资源，建立健康动态监测机制，整合信息资源，为人们提供智慧健康养老服务。

政策的加强引导将助推康养产业在与新技术、新设备的结合之下向更专业化、细分化发展，并带动上下游产业链，形成康养经济在互联网时代的智慧发展。

（二）康养经济面临新的发展需求

1. 突破技术"瓶颈"，实现数据交互

智慧健康养老服务需要依托物联网、智能硬件等实现数据资源的收集，突破终端系统及设备的技术"瓶颈"，实现数据的有效采集。同时，如何利用搜集的数据进行整合及优化是智慧健康养老的诉求，运用信息技术，构建集成化养老服务系统，实现数据收集、整合和交互一体化，提供精准的监测和处理方案。

2. 构建基于资源共享的公共服务平台

在大数据时代，智慧健康养老服务涉及技术研发、服务机构、政府部门、终端需求等多个主体，如何实现多主体之间资源共享是解决供给不足的关键。依托大数据技术，搭建资源共享的公共服务平台，联结服务主体，积极推动各类产业机构和相关者信息共享，依托大数据技术实现数据资源的深度开发和利用，实现智慧化升级。同时，支持各相关主体依托公共服务平台，积极创新康养服务模式和手段。

3. 培育智慧健康养老服务新业态

在大数据时代，老年人对养老服务产品的需求增多，不同群体对于养生服务与产品的偏好也不同。面临潜在的康养经济市场，如何提升服务质量、满足个性化的需求已经成为竞争中的重心。智慧健康养老服务关键在于康养服务智慧化，结合新技术、新需求，不断创新业态。依托新业态，探索新的发展路径，构建智慧化康养产业模式，推动各类服务机构发挥主观能动性，推动新的运行机制，保障智慧健康养老需求的满足。

三、康养经济智慧化的应用

（一）养老产业智慧化发展

1. 养老产业智慧化发展应用案例

随着社会发展和人们生活水平的提高，单纯的养老服务已经满足不了市场的需求，老年人对医生的依赖和需求更高，养老需求呈现高、精、准的发展态势。加快互联网与健康养老产业的融合创新发展，在"互联网＋"时代背景下，大健康、大数据的巨浪推动着新型康养模式的变革。"互联网＋"健康养老产业即利用互联网的优势，把健康养老产业结合起来，为老年人生命长期健康、幸福实现的各种产业和研究提供服务的产业。面对目前老龄化现象，如何让老年人安度晚年，已经成为老百姓、社会各界关注的热点和难点。在"互联网＋"时代，促进健康养老产业发展，发展互联网与健康养老产业的融合创新，是改善民生、提升全民健康素质的必然要求，对全面建成小康社会具有重要意义。

智慧养老是物联网应用与创新领域的战略项目之一，旨在利用先进的IT技术手段，研发面向居家老人、社区及养老机构的传感网系统与信息平台，并在此基础上提供实时、快捷、高效、低成本、物联化、互联化、智能化的养老服务。"互联网＋养老"智慧养老运用智能化设备和线上、线下互联网大数据，实时、精准地跟踪老年人的身体健康状况、日常生活习惯、饮食偏向、消费需求、文化娱乐等，并形成数据统计，市场前景广阔。

2001年，福建省率先将《"十五"期间福建省劳动和社会保障信息化建设总体规划方案》纳入"数字福建"首批重点应用项目。但市场应用自2009年才开始，美国某知名公司提出面向医疗、护理、康复、养老等构建的大健康体系"智慧医疗"概念开始,后续日本某知名公司借鉴在日本养老行业的信息化管理知识经验,针对养老机构运营者推出智慧养老运营信息管理平台 i – Care Platform。上海市、北京市较早开始将智慧养老模式应用于社区——2011 年上海市杨浦区开展居家养老智能化、信息化,以及 2012 年北京市海淀区"智慧海淀"在清华园街道社区医院的应用。

2014 年起,北京、上海、广州等大城市陆续开展智慧养老模式设计。2016 年开始,智慧养老行业成为投资人青睐的热点:某日本公司提出和医院 HIS 系统结合的"互联网 + 智慧养老 + 医养结合"综合解决方案,福建××公司的"互联网 + 养老"模式,通过"智慧云健康管理""智慧机构养老""智慧居家养老"等体系关注解决居家老人最需要解决的问题;浙江乌镇"智慧养老 2 + 2 新模式"通过线上平台、远程医疗平台和线下居家养老服务照料中心、社区卫生服务站等,利用自动检测终端、健康管理 APP、物联网智能居家设备等,对年长者进行持续健康状况跟踪,建立个人电子健康档案。

2. 养老产业智慧发展载体

(1) 服务云平台。智慧化养老服务的载体是构建养老服务云平台,其核心思想是利用先进的互联网技术、云计算技术、大数据技术、可穿戴设备技术等信息技术手段,实现养老服务线上、线下的融合(O2O)。云平台整合了包括养老管理中心、老人及子女、医疗机构、养老服务企业、商家等在内的养老资源,通过手机应用、可穿戴设备、信息化平台等手段实现各主体之间的互联互通,智慧养老云服务模型如图 8 – 1 所示。

(2) 信息交互系统。智慧化养老服务交互系统包括了政府、社区、医疗护理机构、老年人及其子女、服务提供者等多元主体(见图 8 – 2)。全天候、实时在线的养老服务交互系统实现了社区养老服务中心与家庭、老年人与养老服务提供方、老年人与子女等的多方沟通,为老年健康管理、生活服务、精神慰藉提供全方位保障。在信息交互系统中,政府是智慧养老的提出者、监督者,在整个智慧养老服务信息系统中处于主导地位。社区养老服务中心是智慧养老服务模式的执行者、项目引入者、服务控制者,任务是建立养老大数据平台,监督第三方养老服务机构服务的真实性、完整性。养老服务的需求者和医疗护理机构、第三方养老服务机构通过智慧养老服务平台实现信息交互。保险机构有可能成为信息交互系统的担保者,因为互联网系统存在较大的信息滥用风险,需要由保险机构提供信息安全保障。

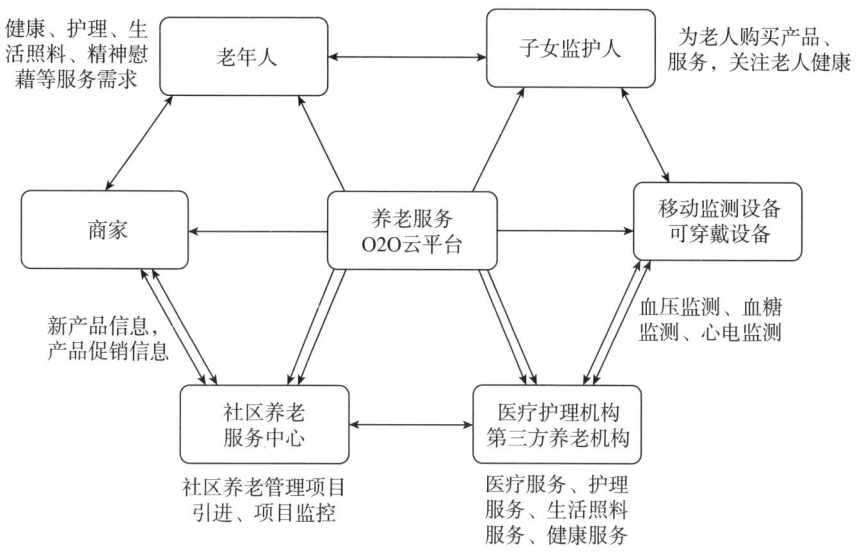

图 8-1 智慧养老云服务模型

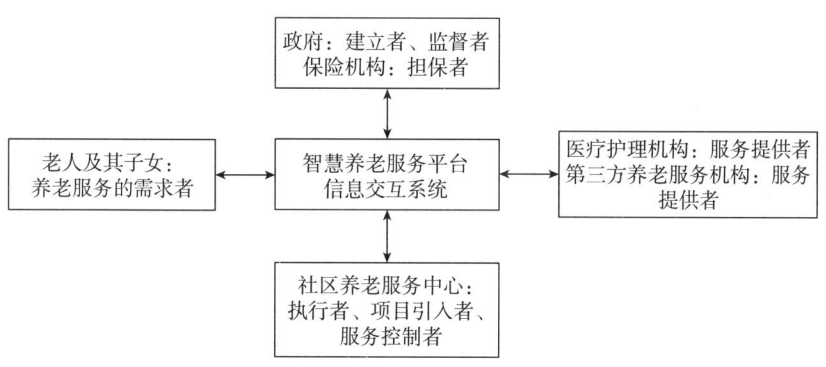

图 8-2 智慧养老服务交互系统

3. 养老产业智慧发展完善方向

在这些新型养老模式下,不仅让老年人足不出户即可享受理发、家政、助浴、健康检测、心理疏导等服务,还改变了许多"空巢"老年人单调枯燥的生活轨迹。通过微信预约、信息服务平台等,老人可以参与各种文化养老活动,大大丰富了晚年生活。目前,我国居家智慧养老的创新经过了前期的摸索期,即将进入快速发展的轨道。具体的发展方向有如下几个:

（1）通过互联网云建立居家老年人手机健康管理平台。老年人的身体健康信息化管理是管理平台养老问题智慧化最大的难点。随着移动互联网的发展，可以通过移动终端收集用户的健康信息，建立老年人健康体系，提供针对性、个性化的健康解决方案。通过互联网云平台计算分析，将捆绑软件的移动设备连接老年人端和医疗机构、家属，老年人的健康监测数据结果与医疗服务机构及其家属数据同步。相关人员通过手机健康管理平台，随时随地可以查询老年人的血糖、血压、心率等各种健康数据，并给予相应的治疗保健方案和照护。居家老年人通过手机健康管理平台，不仅能得到紧急医疗救助、康复护理、家政服务等一系列居家上门服务，还能使老年人在足不出户的情况下，得到医疗专家远程诊断。以大数据为核心，实现数字惠老。智慧养老信息管理平台建设，形成老年人基本信息、养老服务信息、健康档案、社会养老服务资源四大基础数据库，以实现老年人口统计数据查询、养老服务需求评估审批、养老补贴管理等功能。在智慧养老信息管理平台的基础上，整合养老医护人员、社会组织、志愿者等资源，参与居家养老服务照料中心的服务工作，为高龄、失能、失独、"空巢"等困难老年人提供上门服务。全方位综合利用高科技技术，实现养老服务信息平台与大数据技术、互联网技术、物联网技术、移动通信技术、云技术综合应用，满足老年人多元化养老服务需求。

（2）通过社会力量，构建"互联网+"养老产业链。失能、半失能老年人口的逐渐增多，如何让老年人安享晚年，提高晚年生命质量已经成为社会普遍关注和亟须解决的问题。高科技、互联网离老年人并不远，智能居家养老关注的重点是服务的完善、不断提高老年人的生活质量。通过培育和发展养老产业链，可以缓解政府的养老压力，促进社会发展。互联网企业作为社会力量参与养老服务，对居家养老服务方式进行创新，加大了社会参与，减少政府负担，更重要的是减少老年人的孤独抑郁心理，对提高社区居家养老服务质量有着重要意义。在"互联网+"东风之下，在探索智能居家养老模式的过程中，越来越多的企业、行业开始探索智能居家养老模式，老年人金融项目、老年人地产项目层出不穷。养老行业中开始通过互联网凝聚起来，"互联网+"养老产业链条逐渐形成。"互联网+"正全面融入医疗、保健、金融、地产等与养老服务相关的服务业，将信息技术与养老服务融合，提高准确性、可及性和普及程度。政府相关部门应当积极引领、支持，加大投入，依托现有资源和社会力量，搭建养老服务网络平台，促进产业链的延伸，积极发展老年人电子商务、老年人教育项目、老年人互联网金融等新兴业态。

（3）利用移动互联网，实现新型老年生活方式。"互联网+养老"是以强硬件为基础，实现智慧养老等新型养老方式。建立老年颐养园，服务可覆盖周边社区。为迎合老年人的实际养老需求，颐养园设置日常生活服务、休闲娱乐、保健康复等服务区，具体包括日托午休室、食堂（茶室）、医疗保健室、谈心室、体能检测室、图书馆、电子阅览室、体育器材室、老年人电大教室等，同时配置室外活动场所和室外健身点。以移动互联网和物联网等现代信息技术为依托，让更优质的养老服务资源突破时空限制登门入户，让老年人享受互联网浪潮带来的新型老年生活方式的转变。居家智慧养老移动客户端 APP 建立老年人专属服务，其中，APP 包含老年人健康体系、养老产品在线购买体系、老年人社交体系和老年人亲情互动体系。老年人可以通过移动客户端实现在线购买老年人服务、老年人用品、老年人餐品、老年人旅游等。将老年人的社区服务、紧急救助、老年人商城、老年人社交、老年人大学、健康管理、老年人餐桌、爱心志愿、精神慰藉和子女孝行结合，全面提升老年人的生活质量。

（4）以互联网为手段，建立社区居家养老服务交互系统。以互联网为手段，实现科技助老，建立 24 小时社区居家养老服务在线交互系统。在线交互系统通过电话、网络、老年人穿戴设备、生命体征监控系统等多种方式，实现老年人与社区、老年人与社会、老年人与子女彼此间的联系与交流，对老年人的生命保障、社会参与、家人照料进行全方位服务。在养老服务中心和居家养老照料中心配置相应的智能照护系统，实现健康管理、服务运营管理、机构内监控和报警等功能。智能照护设备将方便为重度残疾人、生活不能自理的老年人、失独家庭等人群的照看，必要时为老年人配备 GPS 定位设备。

（二）中医医院智慧发展

1. 中医医院智慧发展应用案例

在"互联网+"网络信息技术快速发展的今天，随着人们日益增长的健康需求和医疗需求，智慧医院、移动医疗等新型、方便、快捷的医疗服务模式的建设已成为不可阻挡的趋势。2016 年国务院《中医药发展战略规划纲要（2016～2030 年）》明确要求推动"互联网+"中医医疗，大力发展中医远程医疗、智慧医疗和移动医疗等新型医疗服务模式，探索互联网延伸医嘱、电子处方等网络中医医疗服务应用等。

随着信息技术的飞速发展，中医医疗服务与"互联网+"的融合，将推进中医医疗在贫困、边远地区及农村基层的应用，进而发展成为解决"看病难，看病贵"等医改问题的重要途径。加强移动医疗、智慧医疗的建设，则是"互联网+"在中医药行业应用的具体体现。智慧医疗、移动医疗可通过云计算、移动互联网、物联网等技术逐步实现集健康管理、疾病预防、康复护理于一体的远程中医医疗、养生保健服务平台。

基于互联网大数据衍生的云计算以及人工智能等新技术、新产品正与传统中医结合，让中医现代化加速实现跨越式发展。于2017年11月在京召开的"梅奥广安中西医结合学术讲堂"暨第二届世界中医药学会联合会计算机医学年会，以"智能医疗的未来：云医学·大数据"和"中西医结合心肺康复"为主题，开展中西医学大数据科技成果国际交流，推动中医药大数据研究和人工智能设备的临床合理应用。

中医药数据量巨大，仅广安门医院1天的门诊量就超过1万人次。把全国中医院的临床数据都汇聚起来，其规模之大可想而知。中医临床实践标准化、数字化为中医药大数据奠定坚实基础。我国中医药领域已制定了中医基础理论术语、中医病证分类与代码等20多项国家标准，以及中医病证诊断疗效标准等209项行业标准。

在美国梅奥医学中心的危重症模型研发项目中，已经开始引入中医阴阳五行理论体系与西方医学的密集数据进行融合，形成创新的数学模型提供实时决策支持，辅助医生预测和判断病情，帮助患者实现早诊断、早治疗。

进一步融合人工智能技术，未来可解决中医药发展的传承痛点。负责美国梅奥医学中心ICU医学大数据人工智能开发项目的李智远博士提出，通过人工智能技术将知名老中医的诊疗思想、辨证逻辑和处方经验进行整合，形成在线的辅助学习和辅助诊疗系统，使更多普通医师能够进一步融入名老中医的思维过程，帮助普通医生提升诊疗能力。在患者受益的同时，也可以帮助中医的传承及推广应用。随着诊断的病例数增加，云端产生大量临床数据，通过标签化及数据清洗使数据更具有价值，也为中医的发展提供数据基础。

目前，越来越多的中医医疗机构加大了对信息技术及设备的投入，积极推进信息系统的改造和升级。很多中医医疗机构和互联网公司也已联手尝试研究建设智慧医疗。2015年，中医智能云平台落地浙江省海盐，实现了全国第一个县域部署。随后，该平台相继在湖州、余杭、富阳、苏州等地展开合作，积极为患者提供线上中医医疗服务。春雨医生、橙医生、好大夫网等为医生和患者及患者家属、患者和患者之间构建一个线上互动交流平台。此外,以阿里巴巴、百度等为代表的国内互联网公司纷纷将目光投向了潜力巨大的中医健康服务市场,阿里巴巴发挥支付宝的优势,协助中医医院建立互联医疗服务体系。腾讯则以微信为立足点,实施以"微信公众号+微信支付"为基础的智慧医疗方案,通过微信即可实现在线支付、挂号预约、接收检查报告等,极大地方便了患者。

2."互联网+"中医医院完善方向

(1)建立中医药信息系统,完善、优化信息发布体系。以中医药基础知识、中医医疗机构、中医师信息及名老中医经验传承为基础,连接患者、医生,为患者提供医院信息、健康资讯、医生信息,为医生提供学术交流、诊疗指导以及行业前沿等信息平台。

(2)建立中医医疗服务系统,提供智慧医疗服务。中医医疗服务系统主要包括导医分诊、诊前资讯、智能预诊、预约挂号等的诊前服务系统;叫号提醒、院内导航、电子检查单、电子病历等诊中服务系统以及慢病管理、院后随访、满意度调查、康复管理等诊后服务系统。实现网上预约、网上缴费,推动医疗服务的精细化、智能化,以及远程医疗、移动医疗健康服务链等医院服务功能的优化与拓展。

(3)建立医患互动沟通系统,建立智能、即时医患沟通渠道。利用信息技术联结患者、医生两端,通过患者的疾病咨询、在线就医、患者交流群、远程监管管理以及医生的患者随访、远程慢病监管以及医生个人品牌等,加强医患互动,建立和谐的医患关系。

(4)建立中医健康管理系统,加强个性化、一体化健康管理机制。通过问卷测评、医院远程评估,对咨询者进行体质辨识及中医体检,实施养、膳、治综合管理,并通过脉象监测、舌象监测、中医转诊以及针灸推拿管理等一体化管理系统,进行健康管理并建立中医健康档案。

(5)建立医疗机构协作系统,加强中医机构的协作。建立电子病例资源库、健康档案资源库、公共卫生资源库、医院运营资源库,通过社区卫生机构、二级医院、三级医院的医疗机构协作信息共享平台,实现医疗机构间转诊、会诊及远程医疗。

(6)建立数据分析系统,实现大数据管理以及全面数据分析。以个人为中心,以数据为导向,以问题为驱动,医疗实践与科技计算相互交替的科研范式数据管理,建立以就医大数据、疾病自查大数据、诊疗大数据、古籍文献大数据、科研大数据为基础数据平台,以中医交互式搜索引擎、国家中医药大数据库、中医知识智能服务引擎为工具的个人、行业主管、地方政府、医护科研数据分析系统。

(7) 推进大健康信息化。充分运用大数据、云计算和数据库技术,整合、汇集古今中医药文献、临床数据和科研数据,研究开发面向临床中医专业人员以提高中医诊疗水平为目标的临床决策辅助人机互动系统,嵌入临床决策系统,提高临床诊疗水平;研究开发面向社会大众的以养生保健、疾病咨询为目标的知识库,通过建立微信、APP 客户端等移动平台,推送中医药养生保健知识,逐步形成个性化、智能化健康管理与决策支持,为提升民众健康素养服务。

3. 推进中医智慧化发展的意义

"互联网 + "中医医院模式的发展可以促进中医行业尤其是基层中医的"六大转变"。①实现基层患者就医习惯的转变。"互联网 + "中医可以通过信息化技术解决就医信息不对称的问题,合理分配资源,帮助患者找到合适的医疗机构和医生,改变患者就医习惯,让患者及时、便捷地满足需求,不再蜂拥至大城市的大医院。②实现国民健康管理习惯转变。通过推广中医健康管理和"治未病"的理念,可以推动实现个性化健康管理。③实现基层中医医患沟通渠道转变。智慧中医对信息系统的应用以及互联网,尤其是移动互联的使用,可以改变传统的医(医院、医生)患沟通渠道模式,解决地域性差异以及医患沟通空间、时间的限制。④促进医疗机构尤其是基层中医协作模式转变。"互联网 + "中医可以推动高级别中医院与低级别中医院之间、专病专科与普通科室之间资源整合,构建开放医疗的协助模式,解决基层中医机构资源匮乏以及医疗能力低的问题。⑤促进中医药行业地位转变,提高基层中医的影响力及健康管理作用。中医作为独立的医学体系,可以通过智慧中医的发展与推广,在国民医疗及健康服务中发挥更大的作用,进一步提供中医药行业的地位。⑥地方政府及行业主管决策模式转变。智慧中医通过基于数据的就医与健康数据分析,可以为地方政府以及行业主管提供决策支持,从而促进决策模式的改变。

上述改变,对于中医行业尤其是基层中医的发展,具有非常重要的意义。

(1) 先进的信息化技术的使用,尤其是远程医疗、会诊等技术的应用,可以进一步提升基层中医医疗和服务的水平,扩大基层中医机构影响力,增加患者,改变患者就医习惯;还能够改善就诊环境与秩序、交叉感染等问题,帮助提高运营效率。

（2）对患者而言，改善患者就医体验，帮助患者及时掌握中医药信息，有病不再乱投医，提高就诊的便捷性，解决看病烦、医患沟通不顺畅的问题。

（3）对基层医护人员而言，实现病历、流程电子化、标准化，提高问诊效率；还可以通过大数据的管理与互联网在线交流、培训，提高个人科研能力和临床能力。

（4）对地方政府而言，智慧中医可以缓解基层百姓看病难、看病烦民生问题，推进地方及基层医改，对基层医疗存在的问题尝试新的解决办法，缓解不断增长的卫生保健费用，并通过智慧中医的大数据管理，进行疾病预警，提高基层公共卫生服务及管理的效率与能力。

中医智慧发展体系既是信息化技术发展的必然，又是一种新的发展思路和模式。把中医智慧发展的思路和基层中医的建设及发展有机结合，将有效促进基层中医医疗机构在医疗技术、服务水准等方面的提高，也为中医行业的整体发展带来新的机遇。

第九章 康养经济体制机制政策

一、总体思路

建立现代康养产业体系需要构建和不断完善体制机制，合理有效的康养经济体系不仅肩负满足人民物质精神需求的使命，还承载了推动国民经济均衡、快速发展的重要功能。通过有序的产业政策和财税、法律体制的构建，为康养产业的发展扫清阻碍并不断注入活力；通过人才培养体制的构建和创新，以及产业交叉复合的系统创新，为康养体系的持续发展奠定良好的基础。现阶段，伴随着我国经济增长下行和供给侧结构性改革的重要经济节点，康养经济体系的构建及需要注重自身业态发展的需求，也要结合国民经济结构调整的要求，合理布局、去粗取精，打造一个良好的开端。

（一）发展目标

通过建设绿色、生态、多样化的康养基地，打造产业品牌，优化产业结构，培育龙头企业，壮大产业集群，推进林业、旅游业、中医药等健康服务要素的融合发展，引领森林康养产业发展方向。建立覆盖全区域的康养服务网络，构建科学规范的森林技术体系，形成集旅游、疗养、养生、康复、保健、养老、教育、文化和扶贫于一体的康养产业，培育一支高素质的康养队伍，在满足民众不断增长的健康需求的同时，推动地区经济产业转型升级。

（二）基本原则

坚持以人为本、康养为基。康养经济的发展以服务人民群众不断增长的健康需求为出发点，按照绿色发展理念，坚持环境保护，严守生态保护红线，依靠优质的康养资源大力发展康养产业，促进全民健康。

坚持创新驱动、融合发展。深入实施创新驱动发展战略，强化科技创新引领，拓宽发展新模式，优化产业结构，培育发展新功能，坚持多学科、多产业融合和跨界发展，推动产业转型，发展特色产业、扶持新兴产业，延伸康养产业链，壮大康养产业集群。

坚持政府引导、市场主导。以市场需求为导向，充分发挥市场配置资源的决定性作用，调动社会参与的积极性和主动性，同时发挥政府对森林康养产业的引导扶持作用，推动康养产业集聚，提高森林康养产业发展的效益和动力，增强市场竞争力，加快统筹协调发展。

坚持完善康养产业体系。要着力筑牢康养服务支撑，推进医疗保健、休闲旅游、文化创意、运动健身、房地产等服务业与康养产业联动发展，形成"大康养"发展格局。着力提高康养产业发展层次。围绕创建中国阳光康养产业发展试验区和建设全国首批医养结合试点城市，着眼国内领先、国际一流目标，完善康养产业规划，加快标准体系建设，抢占行业标准话语权。持续学习和引进国际先进康养模式，积极发展康养基地、房车营地、帐篷营地等业态，不断延伸康养产业链。

目前，国务院已出台了《关于加快发展养老服务业的若干意见》和《关于促进健康服务业发展的若干意见》，康养产业顶层设计基本完成。进一步完善产业政策体系，研究出台产业子领域专项政策，督促政策落实、落地。以科学规划为先导，指导地方结合实际进行发展规划，加大政策支持力度；以设立国家健康产业投资基金为引导，广泛吸引社会资本投资；以生态环境为依托，以中医药服务为特色，鼓励自然环境优渥地区先行先试；以医疗资源为保障、以规范标准为基础，推进医疗机构和养老机构的融合，积极探索"医养结合"新路子、新标准。党的十九大报告顺势而为、站高望远，果断而响亮地提出了"实施健康中国战略"号召。健康中国战略不仅立意高远、目标清晰，而且实施路线明确、政策措施科学有效。"实施健康中国战略"令每一个中华儿女为之振奋，更发人深思、催人奋进。同时，党的十九大报告还特别提出要"着力解决突出环境问题，加大生态建设、环境执法力度"等重要内容,并要求"必须坚持厉行法治,推进科学立法、严格执法、公正司法、全民守法"。正是这些具体措施和法治的要求,才能为健康中国的大船保驾护航,并保证它乘风破浪、快速前行。

政策方面,2013年10月14日,国务院发布《关于促进健康服务业发展的若干意见》,明确了大健康领域的服务内涵和发展方向;2014年,围绕健康医疗服务的相关政策相继出台,对大健康市场的探索不断深入;2015年,建设"健康中国"上升为国家战略;2017年,围绕"健康中国"战略出发的健康产业将频获政策利好,大健康产业规模与各细分领域都将快速发展。

二、管理体制创新

康养经济作为发展经济的新业态,涵盖不同行业,跨越不同产业,涉及不同的政府管理部门,传统的管理体制恐怕难以适应康养经济发展的基本需求。为促进康养经济的发展,应强化政府部门在组织协调、宏观规划、政策指引监督管理等方面的职能,整合有效的康养资源,统筹规划,实现多部门共同协作制度。

立足本地实际,做好顶层设计,树立康养品牌。康养经济的发展异于传统经济的发展,具有较强的特色性,因此,在发展初期,一方面通过对养生市场调查,了解人们对中医药健康养生的现实需求,跟踪社会需求发展,把握新的市场增长点和发展点,开发出有较大市场前景的健康养生项目。另一方面政府应充分调研,充分了解当地的自然资源、历史传统、人文风情现状,挖掘优势项目,建设精品,突出特色,铸就品牌。打造健康养生城市要突出特色,走差异化和个性化道路,通过建设特色健康养老养生项目,将地方特有的自然环境资源(阳光、温泉、森林等)、地方文化、地域风情和人性化的休闲方式、优质服务结合起来,进行多角度、深层次的开发,构建成一整套康养项目体系。因此,政府应该建立一个包含科技、医药卫生、旅游、农业和环保等跨部门协调机构,整合各部门资源与信息优势,负责调研的开展与推进、优势的挖掘与品牌的构建,并在此基础之上,结合实际情况,制定康养产业科学发展规划,争取将康养经济纳入《国民经济和社会发展总体规划》,提出基本的发展方向、原则和目标,设计科学合理的发展步骤,分解各部门的具体发展目标和发展任务,不断提升健康养生产业内涵建设。

加强部门间交流互动，提升政策协调性。建议成立康养产业领导小组，负责康养产业的组织领导和规划协调，打破部门沟通壁垒，统筹康养产业发展。康养基地具有涵盖产业多样性的特点，是多部门利益的交汇点，一个完善的康养基地离不开部门间的通力合作，是部门协作的共同成果。

加强组织保障。各级各有关部门要高度重视，切实加强组织领导，根据实际情况把康养产业发展列入各地各部门的重要议事日程，出台有针对性的扶持政策和配套措施，推动康养产业发展。发展改革部门要把康养产业发展列入国民经济和社会发展中长期规划。财政部门要对康养产业发展给予重点扶持，切实做好资金保障。科技部门要对康养产业提供技术支撑服务。人力资源社会保障部门要研究完善医疗保险政策，积极引导群众利用康养服务。国土资源部门要将康养基础设施建设的新增建设用地纳入各地土地利用总体规划之中。卫生计生部门要将康养产业纳入大健康产业范畴，统筹协调相关项目和资金。扶贫部门要将发展康养作为精准扶贫、带动农民脱贫致富的有力措施纳入脱贫攻坚规划中。旅游部门要积极抓好旅游产业与康养产业的市场对接工作，做到两者相互补充，大力发展旅游，开发多形式康养旅游产品和项目。按规定成立相应的康养协会，实施行业自律，规范行业管理。在全国范围内聘请相关领域的著名专家，组建康养发展专家委员会，为康养产业发展提供政策咨询和技术支持。① 另外，宣传部门要加大宣传力度：一方面，利用网络、电视、海报、广告牌、广场视频和公共交通工具等形式，开展健康养生产业的宣传；另一方面，通过微信、QQ 和门户网站等平台对健康养生文化进行推广和宣传。

三、产业支持体制创新

目前，我国的康养产业链仍处于形成和廓清阶段，存在各环节协作不紧密、产业链带动效应不明显、资源优化配置水平不高、人才技术资金缺乏等诸多问题。因此，为应对以上问题，应创新相应产业政策，为康养产业的发展保驾护

---

① 资料来源于《湖南省森林康养发展规划（2016~2015）》。

航。下面将选取当前医养结合、森林康养和沿海康养等几个模式，介绍在产业体系方面可采取的创新机制。

（一）医养结合模式创新

医养结合的康养模式目前在国内受到最多关注，发展医养结合的康养经济，具有深远的意义。中医养生的理念在我国源远流长，国内不同地区已形成了比较成熟的康养产业模式，现存模式还存在体系杂乱难以管理及与其他产业衔接不畅等问题，创新医养结合的模式，实行医养结合的行业标准，加快与其他产业的衔接和互补，将推进整个康养体系的发展。

对于医养结合的康养模式，除了中医养生这一必不可少的理念外，还可考虑以下几种新的机制：

1. 依托景点发展康养经济

我国颁布的《国家康养旅游示范基地标准》中对景点康养基地的环境空气、声环境、地面水环境、文化娱乐场所卫生、游泳场所卫生及无障碍设计规范等都明确提出具体标准。从这个层面上来说，尽管各地均提出目标打造康养基地，但难度还是较大。因此，依托景点进行环境设计，其重点是将景点的康养特色进行重点打造，除了基本设施必须按照国家要求打造，区域风格、文化风格全国景点康养总体趋势基本相当，都是展现森林康养风景的自然之美、自然之效，如森林康养、温泉等，容易出现同质化倾向。四川峨眉山、江苏泰州中国医药城、贵州赤水等是国家评选出的中国康养旅游示范基地，在类似地区依托景点发展康养经济，具有天然优势。

2. 依托医院凸显医养结合

医院建立康养的主要特色是医，重点在医。但目前医院的总体主要功能还是医，医院日常关于医的业务繁忙，无暇顾及医养结合。养的资源成本较大，因此医院的环境设计理念应当具有突出医院具体主攻方向的特色。如温泉丰富的区域应当做到疗养为主，医疗为辅；具有具体特色的中医药、特色专科医疗基地建设等方案。

3. 依托养生特色资源发展康养经济

中医理论的天人合一、阴阳五行等传统思想给养生特色赋予了基本中医药文化的基调。传统养生智慧的儒、道、佛三种基本修行修为核心为传统养生赋予基本理念；顺时养生、饮食养生、运动养生等具有具体养生理论的观念将康养环境设计的理念做了具体的勾画,如中医药种植养生基地、科技中医养生基地等。

当然,在医养结合机制设计中,还应注意以下问题:首先,应注意资源的过度开发。国家提倡、政府部门引导,带动了康养产业的发展,随着经济效益与社会效益不断提高,各地均思量着着力打造优质的自然环境、人文环境、经济环境、旅游环境等具有吸引力的康养产业环境。在康养产业环境设计理念的打造和塑造上缺乏资源优化与节约意识,将会导致部分地区的资源极度与环境不相适应的状况。其次,注意偏远地区的建设,防范先建设后完善,配套无法跟上的问题。在康养产业发展的历史进程中,偏远地区特别是广大农村地区也积极投入康养产业等的行业进行发展,但由于偏远地区拥有的自然资源丰富,文化、旅游等开发未确立,因此具有强烈的发展愿望。特别是一些自然村落因原本医疗设施不完善、人员无法到位、配套无法跟上、吸引力不够等,致使通过投资建设后也无法达到预期,即使达到预期,也需要很长时间完善,但同时也可以促使该区域的使用功能达到适合本地或者高于本地使用条件的康养产业。

(二) 森林康养模式创新

森林康养在国内整个康养经济体系中发展较为成熟,取得的成果较其他业态多,但也面临政策支持、行业标准制定及与其他行业相协调等问题。森林康养涉及林学、医学、心理学、养生学、运动学、老年学、经济学及健康管理学等多门学科,其产业是一个跨部门、行业的重大系统工程,也是一项对资源、资金、人才、技术要求高的创新产业。因此,对森林康养的体制创新,更应注重部门间、行业间关系的处理。具体来说,对于森林康养这一模式,应从以下几个方面着手。

(1) 部门联动,完善标准。协同发展森林康养不但需要林业部门的努力,也需要发改、财政、卫计、国土、旅游、农业、水利、交通、工商、教育及环保等职能部门的共同努力,例如,森林疗养基地认证和培训合格的森林疗养师均需要卫计部门的参与,林业部门可以和卫计部门共同合作,把森林康养师列为国家职业医师的范畴,并在争取把森林康养纳入大健康产业的整体布局上相互支持。森林康养产业的长远发展已经是成为必然趋势,但也需建立健全相关标准。作为新兴产业,要想持久性地健康发展,必须拥有规范的行业标准以及准入制度,避免在盈利后出现较多模仿者而造成该产业的落寞。在行业标准不完善或不明确时,易出现恶性竞争、盲目发展、滥竽充数等行为,影响了森林康养产业的稳定性。

(2) 规划先行，规范发展。为避免因产业前期缺乏规划、目标和方向，造成市场秩序混乱，最终影响整个行业发展，必须从一开始就对全国的森林康养产业有明确定位，制订科学、可行的总体规划。我国可以在借鉴国外经验的前提下，选择有条件的森林公园、自然保护区开展试点示范，总结软硬件支持、森林康养基地评级和分类等行业标准，使森林康养产业步入健康可持续的发展道路。

(3) 试点示范，引领发展。森林康养基地是森林康养业的平台和载体。建议在全国选取一批资源丰富、产业基础好、基础设施完善的森林公园、自然保护区、林区林场开展试点示范，分阶段、分区域建设一批符合标准、定位精准的森林康养基地，开发一批森林康养体验活动项目，创造一批独具风格的森林康养产品，增加游客参与森林康养活动的积极性，提高游客体验的愉悦感和满意度，并认真总结推广各地试点的经验做法，树立一批示范典型，引导带动其他森林康养基地的规范发展。

(4) 科学研究、推广示范。森林康养基地必须有医学证据，证明通过该森林环境可以达到保健、康复、预防或者治疗增进健康的效果。一般的森林是不能作为真正意义上的森林康养基地的。目前，只在资料上间接了解到日本、韩国等国家及浙江省的一些森林康养效果试验研究医学证明，还没有直接证据和实践。对此，需要组织专家以林学为主，与医学、心理学、运动学、健康管理学等方面的专家一起开展相关研究，用本土的实践说话，才能使社会和人们信服。

(5) 政策保障，支撑发展。应尽早出台发展森林康养产业的相关扶持政策：一是出台金融支持政策，可安排一定额度的优惠低息贷款、提供担保贷款、协调金融机构简化贷款程序及采取PPP模式等方式吸引社会资金参与，支持森林康养产业发展。二是出台财政补贴政策，对有发展前景的森林康养基地、森林康养项目进行资金扶持，同时还要对享受扶持资金的基地或项目进行动态管理考核机制，对于不符合规定的须退还全部或部分扶持资金，确保扶持资金能发挥作用。三是要建立有益各方的合作机制和所有权、经营权、收益权清晰的康养基地产权制度，使各方有稳定的收益预期，有恒产者有恒心。

(6) 加强培训，高质发展。森林康养师或森林讲解员是森林康养产业发展的关键一环，森林康养师的水平直接决定着森林康养的效果及民众对森林康养的认可程度。可以借鉴日本的做法，建立健全的森林疗养服务人员资格考试制度和培训机制，定期和不定期开展培训和考核。

(三) 沿海康养完善思路

沿海康养也是一种新兴的康养模式，旅游与健康概念相结合，既实现了沿海地区资源的最优化利用，也为康养消费者提供了更多选择。在沿海康养产业体系发展中，也需要在机制中注意一些问题。

对于中国的沿海城市而言，要真正发展沿海康养旅游产业，不能仅依靠向国外的沿海城市学习成熟的旅游产业开发经验，还应该全面地对自身的不足进行分析，有的放矢地进行沿海康养旅游产业的发展，从整个结构的科学化完善的角度上看，能推动中国的沿海康养旅游产业的发展。对于中国而言，没有真正意义上进行结构化的反思以及完善，那么是没有办法形成真正科学的沿海康养旅游产业的格局，也就无法真正在"一带一路"倡议背景之下获得可持续发展的空间。所以，结合当前的实际发展状况，中国的沿海康养旅游产业的发展格局，应该从以下方面进行结构完善，从而推动自身不断发展。

(1) 要以提供服务和满足消费者需求作为要点。因为沿海康养旅游产业的发展，实际上也是为到沿海城市进行旅游的消费者提供康养等配套服务。所以，沿海康养旅游产业的发展，始终还是以满足消费者作为主要的特征，也就是围绕当前消费者的需求作为核心，不断地满足消费者在康养服务上面表现出来的需求。

(2) 要以拓宽外贸发展空间作为发展突破点。在"一带一路"倡议的推动下，沿海城市在进行康养旅游业的开发过程当中，应该为外贸发展提供一个充足的空间，进一步地帮助沿海城市形成配套的外贸服务。实际上，沿海城市在进行康养旅游产业的发展过程当中，不能仅仅把自己的发展眼光放在国内这一个市场当中，而是应该在"一带一路"倡议大背景下，将眼光放在亚洲以及整个世界旅游市场，发展出具备特色的中国沿海康养旅游产业格局。

(3) 与"一带一路"倡议紧密结合。当前"一带一路"的发展策略，实际上是强调中国产业应该和整个东亚乃至于欧亚经济圈紧密结合在一起，这也决定了沿海城市的康养旅游产业的发展，不能仅仅着眼于当前的国内市场，而是应该真正看到整个亚洲乃至于世界市场的契机。不过，从当前中国沿海城市的旅游产业发展状况上看，能够满足服务外国宾客的基本要求的城市还比较少，很多城市都没有专业的涉外导游服务。所以，沿海城市在进行康养旅游产业打造过程中，需要摸索自己的特色，形成更具备特色的发展思路，这样才能够为自己在未来

"一带一路"倡议背景之下,赢得更多的发展空间,特别是面向整个世界的发展空间。

四、财税体制创新

推进康养经济体系构建,财税机制的创新也具有不可忽略的意义。任何好的产业发展都离不开政府的引导规范和资金的投入。

加强对康养产业的政策支持力度。当前我国尚处于康养经济发展的初级阶段,康养建设尚不全面,与其他已经成熟的国内外康养基地相比,处于劣势地位。为此,政府应制定相应的规划,从实际出发,从旅游、农业、医疗卫生等专项资金中加大对森林康养产业发展的投入力度,同时加大在康养项目的年度预算投入,还应优化资源配置,调整产业结构,在科技、资源、项目推进、政策、基础设施建设等方面整合相应资源,努力将康养产业作为特色产业。

积极争取国家和省相关管理部门在土地、税收、医疗保险、旅游和道路交通等方面的政策支持,在林地使用、政府扶持资金统筹、道路建设等方面对康养项目给予扶持。

出台财政补贴政策,对有发展前景的康养基地、康养项目进行资金扶持,同时还要对享受扶持资金的基地或项目进行动态管理考核机制,对于不符合规定的须退还全部或部分扶持资金,确保扶持资金能发挥作用。

设立康养产业投资基金等政府性投资基金。加快建立康养产业投资引导基金体系,充分整合现有支持产业发展资金和新增预算设立一批投资基金。基金运作要以市场为导向,积极支持康养产业的发展。

推进财政与金融互动。为鼓励社会资本参与康养产业发展,出台财政金融互动政策实施细则,会同相关部门制定财金互动奖补、直接融资财政奖补等资金管理办法,印发重点产业固定资产贷款奖补政策扶持产业目录,引导金融机构优化贷款投放结构,加大了对创新创业、中小微企业支持力度,引导社会资本广泛参与到康养产业发展中来。

五、投融资机制创新

康养产业产业链长、覆盖面广，康养基地建设耗资巨大，单独依靠市场的力量是难以实现的。完全依靠政府资金的支持往往会导致财政资金的低效率，因此，未来康养经济和康养产业的发展仍然需要遵循"政府搭台，企业唱戏。政府发挥主导和引导作用，建立市场化的投融资主体和机制"的模式。

（一）大力推广政府与社会资本合作模式

引入PPP模式，发挥杠杆作用撬动社会资本，加快康养产业发展壮大。围绕项目策划、项目开发、项目转化，建立重大投资项目储备库，并不断加大经济区重大投资项目储备库建设与管理机制创新力度。

一是成立康养经济项目储备库管理机构。负责组织有关专家研究和分析经济区重大项目的投资机会、融资渠道和运作方式；定期发布指导性投资方向预测；协助项目单位开展项目前期论证工作；定期开展入库项目绩效评价；协调项目涉及各方的关系；对项目入库和出库进行把关等。储备项目要与地区经济发展对接，从区域（各个市、区）和融资重点领域进行区分，实现对接。

二是制定项目入库标准。明确项目入库标准，有利于从源头上保证项目入库质量，按照康养产业的发展定位，项目入库标准可以界定为：紧跟政策，适度超前；因地制宜，重点突出；效益优先，技术进步；配套齐备、环境保护。

三是建立储备库项目评价指标体系。按照项目策划和决策阶段评价指标、项目实施前的准备工作阶段评价指标、项目实施阶段评价指标及项目建成和总结阶段评价指标进行评估。

（二）积极扩大政府购买服务范围

政府应在总结当前政府购买服务试点的基础上，将政府购买服务引入康养经济发展中。同时，政府层面应进一步扩大试点范围，选择扶贫、养老、教育、农业、交通、环保等领域的项目，在全系统开展政府购买服务改革试点，鼓励各地、各部门探索多种有效方式，加大对行业协会、商会承接政府购买服务的支持力度。以康养产业的医疗和养老服务为例,政府应该鼓励符合条件的医疗机构、养老机构参与到康养基地的建设中来,同时将符合条件的医疗、养老等机构通过政府购买服务等形式,纳入社会基本养老和医疗体系。

六、人才培养机制

鉴于康养产业的特殊性,健康养生服务人员素质是影响健康养生产业发展的重要因素。发展康养产业,迫切需要解决的是谁来提供康养服务、如何提高服务水平的问题,大力培育各类康养服务人才队伍。具体来说,必须着重开发以下几类人力资源。

一是社会工作人才。在综合康养服务体系中,社会工作者能够发挥自身专业优势,在开展康养心理健康服务、培育康养服务类社会组织以及指导志愿者开展康养服务等方面发挥重要作用。目前,中国最需要解决的问题是培养和吸引专门从事康养服务的专业社工人才,创新激励社会工作人才服务基层的各种机制,提升他们的业务素质和职业水平。

二是护理专业人才。当前,康养服务业发展遇到的最大"瓶颈"就是专业护理人员极度紧缺且后继乏人。国家有必要尽快制定护理队伍建设专项规划,采取大力发展老年人护理专业教育和技能培训、建立新型老年人护理服务专业岗位及老年人护理专科护士执业制度、设立老年人护理服务专业技术人员特别津贴等措施,在"十三五"期间切实推动大规模培养(培训)护理专业人才的行动。

三是家庭人力资源。家庭人力资源是开展居家养老服务可以凭借的基础性力量。发展综合康养服务体系,需要在倡导老年人自养、老伴互养的同时,督促晚辈履行赡养照料老年人的责任和义务。同时,可以考虑由国家建立照料津贴制度,用以激励家庭成员特别是年轻人参与提供居家康养服务,发挥家庭康养和社会康养的合力。

四是老年人力资源。应当将老年人力资源开发作为新时期老龄工作以及养老服务业发展的重要内容,建立老年人志愿服务机制,倡导低龄、健康的老年人在自养的同时参与志愿服务,促进老年人之间互助养老,这是弥补中国年轻护理人才后备严重不足的合理取向。

五是开发各种类型智能机器人,找到以技术替代人力康养服务的方案。由于少子老龄化,中国劳动力年龄人口抚养比必将居高不下,即使是上述几类人力资源加起来都有可能无法完全满足未来社区居家养老服务的需要。因此,应当考虑大力发展各型智能机器人弥补养老照护人员的不足,独立或者辅助帮助老年人护理生活。可以预见,未来智能养老必将成为养老新形式。

另外,对于不同的细分领域,还要注重特色人才的培养,例如,对于森林康养产业,就有以下几点要求:人才是森林康养产业服务质量的保障和前提,是提升行业形象的核心竞争力。目前就我国而言,究竟如何培养森林康养产业人才,尚无明确的模式。在这方面,一是要加快康养教育培训业建设。大力开展高校教育和科研基地、中等职业教育和培训基地、国家级康养研究基地、全国性康养讲坛建设,逐步打造休闲康养教育培训产业,构筑高层次的休闲养生科研教学平台,培养一批真正热爱森林康养业、胜任森林康养业有关工作、能够促进森林康养业发展的专业人才和从业人员。二是建立森林解说和健康治疗师认证体系。在从业人员资格认证和培训体系方面,要充分借鉴日本的成功经验,建立健全森林疗养服务人员资格制度和培训机制,定期和不定期开展培训和考核,提供科学、有效的森林养生康复指导。对于其他如医养结合等细分模式,也可参照这一体制进行创新设计,确保人才供应。

七、产业交叉、业态复合创新

康养产业是今后国家产业发展的重要产业,关系民生、经济、社会等重要内容,是我国今后现代服务业发展中的重要方向。康养产业具有覆盖面广、产业链长的特点,是涉及健康、养老、医疗、旅游、体育、文化、科技信息、绿色农业等多领域、多方面的一个现代型综合性的产业。区别于过去单独、个别产业链上下游之间的联动和整合,横向上更加强调综合性、纵向上更加强调联盟式。因此,要根据各种条件搭建产业融合的平台,实现产业交叉、业态复合的康养经济体系。

2016年10月,中共中央、国务院印发了《"健康中国2030"规划纲要》

(以下简称《纲要》),《纲要》提出,积极促进健康与养老、旅游、互联网、健身休闲、食品融合,催生健康新产业、新业态、新模式。发展基于互联网的健康服务,鼓励发展健康体检、咨询等健康服务,促进个性化健康管理服务发展,培育一批有特色的健康管理服务产业,探索推进可穿戴设备、智能健康电子产品和健康医疗移动应用服务等发展;培育健康文化产业和体育医疗康复产业;制定健康医疗旅游行业标准、规范,打造具有国际竞争力的健康医疗旅游目的地;大力发展中医药健康旅游;打造一批知名品牌和良性循环的健康服务产业集群,扶持一大批中小微企业配套发展。2017年2月,工信部、民政部、国家卫生计生委印发《智慧健康养老产业发展行动计划(2017~2020年)》(以下简称《行动计划》)。《行动计划》指出,智慧健康养老是利用物联网、云计算、大数据、智能硬件等新一代信息技术产品,能够实现个人、家庭、社区、机构与健康养老资源的有效对接和优化配置,推动健康养老服务智慧化升级,提升健康养老服务质量效率水平的一种养老产业模式。到2020年,基本形成覆盖全生命周期的智慧健康养老产业体系,建立100个以上智慧健康养老应用示范基地,培育100家以上具有示范引领作用的行业领军企业,打造一批智慧健康养老服务品牌。据此,"文化+"智慧健康养老产业也因"文化养老""健康产业"等模式而自然结合起来。据全国老龄工作委员会的数据显示,目前我国养老服务市场消费需求在3万亿元以上,2050年左右将达到5万亿元,养老服务业涵盖老年人医疗服务、文化健身娱乐等多个领域,涉及面广、产业链长,一个潜力极大的新兴产业正在形成。

结合以上要求,产业设计理念可以从以下几方面入手:

(1)观光度假产业。观光度假式的康养产业重在物候条件,其环境设计理念注重将物候条件作为最主要的基础进行设计,满足物候条件的有云贵高原、秦岭等区域,做到指定项目旅游即核心旅游项目。符合物候条件的区域普遍工业化程度低,自然资源丰富,人文环境优良,文化氛围浓厚。进行环境设计时尽可能考虑优秀的自然资源和文化环境相融合,旅游产品尽可能地创造更多的附加价值,属于体验养老范畴。观光度假产业式康养环境设计理念注重了娱乐设施建设、会议商务特征、文化体验和消遣三个方面的内容,如度假公园、度假基地、主题度假等即涉及众多领域。典型的项目有昆明市晋宁区国际旅游康养新区、攀枝花格萨拉生态旅游区、巴中市天马山森林康养旅游度假区等。

(2)中医药产业。未来康养行业对中医药产业发展会起到关键的促进作用，盛产中药的区域环境一定好、气候条件一定好、符合中药材生长等，因此，在中医药产业发达的地区做康养园区环境设计，首先，要将中药文化、中药发展脉络、中药知识、中药创新等作为重点理念进行设计；其次，分区域进行设计理念的转换，体现差异化、精品化，特别是要努力打造中药与康养产业园之间的主题发展设计理念；再次，将更多地体现良好的生态环境与中药生长、人的生命和谐发展之间的关系；最后，有条件的医院应当积极参与中医药保健人才的培养，做好后备人才储备，以期在新的历史时期将中医药产业的发展与康养产业园的总体设计打好关键仗。因此，利用中医药产业进行康养园区环境设计，更多地是将中医药、人、自然、保健、养生作为重点设计思路。例如，川东北（南充）康养中心依托川北医学院已经入住建立分院，发展养生养老的国际健康产业，建立了中高档养生养老休闲中心，以社区化、家庭化养生养老为长期目标。

（3）公园休闲产业。提到公园休闲与康养之间的关系，不免将森林概念引出，但是，公园休闲康养也并非只是森林与康养之间的关系。例如，大熊山国家森林公园入选湖南首批森林康养试点示范基地、赤水市生态文化体育公园暨康养产业园项目、湖北西塞国国家森林公园、巴中市恩阳区义阳山、芦溪河城市森林公园等等，已经超越了传统公园的范畴，范围更广，设施更加齐备。因此，在进行公园休闲产业的康养产业园环境设计时，从理念上不能只考虑散散步、打打太极拳等常规思路，更多地要将老年人文化生活进行拓展，如时尚运动等前瞻性思路将成为今后此类环境设计的主流发展方向。

（4)"互联网+"产业。"互联网+"养老具有交叉、跨越产业界限，多种业态渗透融合，改变养老资源配置方式和创新企业聚合方式等特征，应通过大力发展"互联网+"养老事业，聚集各类养老资源，创新养老模式和业态形式，构建养老服务平台，完善养老产业链，深化"互联网+"养老供给侧结构性改革，满足老年人多样化、多层次、多类型的养老服务需求。家庭和社会是解决人口老龄化问题的最主要载体，企业是提供养老产品和服务最重要的主体之一，互联网则是将家庭、社会和企业养老资源快速聚集融合、便利实现的最好载体。"互联网+"养老完全变革了传统养老模式，改变了原有的以家庭为主要载体的养老模式，用全新的互联网思维，融合养老、保健、医疗、旅游、教育、安保、消费、住房和金融等多个领域，建立以互联网为载体的养老产业需求链和供应链，实现了对传统养老模式的深刻变革，其主要体现在以下四个方面：一是跨界,即交叉、跨越产业界限。它打破了传统的三次产业的鲜明界限,根据不同产业行业、不同企业产品、不同偏好的老年人口之间所拥有的共性特征和联系,将第一产业、第二产业和第三产业充分调动、相互渗透、相互合作、相互融通,连接数十个细分行业和产业,满足彼此的利益需求,使传统养老产业的内涵和外延得到充分拓展。随着养老市场的日益发展和成熟,产业与产业、行业与行业、企业与企业及不同老年群体的相互渗透、相互融合会更加深入。二是融合,即多种业态的渗透融合。"互联网+"养老将单个产业、企业、家庭的养老"孤岛"进行链接,形成了诸如互联网农业、智能制造、智慧工厂、互联网金融、互联网医疗、互联网交通、互联网消费、互联网教育等新生业态,实现了老年人多样化、多层次、多类型的养老服务需求。跨界与融合"互联网+"养老鲜明的时代特征,是迎合趋势、适应需求、创新驱动的具体体现。三是改变养老资源配置方式。从本质上讲,"互联网+"养老是对养老要素的集约配置方式。通过充分发挥互联网在养老资源要素配置中的集成、优化作用,把以养老为核心的,包括传统行业在内的各行各业结合起来,实现对传统养老产业的换代升级,形成以互联网为基础设施和实现工具的新的经济领域、新的产业形式、新的社会生态。随着社会的发展和老龄社会的逐渐深入,"互联网+"养老这种新兴的业态形式将会在五年、十年或者十五年后成为社会的主导产业之一。四是创新企业聚集方式。在这个过程中,一大批以互联网为纽带的养老服务企业,特别是宜老产品制造企业和电商服务平台、物流企业、连锁服务企业等第三方服务企业将会快速崛起,采取家庭与社会相结合、自主与自助相结合、线上与线下相结合、实体经济与虚拟经济相结合的方式,提供契合需求的平台化、网络化、人性化、标准化服务。随着老年人口服务需求的增加,"互联网+"养老将会朝着更加专业化、多元化的方向发展,将会对未来三次产业格局产生更加深刻的影响。

(5)文化产业。中华文化博大精深、源远流长,是中华民族的瑰宝,我们在发展康养经济的同时必须充分发挥我们的文化优势。当前各地已经开展大量的探索,在 2016 年大青城民俗文化节上,龙灯、扭秧歌、青城武术等大青城民俗系列文化展示;在四川茂县举行的康养文化艺术节,在风光、文化、食品、运动、医疗等各个方面进行了有效探索,都无一例外地体现了文化产业带来的康养产业园设计带来的丰硕成果。

八、构建康养产业可持续发展体制机制

第一,坚持处理好经济效益与环境效益的关系。在当今康养产业拓展阶段,许多地区没有注意到环境保护与经济效益的关系,没有正确对待在环境允许的范围内获得经济效益,导致了环境破坏和资源浪费的现象,相关部门缺乏建立一个统一的行业标准。我们应该认识到,美好的自然资源环境是我们发展康养经济的基石,发展康养经济应在保护自然环境的基础上进行,只有这样才能够保证康养经济的持续发展,才能够实现经济效益与环境效益的长期共赢。

第二,坚持与新技术互动融合。利用物联网等技术,进行连续、可监测的健康管理和国家养老大数据平台等建设,通过社区化连接,把握社区需求的趋势。

第三,坚持供给与需求相结合。从服务角度来说,要做好需求动态的结构性分析,还要推动康养、医养产业的市场化发展,满足不同群体的养老需求,在服务模式上也需要创新,探索符合社会需求的最优服务模式。

第四,在借鉴国外经验的同时,要考虑中国的文化,将康养经济的发展根植于中国传统文化,立足于中国大地,使康养经济能够满足人民的物质文化生活需要,实现康养经济的可持续发展。

参考文献

[1] 闻玉梅."医老"可显著缓解老龄化的压力与负担[J].科技导报,2017(18):1.

[2] 滕炜.医养结合服务体系的重塑[D].西南财经大学硕士研究生学位论文,2016.

[3] 向昭颖,张冰松,余丽群.基于医养结合的康养产业园环境设计理念探索[J].淮南职业技术学院学报,2017(4):123-124.

[4] 郑秉文.供给侧结构性改革是发展商业养老保险的历史性机遇[J].保险理论与实践,2016(1):40-51.

[5] 汪伟,刘玉飞,彭冬冬.人口老龄化的产业结构升级效应研究[J].中国工业经济,2015(11):47-61.

[6] 柏萍.广东养老服务供给侧改革研究[J].城市观察,2017(2):116-122.

[7] 张园.国外养老服务产业化的经验及其对我国的启示价值[J].劳动保障世界,2017(21):15-16.

[8] 周刚,章天园,高晓妍等.重庆避暑型旅游养老产业基础调查研究[J].经济师,2017(7):172-174+176.

[9] 刘拓,何铭涛.发展森林康养产业是实行供给侧结构性改革的必然结果[J].林业经济,2017(2):39-42+86.

[10] 黄慧.一带一路背景下沿海康养旅游产业研究[J].中南林业科技大学学报(社会科学版),2016(6):77-80.

[11] 龚艳萍.互联网+社区+居家养老产业发展研究——以荆门市为例的养老产业PPP项目思考[J].荆楚学刊,2016(1):36-40.

[12] 杨国军,刘素婷,孙彦东."互联网+"养老变革与供给侧结构性改革研究[J]. 改革与战略,2017(1):146-149.

[13] 唐钧. 中老年服务的"供给侧改革"[J]. 中国人力资源社会保障,2016(10):56.

[14] 蔺鹏,孟娜娜. 供给侧结构性改革下中国养老产业的发展路径研究[J]. 海南金融,2016(11):31-34.

[15] 陈惠芬,董翠华. 我国老年健康产业发展现状与对策初探[J]. 西南石油大学学报(社会科学版),2016(2):35-40.

[16] 颜雯. 森林康养产业经济带动性与环保型方案研究[J]. 绿色科技,2016(21):101-102.

[17] 李玉玉. 供给侧改革背景下影响养老产业发展的因素分析[J]. 劳动保障世界,2017(32).

[18] 赵英涛,李先成. 攀枝花康养餐饮发展的策略探究[J]. 经贸实践,2017(20).

[19] 周紫云. 生态康养旅游初探[J]. 旅游纵览,2017(9).

[20] 陈巧. 四川省休闲体育与康养产业融合的发展研究[J]. 当代体育科技,2017(17).

[21] 干永和. 基于消费者偏好的中医药康养旅游产品开发策略研巧[D]. 北京中医药大学硕士研究生学位论文,2017.

[22] 于晓薇,胡宏伟等. 我国城市居民健康状况及影响因素研究[J]. 中国人口资源与环境,2010(2).

[23] 蒋典. 国内养老需求研究进展[J]. 全科护理,2016(24).

[24] 温勇,宗占红等. 中老年人的健康状况、健康服务的需求与提供——依据中西部5省12县调查数据的分析[J]. 人口研究,2014(5).

[25] 陶伟,倪明. 中西方旅游需求预测对比研究:理论基础与模型[J]. 旅游学刊,2010(8).

[26] 杨军. 影响我国中老年人群健康需求的因素分析——基于CHARLS数据的实证研究[D]. 东北财经大学硕士研究生学位论文,2013.